广东省教育科学规划课题（党的十九大精神研究专项）丛书之
新时代广东学校文化传承发展研究系列

广东学校的社会主义先进文化传播与建设研究

李 辉 ◎ 等著

广东高等教育出版社
Guangdong Higher Education Press
·广州·

图书在版编目（CIP）数据

广东学校的社会主义先进文化传播与建设研究/李辉等著. —广州：广东高等教育出版社，2021.6

［广东省教育科学规划课题（党的十九大精神研究专项）丛书之新时代 广东学校文化传承发展研究系列］

ISBN 978-7-5361-6881-7

Ⅰ. ①广… Ⅱ. ①李… Ⅲ. ①社会主义－文化事业－建设－研究－广东 Ⅳ. ①G127.65

中国版本图书馆 CIP 数据核字（2020）第 186594 号

出版发行	广东高等教育出版社
	地址：广州市天河区林和西横路
	邮政编码：510500　电话：(020) 87554153
	http://www.gdgjs.com.cn
印　刷	广州市穗彩印务有限公司
开　本	787 毫米×1 092 毫米　1/16
印　张	17.25
字　数	320 千
版　次	2021 年 6 月第 1 版
印　次	2021 年 6 月第 1 次印刷
定　价	58.00 元

总　序

"文明特别是思想文化是一个国家、一个民族的灵魂。无论哪一个国家、哪一个民族，如果不珍惜自己的思想文化，丢掉了思想文化这个灵魂，这个国家、这个民族是立不起来的。"[①] 学校是文化传承的重要场所，以文化人、以文育人是学校的重要职能。党的十八大以来，广东省学校文化建设在不断探索中取得了显著成效。

文化属于难以界定的范畴之一。从社会的视角而言，文化有广义和狭义之分。广义上的文化是文明的同义语，是物质文明和精神文明的总称。狭义的文化相对于经济、政治、社会和生态而言，是社会结构的一部分。从个体视角看，文化则同修养相关，是指一个人的素质样态。

文化和人的关系是一个辩证性很强的问题。人是社会的产物，社会决定了人。同时，人能动地作用于社会，人是社会的主体。文化是社会的组成部分，也是影响人的环境因素。不同性质的文化对人会产生不同的影响。毛泽东在《新民主主义论》中将当时的文化区分为帝国主义文化、半封建文化和新文化，前二者属于反动文化，只有新文化是在观念形态上反映新政治和新经济的东西，

[①] 中共中央文献研究室. 习近平关于社会主义文化建设论述摘编 [M]. 北京：中央文献出版社，2017：5.

是替新政治、新经济服务的。中国特色社会主义进入新时代,文化建设面对中华优秀传统文化、革命文化、社会主义先进文化三种文化类型,将这三者作为中国特色社会主义文化的组成。"中国特色社会主义文化,源自于中华民族五千多年文明历史所孕育的中华优秀传统文化,熔铸于党领导人民在革命、建设、改革中创造的革命文化和社会主义先进文化,植根于中国特色社会主义伟大实践。"① 社会意识的相对独立性主要表现为与社会存在的不同步。超前、滞后是不同步的表现,适应社会发展是同步的表现。因而,作为上层建筑层面的文化呈现出多元、多样、多变等特征。同时,面对世界多极化、经济全球化深入发展,科学技术信息化等趋势,各种思想文化交流交融交锋更加频繁。不同性质的文化对人的影响也不一样。先进的、积极向上的文化给人以积极健康的影响,落后腐朽的文化给人以消极颓废的影响。

以文化人、以文育人是文化的教育功能。在这一点上,文化同教育是一致的。

从词源考证来看,育人和化人已经内在于文化内涵之中。《易·贲卦·象传》中这样界定文化:"刚柔交错,天文也;文明以止,人文也。观乎天文,以察时变;观乎人文,以化成天下。"由此,"人文化成"的缩写就成为文化了。文,最初是指自然界和人类社会的各种现象,如天文、人文、水文等。化,基本含义是变化、转化。将各种文献不断完善并传承下来的目的是化人。因此,文是手段,化是目的。英国文化学家泰勒这样界定文化:"文化,或文明,就其广泛的民族学意义来说,是包括全部的知识、信仰、艺术、道德、法律、风俗以及作为社会成员的人所掌握和接受的任

---

① 习近平. 决胜全面建成小康社会 夺取新时代中国特色社会主义伟大胜利:在中国共产党第十九次全国代表大会上的报告[M]. 北京:人民出版社,2017:41.

何其他的才能和习惯的复合体。"① 这里，文化除了知识之外，还包括信仰、道德等，这些就是价值观。一定的价值观即是文化的内核。从价值观的角度而言，以文化人和教书育人在目标和功能上是一致的。

立德树人是教育的根本。古人将立德、立功、立言并称为三不朽。树人是培养人才。所谓十年树木，百年树人。重视德性，突出人的道德培养是中华传统文化的一大特点。在人的道德培养过程中，德教和德政是一致的，家庭伦理和国家责任是统一的。这就是众所周知的政治伦理化、伦理政治化以及家国同构。党的十八大以来，习近平总书记明确了教育的根本任务是立德树人，并进一步明确了立什么德和树什么人的具体要求。2018年9月10日，习近平总书记在全国教育大会讲话中指出："我国是中国共产党领导的社会主义国家，这就决定了我们的教育必须把培养社会主义建设者和接班人作为根本任务，培养一代又一代拥护中国共产党领导和我国社会主义制度、立志为中国特色社会主义奋斗终生的有用人才。"② 培养什么人，是教育的首要问题。由此，树什么样的人的问题得到了明确。

2014年5月4日，习近平在北京大学师生座谈会上的讲话指出："核心价值观，其实就是一种德，既是个人的德，也是一种大德，就是国家的德、社会的德。国无德不兴，人无德不立。"③ 2018年9月10日，习近平在全国教育大会讲话中进一步指出："加强品德教育，既有个人品德，也有社会公德、热爱祖国和人民

---

① 泰勒. 原始文化：神话、哲学、宗教、语言、艺术和习俗发展之研究［M］. 连树声, 译. 桂林：广西师范大学出版社, 2005：1.
② 中共中央党史和文献研究院. 十九大以来重要文献选编：上［M］. 北京：中央文献出版社, 2019：647.
③ 中共中央文献研究室. 十八大以来重要文献选编：中［M］. 北京：中央文献出版社, 2016：3.

的大德。要坚持教育引导学生培养和践行社会主义核心价值观,做到品德润身、公德善心、大德铸魂。要加强对学生的法治教育,使学生养成遵纪守法的良好习惯。"① 2019 年 4 月 30 日,习近平在纪念五四运动 100 周年大会上的讲话中强调:"新时代中国青年要锤炼品德修为。……青年要把正确的道德认知、自觉的道德养成、积极的道德实践紧密结合起来,不断修身立德,打牢道德根基,在人生道路上走得更正、走得更远。"②

明大德、守公德、严私德,不仅明确了德的内涵,也明确了道德教育的具体内容。习近平强调:"要把立德树人融入思想道德教育、文化知识教育、社会实践教育各环节,贯穿基础教育、职业教育、高等教育各领域,学科体系、教学体系、教材体系、管理体系要围绕这个目标来设计,教师要围绕这个目标来教,学生要围绕这个目标来学。凡是不利于实现这个目标的做法都要坚决改过来。"③"学校具有集中式、系统化、持续性进行中华优秀传统文化教育的独特优势,要把中华优秀传统文化教育作为固本铸魂的基础工程,贯穿人才培养全过程。要深入挖掘和阐发中华优秀传统文化中讲仁爱、重民本、守诚信、崇正义、尚和合、求大同的时代价值,转化为学生价值观教育的丰富营养,积淀学生文化底蕴,提升学生文化素养。要在提炼、转化、融合上下功夫,让收藏在馆所里的文物、陈列在大地上的遗产、书写在古籍里的文字成为教书育人的丰厚资源,让学生在底蕴深厚的课程教材中、在参观名胜古迹的亲身体验中,了解中华文化变迁,触摸中华文化脉络,

---

① 中共中央党史和文献研究院. 十九大以来重要文献选编:上 [M]. 北京:中央文献出版社,2019:650.

② 习近平. 在纪念五四运动 100 周年大会上的讲话 [M]. 北京:人民出版社,2019:11.

③ 中共中央党史和文献研究院. 十九大以来重要文献选编:上 [M]. 北京:中央文献出版社,2019:653-654.

感受中华文化魅力，汲取中华文化精髓，让中华优秀传统文化基因一代代传承下去。"①

"新时代广东学校文化传承发展研究系列"丛书以马克思主义为指导，紧紧围绕中国特色社会主义文化同学校教育的关系，从中华优秀传统文化、革命文化、社会主义先进文化、岭南文化等视角，研究了新时代广东学校文化的传承发展。5本著作既相互关联，成为一体，又各自独立，各具风格。

《广东学校传承与发展中华优秀传统文化研究》（童建军等著）一书以社会主义文化建设为前提，以我国治理体系和治理能力现代化为背景，以广东为研究场域，在坚持理论与实践的统一、历史与逻辑的辩证以及个别与一般的互动中，把握广东学校传承发展中华优秀传统文化实践这一代表性个案的普遍性蕴含。主要通过阐释多元一体的中华优秀传统文化内涵，耙梳广东学校做深做实做细党和国家传承发展中华优秀传统文化的政策安排，凝练广东学校推动中华优秀传统文化创造性转化和创新性发展的教育实践经验和做法，并在实地调研基础上"把脉"广东学校继承和发展中华优秀传统文化的教育成效，展望新时代深入推进学校传承发展中华优秀传统文化的基本趋向与主要规律。本书提出传承发展中华优秀传统文化必须在紧扣"以文化人"教育根本任务的基础上，合理把握守正与创新、形式与内容、阶段与整体、化人与化文的辩证关系，为新时代学校继承和发展中华优秀传统文化提供了应然的完善方向。

《广东学校的革命文化传承与发展研究》（龙柏林等著）一书通过理论阐释与实践总结、普遍规律与个案分析相结合的方法分析广东学校革命文化这一重要主题。在理论阐释上，本书从发生

---

① 中共中央党史和文献研究院. 十九大以来重要文献选编：上［M］. 北京：中央文献出版社，2019：650.

学的视角探究革命文化的生成过程、理论来源和实践基础，从而概括出革命文化的深刻内涵，即革命文化是中国共产党在新民主主义革命时期带领人民一起创立的、在当代具有重要价值的文化形态。革命文化传承与学校教育的双向互动以及学校阵地的鲜明特征决定了革命文化在学校的传承具有现实意义，但这一工作受到政策、区位以及文化等多重因素影响。基于此，本书重点考察广东学校的革命文化传承和发展现状以及历史过程，同时聚焦个别学校革命文化传承发展工作，以点面结合的方式形成对当前广东学校革命文化教育现实状况的整体性认知。同时，把梳了革命文化在不同历史时期、不同地区学校的传承特点与工作经验，为广东学校革命文化传承提供了一定借鉴。最后，通过现状把握与对比分析明确广东革命文化进校园所面临的社会思潮多样化、网络信息娱乐化以及学校教育空心化的现实挑战，并有针对性地提出增强主流意识形态凝聚力、加强网络环境建设以及培育学生主体意识等一系列行之有效的对策路径。

《广东学校的社会主义先进文化传播与建设研究》（李辉等著）一书梳理和界定了社会主义先进文化的内涵及其构成、社会主义先进文化发展进程。在此基础上，分别从马克思主义理论教育、社会主义核心价值观培育和践行、社会主义道德教育、社会主义法治教育、中华民族精神教育、时代精神教育、理想信念教育等几个方面研究了学校教育同社会主义先进文化之间的关系，研究了广东学校在社会主义先进文化传播与教育过程中的基本经验。遵循理论与实践同步发展，理论教育同理论发展也同步进行的逻辑，立足于广东地处改革开放前沿和意识形态斗争前沿的地缘特征，凝练了新时代广东学校社会主义先进文化传播与教育的基本经验，即用习近平新时代中国特色社会主义思想铸魂育人，以大历史观培育"四个自信"，将培养青少年的历史担当作为教育的现实落足点,等等。其中,由中共广东省委宣传部和广东省教育厅组织建设的"马克思主义中国化进程与青年学生使命担当"精品思政课程,成为广东省教育系统持续推进习近平新时代中国特色社会主义思想进教材进课堂进学生头脑、强化党的创新理论武装的重要举措。

《社会主义核心价值体系建设的广东学校实践》(李文著)一书聚焦了广东学校社会主义核心价值体系建设的实践,总结了学校教育领域社会主义核心价值体系建设的广东经验。研究者通过问卷调查、代表性实践案例,总结广东学校经验。广东学校的育人实践呈现出岭南教育领域扎根乡土,饱含家国情怀,同时兼具开拓创新的特质。广东学校育人实践对岭南历史上的优秀精神文化遗产,对岭南思想家、教育家们的思想遗产尤为珍视。如今,价值观教育实践的参与者站在历史的新起点上,在精神内核上继承发扬,直面未来。在学校思政教育工作中,对社会主义核心价值体系内容的传播应该是精准的。广东学校的思政课程在设置、讲授上遵循了这一基本原则。在实践方法上,广东学校积极主动探索构建"大思政"格局下体系建设的新方法。在实践载体上,因地因校制宜,详细规划课程、科研、实践、文化、网络、心理、管理、服务、资助、组织"十大育人"体系的实施内容、载体、路径和方法。作为中国改革开放的前沿阵地,广东地情、民情对国际局势变化更为敏感,受各种国际思潮挑战也更为频繁。由于受形势所迫,广东学校的大格局意识必须走在前列,社会主义核心价值体系建设实践必须在探索中传承、创新,才能担当起国家文化自信、文化软实力振兴的重任。广东学校对社会主义核心价值体系建设虽有成绩,面对"培养什么人、怎样培养人、为谁培养人"叩问的教育实践仍任重道远。

《岭南文化与广东学校德育建设研究》(石德金等著)一书集

中研究岭南文化同广东学校德育之间的关系。岭南文化随着时间推移和时代变迁不断与时俱进，又有其自身的连续性和稳定性，潜移默化地影响着岭南地区人民群众的思维方式和行为方式，为学校德育工作的开展提供了丰富的资源与载体。广东学校充分发掘岭南文化中的德育资源，使之与当代文化相适应、与现代社会相协调，实现岭南文化融入学校德育的理念、内容、方式等的创新，增强学校德育效果，成为新时代广东学校德育工作的重点所在。研究者立足于岭南文化在广东区域的主体部分，即广府文化、潮汕文化和客家文化，通过对岭南文化融入学校德育的可能性、必要性和价值性展开论述，力图在全面梳理岭南文化的基础上推动学校德育在新时代的发展与创新。该书由绪论和正文构成。绪论部分主要涉及优秀岭南文化融入学校德育的时代背景、必要性，以及广东学校德育吸纳优秀岭南文化的现状。正文部分分为五章内容。首先，在前人研究的基础上，通过对岭南文化的形成与演进历程的阐述，将历史与现实对接，实现岭南文化从传统到现代的转换，奠定岭南文化融入学校德育的基础。其次，通过对广府文化内涵的界定，从历史发展和现实生活的角度阐述其内在特点与外在形态，进而发掘广府文化融入德育的价值意蕴、可行性以及实现对策。再次，在对潮汕文化进行界定分析的基础上，考察潮汕文化融入广东学校德育的可能性与可行性，深入发掘蕴藏在语言文学、传统节日、民俗文化和潮汕名人等文化形态中的德育资源，分析潮汕文化融入学校德育的现状，并提出应对之策。进而，论述了客家文化的意蕴与客家人的人文精神，论证了客家文化对学校德育的重要意义，充分挖掘这一优秀地方传统文化中文学艺术、民风习俗、神话传说、榜样模范等形态所蕴含的德育资源，力图为客家文化融入学校德育提供对策与途径。最后，考察了岭南文化融入学校德育的历史经验，指出了当下面临的种种挑战，提出了对未来的展望。

总之，各种文化样态为实现立德树人的根本任务，全面贯彻党的教育方针，培养社会主义建设者和接班人发挥着不可替代的作用。优秀文化既涵养着人，也滋养着教育，同时，学校也是文化传承的重要场所。文化与教育相互作用、相互影响，共同作用于人的发展。

李 辉
2020年3月于广州

目 录

第一章　社会主义先进文化的内涵及其构成 / 1
　　第一节　社会主义先进文化的内涵 / 1
　　第二节　社会主义先进文化的内容构成 / 16

第二章　社会主义先进文化的发展进程 / 36
　　第一节　建设时期社会主义先进文化建设的初步探索 / 36
　　第二节　改革开放新时期中国特色社会主义文化建设 / 40
　　第三节　新时代中国特色社会主义先进文化建设 / 47

第三章　广东学校马克思主义理论教育的历史与经验 / 61
　　第一节　改革开放以来广东学校的马克思主义理论教育历史 / 62
　　第二节　广东学校马克思主义理论教育的主要经验 / 85

第四章　社会主义价值观教育的历史与经验 / 93
　　第一节　社会主义价值观教育的发展历程 / 94
　　第二节　广东学校社会主义价值观教育的主要方式 / 104
　　第三节　广东学校社会主义价值观教育的主要经验 / 110

第五章　社会主义道德教育的历史与经验 / 115
　　第一节　改革开放以来广东道德教育面临的机遇与挑战 / 115
　　第二节　改革开放以来广东学校道德教育发展的历史回顾 / 118
　　第三节　改革开放以来广东学校道德教育发展的举措与经验 / 125

第六章 社会主义法治教育的历史与经验 / 136

 第一节 社会主义法治教育的发展历程 / 136

 第二节 社会主义法治教育的主要议题 / 143

 第三节 社会主义法治教育的基本经验 / 149

第七章 中华民族精神教育的历史与经验 / 158

 第一节 中小学阶段的中华民族精神教育 / 159

 第二节 高等教育阶段的中华民族精神教育 / 171

第八章 时代精神教育的历史与经验 / 177

 第一节 时代精神概述 / 177

 第二节 改革开放以来广东学校时代精神教育的基本历程 / 186

 第三节 广东学校时代精神教育的主要经验 / 206

第九章 社会主义理想信念教育的历史与经验 / 212

 第一节 社会主义理想信念教育的发展历程 / 212

 第二节 社会主义理想信念教育的重大议题 / 222

 第三节 社会主义理想信念教育的基本经验 / 234

第十章 广东高校社会主义先进文化教育发展趋势 / 238

 第一节 用习近平新时代中国特色社会主义思想铸魂育人 / 238

 第二节 以大历史观培育"四个自信" / 245

 第三节 培养青少年的历史担当是先进文化教育的现实落足点 / 251

参考文献 / 254

后　　记 / 261

第一章 社会主义先进文化的内涵及其构成

党的十九大报告指出:"文化自信是一个国家、一个民族发展中更基本、更深沉、更持久的力量。必须坚持马克思主义,牢固树立共产主义远大理想和中国特色社会主义共同理想,培育和践行社会主义核心价值观,不断增强意识形态领域主导权和话语权,推动中华优秀传统文化创造性转化、创新性发展,继承革命文化,发展社会主义先进文化,不忘本来、吸收外来、面向未来,更好构筑中国精神、中国价值、中国力量,为人民提供精神指引。"① 发展社会主义先进文化是文化建设的重要内容,是增强国家文化软实力的重要举措,是新时代中国特色社会主义建设的重要组成部分。

第一节 社会主义先进文化的内涵

一、文化的含义

在汉语语境中,"文化"一词出自《易·贲卦·象传》。"刚柔交错,天

---

① 中共中央党史和文献研究院. 十九大以来重要文献选编:上 [M]. 北京:中央文献出版社,2019:16.

文也；文明以止，人文也。观乎天文，以察时变；观乎人文，以化成天下。"文化是"人文化成"一语的缩写。西汉刘向将"文"与"化"二字联为一词，在《说苑·指武》中写道："圣人之治天下也，先文德而后武力。凡武之兴，为不服也。文化不改，然后加诛。"此处的文化和野蛮对应，有文明之意。可见，在汉语系统中，"文化"的本义就是"以文教化"，属精神领域范畴。随着时间的流变和空间的差异，"文化"逐渐成为一个内涵丰富、外延宽广的多维概念。

在英语中，culture 即"习俗"。英国文化学家泰勒在《原始文化》一书中提出了狭义文化的早期经典学说。"文化，或文明，就其广泛的民族学意义来说，是包括全部的知识、信仰、艺术、道德、法律、风俗以及作为社会成员的人所掌握和接受的任何其他的才能和习惯的复合体。"[①] 在现代语境下，文化有广义和狭义之分。广义的文化是指人类所创造的物质文明和精神文明的总称，与文明是同义语；狭义的文化特指人类精神及其外化的产物。

文化是人的实践活动的结果，是人的创造物，具有属人的特征。属人性是相对于自然界而言的。文化内在于人的一切活动之中，影响并制约着人的活动。作为人类活动的产物，文化是人类本质活动的对象化结果，是人的自觉与不自觉的活动的历史积淀。因此，文化具有属人性质。

文化是一定社会的产物并标识着一定社会样态，具有群体性、民族性、阶级性等特征。人的社会属性决定了文化的社会性。文化既是属于人的又是存在于个体之外的。人类创造了文化，这并不是单个人所创造的，而是人类社会共同的实践活动的产物。社会关系的不同样态产生了不同的文化形式。不同的族群会产生不同的文化，文化具有民族性。不同的阶级也产生不同的文化，文化具有阶级性。

文化社会性的另一个结果是文化的历史性。作为人类活动的呈现方式，人类变迁进程亦是文化演进的过程，在这个意义上文化和历史是同一的。因而，历史的不同解释方式就是文化的不同界定方式。生产力和生产关系

---

① 泰勒. 原始文化 [M]. 连树声，译. 桂林：广西师范大学出版社，2005：1.

矛盾运动的结果,将社会形态划分为原始社会、奴隶社会、封建社会、资本主义社会、社会主义社会和共产主义社会,就可以将文化区分为相应的文化形态。从生产力的不同构成方式,文明可以被区分为农业文明、工业文明、信息文明等不同类型,文化亦可以类推。

二、社会主义先进文化的内涵

人类历史的自然进程决定了人类社会是一个由低级到高级的演进进程,存在着低级与高级之分。从社会意识相对独立性而言,旧时代的社会意识并不会伴随着生产力的进步而自然消亡,依然会以各种形式存在并发挥着影响力。因为,一定的社会里并存的文化类型有适应当下社会的现时代文化、旧时代遗留的文化和预示着未来发展的超前文化。

先进文化是指以马克思主义为指导,以培养有理想、有道德、有文化、有纪律的"四有"公民为目标的,面向现代化、面向世界、面向未来的,民族的科学的大众的具有中国特色社会主义的文化。

第一,先进文化是科学的文化。文化之所以先进,首要的是揭示了客观事物的发展规律,反映了人类社会发展的一般趋势,具有科学的预见性和明确的导向性。毛泽东在《新民主主义论》中指出:"一定的文化是一定社会的政治和经济在观念形态上的反映。在中国,有帝国主义文化,这是反映帝国主义在政治上经济上统治或半统治中国的东西。这一部分文化,除了帝国主义在中国直接办理的文化机关之外,还有一些无耻的中国人也在提倡。一切包含奴化思想的文化,都属于这一类。在中国,又有半封建文化,这是反映半封建政治和半封建经济的东西,凡属主张尊孔读经、提倡旧礼教旧思想、反对新文化新思想的人们,都是这类文化的代表。帝国主义文化和半封建文化是非常亲热的两兄弟,它们结成文化上的反动同盟,反对中国的新文化。这类反动文化是替帝国主义和封建阶级服务的,是应该被打倒的东西。不把这种东西打倒,什么新文化都是建立不起来的。不破不立,不塞不流,不止不行,它们之间的斗争是生死斗争。至于新文化,则是在观念形态上反映新政治和新经济的东西,是替新政治新经济服务的。"① 这段论述对认识先进文化具有重要的指导意义。社会存在决定社会意识,一定社会的政治、经济决定了一定的文化。社会存在的多样性决定了文化的多样性。在 20 世纪 40 年代,中国的文化样态主要是帝国主义文化、半封建文化和新文化。帝国主义文化和半封建文化结成联盟就是反动文化。新民主主义的文化是新文化。"这种新民主主义的文化是科学的。它是反对一切封建思想和迷信思想,主张实事求是,主张客观真理,主张理论和实践一致的。"② 文化科学性的表现是实事求是、理论和实践相一致、客观真理性等。

所谓科学就是正确反映世界本质与规律的理论。在马克思主义产生之前,自然科学的科学地位已经确立。特别是 19 世纪的三大科学发现,即细胞学说、能量守恒和转化定律、生物进化论,不仅奠定了现代科学的基础,也成为马克思主义诞生的自然科学前提。然而,这个时期的社会科学并没有发展成为科学,人们对于人类社会发展的认识不是理解为杂乱无章的,就是理解为由客观或主观的神决定的。唯物史观和剩余价值学说的发现不仅揭示了人类社会发展的一般规律,也揭示了资本主义社会发展的特殊规律。"正像达尔文发现有机界的发展规律一样,马克思发现了人类历史的发展规律,即历来为繁芜丛杂的意识形态所掩盖着的一个简单事实:人们首先必须吃、喝、住、穿,然后才能从事政治、科学、艺术、宗教等等;所以,直接的物质的生活资料的生产,从而一个民族或一个时代的一定的经济发展阶段,便构成基础,人们的国家设施、法的观点、艺术以至宗教观念,就是从这个基础上发展起来的,因而,也必须由这个基础来解释,而不是像过去那样做得相反。"③ 正如习近平在纪念马克思诞辰 200 周年大会上的讲话所指出的:"马克思主义是科学的理论,创造性地揭示了人类社会

---

① 毛泽东. 毛泽东选集:第二卷[M]. 2 版. 北京:人民出版社,1991:694-695.
② 毛泽东. 毛泽东选集:第二卷[M]. 2 版. 北京:人民出版社,1991:707.
③ 中共中央马克思恩格斯列宁斯大林著作编译局. 马克思恩格斯文集:第三卷[M]. 北京:人民出版社,2009:601.

发展规律。在马克思提出科学社会主义之前，空想社会主义者早已存在，他们怀着悲天悯人的情感，对理想社会有很多美好的设想，但由于没有揭示社会发展规律，没有找到实现理想的有效途径，因而也就难以真正对社会发展发生作用。马克思创建了唯物史观和剩余价值学说，揭示了人类社会发展的一般规律，揭示了资本主义运行的特殊规律，为人类指明了从必然王国向自由王国飞跃的途径，为人民指明了实现自由和解放的道路。"①

马克思主义也为文化发展指明了方向，赋予了文化科学的内涵。关于这一点，党的十八大以来，习近平做了一系列重要论述，阐释了马克思主义同哲学社会科学、文艺、新闻舆论、思想道德等文化形态的关系。

文艺是文化的重要组成部分。"文艺要反映好人民心声，就要坚持为人民服务、为社会主义服务这个根本方向。这是党对文艺战线提出的一项基本要求，也是决定我国文艺事业前途命运的关键。只有牢固树立马克思主义文艺观，真正做到了以人民为中心，文艺才能发挥最大正能量。"② 新闻舆论是传播文化的重要载体，"在新的时代条件下，党的新闻舆论工作的职责和使命是：高举旗帜、引领导向，围绕中心、服务大局，团结人民、鼓舞士气，成风化人、凝心聚力，澄清谬误、明辨是非，联接中外、沟通世界。要承担起这个职责和使命，必须把政治方向摆在第一位，牢牢坚持党性原则，牢牢坚持马克思主义新闻观，牢牢坚持正确舆论导向，牢牢坚持正面宣传为主"③。哲学社会科学是文化发展的重要内容。"坚持以马克思主义为指导，是当代中国哲学社会科学区别于其他哲学社会科学的根本标志。""我国哲学社会科学坚持以马克思主义为指导，是近代以来我国发展历程赋予的规定性和必然性。在我国，不坚持以马克思主义为指导，哲学社会科学就会失去灵魂、迷失方向，最终也不能发挥应有作用。"④ 高校是文化传播和培育的重要场所。"我们的高校是党领导下的高校，是中国特色

---

① 中共中央党史和文献研究院. 十九大以来重要文献选编：上 [M]. 北京：中央文献出版社，2019：423 - 424.
② 习近平. 习近平谈治国理政：第二卷 [M]. 北京：外文出版社，2017：314.
③ 习近平. 习近平谈治国理政：第二卷 [M]. 北京：外文出版社，2017：332.
④ 习近平. 在哲学社会科学工作座谈会上的讲话 [M]. 北京：人民出版社，2016：8 - 9.

社会主义高校。办好我们的高校，必须坚持以马克思主义为指导，全面贯彻党的教育方针。要坚持不懈传播马克思主义科学理论，抓好马克思主义理论教育，为学生一生成长奠定科学的思想基础。"①

简言之，先进文化是科学的文化。自从马克思主义诞生以来，人类社会、人的思维同自然科学一样成为科学，马克思主义及其指导下的哲学社会科学及其文化形态具有了科学性。

第二，先进文化是人民的文化。文化的内核是价值观，文化具有一定的价值导向，服务于一定的阶级或集团。先进文化的重要依据恰恰源于其人民的价值取向，即先进文化是为人民服务的文化。

马克思主义是人民的理论，以马克思主义为指导的文化也是人民的文化。"马克思主义是人民的理论，第一次创立了人民实现自身解放的思想体系。马克思主义博大精深，归根结底就是一句话，为人类求解放。在马克思之前，社会上占统治地位的理论都是为统治阶级服务的。马克思主义第一次站在人民的立场探求人类自由解放的道路，以科学的理论为最终建立一个没有压迫、没有剥削、人人平等、人人自由的理想社会指明了方向。马克思主义之所以具有跨越国度、跨越时代的影响力，就是因为它植根人民之中，指明了依靠人民推动历史前进的人间正道。"② 习近平对马克思主义的阐释为深化理解该问题提供了基本思路。具体包括以下几个方面。

其一，人民群众是历史的创造者，是文化创作的主体，也是文化消费的主体。"历史活动是群众的事业，随着历史活动的深入，必将是群众队伍的扩大。"③ 马克思恩格斯在创立唯物史观的过程中，批判了历史上的英雄史观。"与其说是个别人物、即使是非常杰出的人物的动机，不如说是使广大群众、使整个的民族、并且在每一民族中间又是使整个阶级行动起来的动机"，正是这些广大群众的、整个民族的、整个阶级的行动"引起重大历

---

① 习近平. 习近平谈治国理政：第二卷 [M]. 北京：外文出版社，2017：377.
② 习近平. 在纪念马克思诞辰 200 周年大会上的讲话 [M]. 北京：人民出版社，2018：8.
③ 中共中央马克思恩格斯列宁斯大林著作编译局. 马克思恩格斯文集：第二卷 [M]. 北京：人民出版社，2009：104.

史变迁"①。毛泽东也强调人民对历史发展的决定作用。他指出："人民,只有人民,才是创造世界历史的动力。"②

人民群众是历史的创造者,也是文化的创造者。人民群众的实践活动是精神财富的源泉。人类社会的一切文化成果都是人民群众在生产斗争、阶级斗争和科学实验的实践中总结出来的。哲学、科学、思想道德、文学艺术等文化成果无不源于群众的生产和生活。没有广大群众所提供的丰富的实践经验,社会精神财富就成了无源之水、无本之木。人民群众的社会实践还是一切科学文化和文学艺术发展的根本动力。离开了广大群众的实践活动和生活的需要,人类精神文化生活的创造性活动就会失去前进的力量。

人民是文化的消费主体。精神文化需要是人民的基本需求之一,这是由人的精神属性决定的。人的精神属性同人的自然属性、社会属性一样构成了人的基本特性。马克思揭示了人的本质是社会性,也揭示了人的自然性与精神性同社会性的密切关系。精神需求是人类社会与动物界的重大区别,人民对精神文化生活的需求时时刻刻都存在。"随着人民生活水平的不断提高,人民对包括文艺作品在内的文化产品的质量、品位、风格等的要求也更高了。文学、戏剧、电影、电视、音乐、舞蹈、美术、摄影、书法、曲艺、杂技以及民间文艺、群众文艺等各领域都要跟上时代发展、把握人民需求,以充沛的激情、生动的笔触、优美的旋律、感人的形象创作生产出人民喜闻乐见的优秀作品,让人民精神文化生活不断迈上新台阶。"③

其二,为人民服务是中国共产党的初心。习近平总书记在党的十九大报告中明确指出："中国共产党人的初心和使命,就是为中国人民谋幸福,为中华民族谋复兴。"④ 全党要"坚持以人民为中心的发展思想,不断促进

---

① 中共中央马克思恩格斯列宁斯大林著作编译局. 马克思恩格斯文集:第四卷[M]. 北京:人民出版社,2009:304.

② 毛泽东. 毛泽东选集:第三卷[M]. 2版. 北京:人民出版社,1991:1031.

③ 习近平. 习近平谈治国理政:第二卷[M]. 北京:外文出版社,2017:315.

④ 中共中央党史和文献研究院. 十九大以来重要文献选编:上[M]. 北京:中央文献出版社,2019:1.

人的全面发展、全体人民共同富裕"①，"把人民对美好生活的向往作为奋斗目标，依靠人民创造历史伟业"②。这些重要论述，立足于中国特色社会主义进入新时代的历史方位，是对马克思主义人民观的继承和发展。

人民性是马克思主义最鲜明的品格，也是中国共产党的宗旨和初心。毛泽东在论述新民主主义文化时明确指出："这种新民主主义的文化是大众的，因而即是民主的。它应为全民族中百分之九十以上的工农劳苦民众服务，并逐渐成为他们的文化。"③ 在《延安文艺座谈会上的讲话》中，毛泽东进一步强调，"第一个问题：我们的文艺是为什么人的？这个问题，本来是马克思主义者特别是列宁所早已解决了的。列宁还在一九〇五年就已着重指出过，我们的文艺应当'为千千万万劳动人民服务'。在我们各个抗日根据地从事文学艺术工作的同志中，这个问题似乎是已经解决了，不需要再讲的了。其实不然。很多同志对这个问题并没有得到明确的解决。"④ "我们曾说，现阶段的中国新文化，是无产阶级领导的人民大众的反帝反封建的文化。真正人民大众的东西，现在一定是无产阶级领导的。资产阶级领导的东西，不可能属于人民大众。"⑤ "那末，什么是人民大众呢？最广大的人民，占全人口百分之九十以上的人民，是工人、农民、兵士和城市小资产阶级。所以我们的文艺，第一是为工人的，这是领导革命的阶级。第二是为农民的，他们是革命中最广大最坚决的同盟军。第三是为武装起来了的工人农民即八路军、新四军和其他人民武装队伍的，这是革命战争的主力。第四是为城市小资产阶级劳动群众和知识分子的，他们也是革命的同盟者，他们是能够长期地和我们合作的。这四种人，就是中华民族的最大部分，就是最广大的人民大众。"⑥ 1944年10月30日，毛泽东在陕甘宁边

---

① 中共中央党史和文献研究院. 十九大以来重要文献选编：上 [M]. 北京：中央文献出版社，2019：14.
② 中共中央党史和文献研究院. 十九大以来重要文献选编：上 [M]. 北京：中央文献出版社，2019：15.
③ 毛泽东. 毛泽东选集：第二卷 [M]. 2版. 北京：人民出版社，1991：708.
④ 毛泽东. 毛泽东选集：第三卷 [M]. 2版. 北京：人民出版社，1991：854.
⑤ 毛泽东. 毛泽东选集：第三卷 [M]. 2版. 北京：人民出版社，1991：855.
⑥ 毛泽东. 毛泽东选集：第三卷 [M]. 2版. 北京：人民出版社，1991：855-856.

区文教工作者会议上所做的讲演中指出:"我们的文化是人民的文化,文化工作者必须有为人民服务的高度的热忱,必须联系群众,而不要脱离群众。要联系群众,就要按照群众的需要和自愿。一切为群众的工作都要从群众的需要出发,而不是从任何良好的个人愿望出发。"① 毛泽东明确了在革命战争年代和新民主主义时期,先进文化与人民大众的关系,特别是指明了不同文化的价值差异、人民大众的内涵和构成等内容。这些思想为进一步认识先进文化奠定了理论基础。

在中国特色社会主义进入新时代的新的历史背景下,习近平指出:"以人民为中心,就是要把满足人民精神文化需求作为文艺和文艺工作的出发点和落脚点,把人民作为文艺表现的主体,把人民作为文艺审美的鉴赏家和评判者,把为人民服务作为文艺工作者的天职。"② 对于人民的理解,习近平指出:"人民不是抽象的符号,而是一个一个具体的人,有血有肉,有情感,有爱恨,有梦想,也有内心的冲突和挣扎。不能以自己的个人感受代替人民的感受,而是要虚心向人民学习、向生活学习,从人民的伟大实践和丰富多彩的生活中汲取营养,不断进行生活和艺术的积累,不断进行美的发现和美的创造。要始终把人民的冷暖、人民的幸福放在心中,把人民的喜怒哀乐倾注在自己的笔端,讴歌奋斗人生,刻画最美人物,坚定人们对美好生活的憧憬和信心。"③ 在不同的历史时期,中国共产党一直坚持完善文化与人民的统一关系。明确了文化的价值取向、实践主体、动力机制、评价标准等。将人民群众创造历史、人民群众是历史的主人、人民群众是历史的推动者等思想具体化到文化中,赋予了文化以具体的历史的主体性。

第三,先进文化是开放的文化。交流交融交锋是文化的特点。文化之所以先进,就是在其生命力。之所以充满活力,离不开开放。任何一种文

---

① 毛泽东. 毛泽东选集:第三卷[M]. 2版. 北京:人民出版社,1991:1012.
② 中共中央宣传部. 习近平总书记在文艺工作座谈会上的重要讲话学习读本[M]. 北京:学习出版社,2015:15.
③ 中共中央宣传部. 习近平总书记在文艺工作座谈会上的重要讲话学习读本[M]. 北京:学习出版社,2015:19.

化形态都是古往今来各种知识、观念、理论、方法等融通生成的结果。博采众家之长、吸收各种文化的优秀内容是先进文化的基本属性。社会主义先进文化的开放性，体现在它是历史与现实、理论与实践、本土与外来的多向度统一。

其一，从历史与现实统一的维度看，中华优秀传统文化是先进文化的基因，是先进文化发展的滋养。"中华文明绵延数千年，有其独特的价值体系。中华优秀传统文化已经成为中华民族的基因，植根在中国人内心，潜移默化地影响着中国人的思想方式和行为方式。今天，我们提倡和弘扬社会主义核心价值观，必须从中汲取丰富营养，否则就不会有生命力和影响力。"[①] 在中华文化中，有很多思想和理念不仅没有过时，反而因其鲜明的民族特色，具有永不褪色的时代价值。比如强调"民惟邦本""天人合一""和而不同"，强调"天行健，君子以自强不息""大道之行也，天下为公"；强调"天下兴亡，匹夫有责"，主张以德治国、以文化人；强调"君子喻于义""君子坦荡荡""君子义以为质"；强调"言必信，行必果""人而无信，不知其可也"；强调"德不孤，必有邻""仁者爱人""与人为善""己所不欲，勿施于人""出入相友，守望相助""老吾老以及人之老，幼吾幼以及人之幼""扶贫济困""不患寡而患不均"；等等。"博大精深的中华优秀传统文化是我们在世界文化激荡中站稳脚跟的根基。中华文化源远流长，积淀着中华民族最深层的精神追求，代表着中华民族独特的精神标识，为中华民族生生不息、发展壮大提供了丰厚滋养。"[②] 中华优秀传统文化回答了我们从哪里来，也影响着我们向哪里去。历史是现实的基础，现实是未来的历史。过去、现实和未来在时间上的一贯性表现出的是文化在时间上的开放。

中国共产党是中华优秀传统文化的忠实继承者。1938年，毛泽东同志在党的六届六中全会上所做的政治报告中就指出："学习我们的历史遗产，用马克思主义的方法给以批判的总结，是我们学习的另一任务。我们这个

---

① 中共中央文献研究室. 十八大以来重要文献选编：中［M］. 北京：中央文献出版社，2016：5.

② 习近平. 习近平谈治国理政：第一卷［M］. 2版. 北京：外文出版社，2018：164.

民族有数千年的历史,有它的特点,有它的许多珍贵品。对于这些,我们还是小学生。今天的中国是历史的中国的一个发展;我们是马克思主义的历史主义者,我们不应当割断历史。从孔夫子到孙中山,我们应当给以总结,承继这一份珍贵的遗产。这对于指导当前的伟大的运动,是有重要的帮助的。共产党员是国际主义的马克思主义者,但是马克思主义必须和我国的具体特点相结合并通过一定的民族形式才能实现。马克思列宁主义的伟大力量,就在于它是和各个国家具体的革命实践相联系的。对于中国共产党来说,就是要学会把马克思列宁主义的理论应用于中国的具体的环境,成为伟大中华民族的一部分。而和这个民族血肉相连的共产党员,离开中国特点来谈马克思主义,只是抽象的空洞的马克思主义。因此,使马克思主义在中国具体化,使之在其每一表现中带着必须有的中国的特性,即是说,按照中国的特点去应用它,成为全党亟待了解并亟须解决的问题。"① 在《新民主主义论》中,毛泽东深刻指出:"中国的长期封建社会中,创造了灿烂的古代文化。清理古代文化的发展过程,剔除其封建性的糟粕,吸收其民主性的精华,是发展民族新文化提高民族自信心的必要条件;但是决不能无批判地兼收并蓄。必须将古代封建统治阶级的一切腐朽的东西和古代优秀的人民文化即多少带有民主性和革命性的东西区别开来。中国现时的新政治新经济是从古代的旧政治旧经济发展而来的,中国现时的新文化也是从古代的旧文化发展而来,因此,我们必须尊重自己的历史,决不能割断历史。但是这种尊重,是给历史以一定的科学的地位,是尊重历史的辩证法的发展,而不是颂古非今,不是赞扬任何封建的毒素。对于人民群众和青年学生,主要地不是要引导他们向后看,而是要引导他们向前看。"② 马克思主义中国化的进程是马克思主义基本原理同中国实践相结合的过程,更是同中国文化相结合的过程。中国化在某种意义上讲,就是民族化,即通过一定的民族形式得以实现,表现出中国的特性。将中国革命实践、中国历史和中国文化相结合起来是中国共产党人在坚持马克思主义过程中对待中国传统文化的基本态度。

---

① 毛泽东. 毛泽东选集:第二卷[M]. 2版. 北京:人民出版社,1991:533-534.
② 毛泽东. 毛泽东选集:第二卷[M]. 2版. 北京:人民出版社,1991:707-708.

中国特色社会主义进入新时代，习近平指出："独特的文化传统，独特的历史命运，独特的基本国情，注定了我们必然要走适合自己特点的发展道路。"① 中国特色社会主义文化源于中华民族五千多年文明历史所孕育的中华优秀传统文化。中华优秀传统文化创造性转化和创新性发展，为社会主义先进文化提供无穷的养分。对此，习近平指出："我们生而为中国人，最根本的是我们有中国人的独特精神世界，有百姓日用而不觉的价值观。我们提倡的社会主义核心价值观，就充分体现了对中华优秀传统文化的传承和升华。"②

"宣传阐释中国特色，要讲清楚每个国家和民族的历史传统、文化积淀、基本国情不同，其发展道路必然有着自己的特色；讲清楚中华文化积淀着中华民族最深沉的精神追求，是中华民族生生不息、发展壮大的丰厚滋养；讲清楚中华优秀传统文化是中华民族的突出优势，是我们最深厚的文化软实力；讲清楚中国特色社会主义植根于中华文化沃土、反映中国人民意愿、适应中国和时代发展进步要求，有着深厚历史渊源和广泛现实基础。"③

在对待传统文化的态度上，要警惕文化保守主义和历史虚无主义的影响。目前，重点是警惕历史虚无主义的影响。历史虚无主义的表现形式多种多样。主要表现在丑化中华民族5000多年的文明史，特别是中国人民近现代的斗争史和中国共产党90多年的奋斗史，试图否定中国共产党带领人民取得的伟大历史成就；诋毁领袖人物和革命英雄；"虚无"马克思主义学说等。历史虚无主义的要害，就是从根本上否定马克思主义的指导地位和中国走向社会主义的历史必然性，否定中国共产党的领导。习近平多次强调，历史是最好的教科书，中国革命历史是最好的营养剂，学习党史、国史，是坚持和发展中国特色社会主义、把党和国家各项事业继续推向前进的必修课。

---

① 习近平. 习近平谈治国理政 [M]. 北京：外文出版社，2014：156.
② 中共中央文献研究室. 十八大以来重要文献选编：中 [M]. 北京：中央文献出版社，2016：5.
③ 习近平. 习近平谈治国理政 [M]. 北京：外文出版社，2014：155-156.

其二，从理论与实践统一的维度看，实践是理论的来源，实践是发展的变化的，决定了科学理论具有与时俱进的品格。实践观点是马克思主义认识论首要的基本的观点。马克思主义坚持全部社会生活在本质上是实践的。"哲学家们只是用不同的方式解释世界，问题在于改变世界。"① 习近平强调："实践性是马克思主义理论区别于其他理论的显著特征。马克思主义不是书斋里的学问，而是为了改变人民历史命运而创立的，是在人民求解放的实践中形成的，也是在人民求解放的实践中丰富和发展的，为人民认识世界、改造世界提供了强大精神力量。"② 实践是理论的来源和检验标准。实践之树是常青的，实践赋予了理论以活力。

中国共产党诞生近百年来，经历了革命、建设、改革开放等不同历史阶段，面对了不同的阶段性矛盾。实践在发展，理论也在发展。马克思主义传到中国的进程就是同中国革命实践相结合的过程。中国共产党建党之初，围绕着无产阶级革命和资产阶级革命、先占领城市还是先占领农村等问题出现了争论。在革命实践中，"二次革命论"和城市中心论被证实行不通，武装夺取政权和农村包围城市的实践与理论得以确立。抗日战争期间，阶级矛盾和民族矛盾交织在一起，中国共产党提出和实践了民族统一战线思想，开辟了救亡图存的新天地。新中国成立以后，如何在一个落后的农业大国建设社会主义，成为社会主义建设面对的主要问题。中国共产党通过互助组等实践探索，对以公有制为主体的生产关系的建立进行了有益探索。改革开放以后，如何建设有中国特色社会主义的现代化国家提上了日程。联产承包责任制、国企改革、特区建设等一系列重大举措构成了改革开放的伟大实践图景。与此同时，中国特色社会主义理论体系在这个探索过程中提出、完善，形成了邓小平理论、"三个代表"重要思想、科学发展观、习近平新时代中国特色社会主义思想等理论形态。

历史表明，社会大变革的时代，一定是文化大繁荣大发展的时代。当

---

① 中共中央马克思恩格斯列宁斯大林著作编译局. 马克思恩格斯文集：第一卷 [M]. 北京：人民出版社，2009：502.
② 习近平. 在纪念马克思诞辰 200 周年大会上的讲话 [M]. 北京：人民出版社，2018：9.

前,中国正面对百年未有之变局,经历着历史上最为广泛而深刻的社会变革,也正在进行着人类历史上最为宏大而独特的实践创新。"这种前无古人的伟大实践,必将给理论创造、学术繁荣提供强大动力和广阔空间。这是一个需要理论而且一定能够产生理论的时代,这是一个需要思想而且一定能够产生思想的时代。"① "时代是思想之母,实践是理论之源。实践发展永无止境,我们认识真理、进行理论创新就永无止境。今天,时代变化和我国发展的广度和深度远远超出了马克思主义经典作家当时的想象。同时,我国社会主义只有几十年实践、还处在初级阶段,事业越发展新情况新问题就越多,也就越需要我们在实践上大胆探索、在理论上不断突破。"② 中国特色社会主义道路必将在党和人民的创造性实践中不断拓展,中国特色社会主义制度必将在深化改革、扩大开放中不断完善。这一过程必将为理论创新开辟广阔前景。在新的历史条件下坚持马克思主义,关键是要及时回答实践提出的新课题,为实践提供科学指导。

其三,从本来与外来统一的维度看,人类一切优秀文明成果都能为社会主义先进文化提供积极成分,为社会主义文化建设提供有益借鉴。习近平在全国哲学社会科学座谈会讲话中谈到了本来和外来的关系,"我们要坚持不忘本来、吸收外来、面向未来,既向内看、深入研究关系国计民生的重大课题,又向外看、积极探索关系人类前途命运的重大问题;既向前看、准确判断中国特色社会主义发展趋势,又向后看、善于继承和弘扬中华优秀传统文化精华"③。习近平在文艺工作座谈会上强调:"我们社会主义文艺要繁荣发展起来,必须认真学习借鉴世界各国人民创造的优秀文艺。只有坚持洋为中用、开拓创新,做到中西合璧、融会贯通,我国文艺才能更好

---

① 习近平. 在哲学社会科学工作座谈会上的讲话[M]. 北京:人民出版社,2016:8.

② 中共中央文献研究室. 十八大以来重要文献选编:下[M]. 北京:中央文献出版社,2018:346.

③ 习近平. 在哲学社会科学工作座谈会上的讲话[M]. 北京:人民出版社,2016:16.

发展繁荣起来。"① 不忘本来、吸收外来是马克思主义的一贯原则。

吸收人类一切优秀文化资源是先进文化充满活力的基础。其中，包括国外的优秀文化资源。批判精神是马克思主义最可贵的精神品质。"我们既要立足本国实际，又要开门搞研究。对人类创造的有益的理论观点和学术成果，我们应该吸收借鉴，但不能把一种理论观点和学术成果当成'唯一准则'，不能企图用一种模式来改造整个世界，否则就容易滑入机械论的泥坑。一些理论观点和学术成果可以用来说明一些国家和民族的发展历程，在一定地域和历史文化中具有合理性，但如果硬要把它们套在各国各民族头上、用它们来对人类生活进行格式化，并以此为裁判，那就是荒谬的了。对国外的理论、概念、话语、方法，要有分析、有鉴别，适用的就拿来用，不适用的就不要生搬硬套。哲学社会科学要有批判精神，这是马克思主义最可贵的精神品质。"② "国外哲学社会科学的资源，包括世界所有国家哲学社会科学取得的积极成果，这可以成为中国特色哲学社会科学的有益滋养。要坚持古为今用、洋为中用，融通各种资源，不断推进知识创新、理论创新、方法创新。"③

关于民族性与世界性的关系，习近平指出："强调民族性并不是要排斥其他国家的学术研究成果，而是要在比较、对照、批判、吸收、升华的基础上，使民族性更加符合当代中国和当今世界的发展要求，越是民族的越是世界的。解决好民族性问题，就有更强能力去解决世界性问题；把中国实践总结好，就有更强能力为解决世界性问题提供思路和办法。这是由特殊性到普遍性的发展规律。"④

"马克思主义是不断发展的开放的理论，始终站在时代前沿。马克思一再告诫人们，马克思主义理论不是教条，而是行动指南，必须随着实践的变化而发展。一部马克思主义发展史就是马克思、恩格斯以及他们的后继

---

① 中共中央宣传部. 习近平总书记在文艺工作座谈会上的重要讲话学习读本[M]. 北京：学习出版社，2015：29.

②④ 习近平. 在哲学社会科学工作座谈会上的讲话[M]. 北京：人民出版社，2016：18.

③ 习近平. 在哲学社会科学工作座谈会上的讲话[M]. 北京：人民出版社，2016：16.

者们不断根据时代、实践、认识发展而发展的历史,是不断吸收人类历史上一切优秀思想文化成果丰富自己的历史。因此,马克思主义能够永葆其美妙之青春,不断探索时代发展提出的新课题、回应人类社会面临的新挑战。"①

第二节 社会主义先进文化的内容构成

社会主义先进文化内容的构成主要包括指导理论(思想)和具体的文化形态。指导思想是马克思主义理论及其发展。马克思主义、列宁主义、毛泽东思想、邓小平理论、"三个代表"重要思想、科学发展观、习近平新时代中国特色社会主义思想属于指导思想层面。马克思主义指导下的哲学社会科学、社会主义道德、社会主义法律、文艺等是具体的文化形态。

一、马克思主义理论

马克思主义是先进文化的指导思想,也是社会主义先进文化的核心内容。

先进文化的科学性源于马克思主义的真理性。先进文化的人民性源于马克思主义的价值性。马克思主义的真理性与价值性的统一保证了马克思主义始终站在真理与道义的制高点上。

马克思主义揭示了自然界、人类社会、人类思维发展的普遍规律,为人类社会发展进步指明了方向。唯物史观的发现揭示了人类社会发展的一般规律,主要包括社会基本矛盾理论、人类社会发展阶段性理论、群众史观等。恩格斯在《反杜林论》中这样概括:"以往的全部历史,都是阶级斗争的历史;这些互相斗争的社会阶级在任何时候都是生产关系和交换关系的产物,一句话,都是自己时代的经济关系的产物;因而每一时代的社会经济结构形成现实基础,每一个历史时期的由法的设施和政治设施以及宗教的、哲学的和其他的观念形式所构成的全部上层建筑,归根结底都应由

---

① 习近平. 在纪念马克思诞辰200周年大会上的讲话[M]. 北京:人民出版社, 2018:9-10.

这个基础来说明。这样一来,唯心主义从它的最后的避难所即历史观中被驱逐出去了,一种唯物主义的历史观被提出来了,用人们的存在说明他们的意识,而不是像以往那样用人们的意识说明他们的存在这样一条道路已经找到了。"① 从而说明人类社会是有规律可循的,揭示了人类社会发展的规律,不仅赋予了历史以科学属性,而且揭示了历史、现实、未来的纵向关系,赋予了观察社会、分析社会、揭示社会以一定的方向感。

马克思主义揭示了资本主义社会发展的特殊规律。如何认识资本主义的主要矛盾和特征是马克思恩格斯生活的时代面对的新课题。黑格尔认为普鲁士政府是绝对精神在人类社会运动的最高阶段,资本主义成为人类文明的极限。空想社会主义者认为资本主义社会是人剥削人的社会,充满了罪恶。无论是持肯定还是否定态度,资本主义制度已经成为人们关注的对象,资本主义矛盾及其带来的后果已经成为社会进步的障碍。"以往的社会主义固然批判了现存的资本主义生产方式及其后果,但是,它不能说明这个生产方式,因而也就不能对付这个生产方式;它只能简单地把它当作坏东西抛弃掉。但是,问题在于:一方面应当说明资本主义生产方式的历史联系和它在一定历史时期存在的必然性,从而说明它灭亡的必然性;另一方面应当揭露这种生产方式的一直还隐蔽着的内在性质,因为以往的批判主要是针对有害的后果,而不是针对事物的进程本身。"② "事物的进程本身"是将资本主义社会纳入人类社会发展的整体进程之中进行分析,将资本主义社会的主要矛盾置于人类社会基本矛盾之中进行分析。在整体与部分、历史与现实的比较中认识资本主义社会的特殊性。对于这个问题的研究,马克思从哲学的批判转向政治经济学批判,通过对一般的利益关系分析深化到资本主义生产方式的整体图景之中。马克思以商品,这个人们熟视无睹的东西为研究的切入点,发现了资本家剥削的秘密,即剩余价值。"这已经由于剩余价值的发现而完成了。已经证明,无偿劳动的占有是资

---

① 中共中央马克思恩格斯列宁斯大林著作编译局. 马克思恩格斯文集:第九卷[M]. 北京:人民出版社,2009:29.
② 中共中央马克思恩格斯列宁斯大林著作编译局. 马克思恩格斯文集:第九卷[M]. 北京:人民出版社,2009:29-30.

主义生产方式和通过这种生产方式对工人进行剥削的基本形式；即使资本家按照劳动力作为商品在商品市场上所具有的全部价值来购买他的工人的劳动力，他从这种劳动力榨取的价值仍然比他对这种劳动力的支付要多；这种剩余价值归根结底构成了有产阶级手中日益增加的资本量由以积累起来的价值量。这样就说明了资本主义生产和资本生产的过程。"① 由于唯物史观和剩余价值学说的提出，马克思揭开了资本主义生产的秘密，社会主义也由空想变成了科学。

马克思主义揭示了事物的本质、内在联系及发展规律，是"伟大的认识工具"，是人们观察世界、分析问题的有力思想武器；马克思主义不仅致力于科学"解释世界"，而且致力于积极"改变世界"。在当今时代，马克思主义依然具有强大的生命力，是我们党和国家的指导思想，是我们认识世界、把握规律、追求真理、改造世界的强大思想武器。

二、中国化马克思主义理论

恩格斯明确提出："我们的理论不是教条，而是对包含着一连串互相衔接的阶段的发展过程的阐明。"② 列宁也指出："恩格斯在谈到他本人和他那位著名的朋友时说过：我们的学说不是教条，而是行动的指南。这个经典性的论点异常鲜明有力地强调了马克思主义的往往被人忽视的那一面。而忽视的那一面，就会把马克思主义变成一种片面的、畸形的、僵死的东西，就会抽掉马克思主义的活的灵魂，就会破坏它的根本的理论基础——辩证法即关于包罗万象和充满矛盾的历史发展的学说；就会破坏马克思主义同时代的一定实际任务，即可能随着每一次新的历史转变而改变的一定实际任务之间的联系。"③ 与时俱进是马克思主义的理论品质，马克思主义不是教条，而是对历史过程的阐明，是发展着的理论，是研究的方法，是行动

---

① 中共中央马克思恩格斯列宁斯大林著作编译局. 马克思恩格斯文集：第九卷 [M]. 北京：人民出版社，2009：30.
② 中共中央马克思恩格斯列宁斯大林著作编译局. 马克思恩格斯文集：第十卷 [M]. 北京：人民出版社，2009：560.
③ 中共中央马克思恩格斯列宁斯大林著作编译局. 列宁选集：第二卷 [M]. 3版. 北京：人民出版社，2012：278.

的指南。

马克思主义同俄国的革命实践相结合,产生了列宁主义,进而取得了十月革命的伟大胜利。马克思列宁主义同中国革命实践相结合,诞生了中国共产党,改变了中国民主主义革命的状态,更改变了中国现代的社会性质和历史进程。

中国共产党诞生以后,中国共产党人把马克思主义基本原理同中国革命和建设的具体实际结合起来,创造性地发展了马克思主义,不断推动马克思主义中国化进程,形成了毛泽东思想和中国特色社会主义理论体系,实现了中华民族从"东亚病夫"到站起来、从站起来到富起来的伟大飞跃,迎来了从富起来到强起来的伟大飞跃。

毛泽东思想是马克思主义中国化的第一个理论成果。中国共产党诞生以后,面对中国的农民占人口的绝大多数、落后分散的小农经济、小生产及其社会影响根深蒂固,遭受着西方列强侵略和压迫,经济文化十分落后的特殊国情,其面临的首要问题是选择什么样的革命道路,即在一个半殖民地半封建的东方大国如何进行革命,选择一条什么样的道路才能把中国革命引向胜利。这个问题也是马克思主义发展史上前所未有的难题。建党初期,在道路选择上,中国共产党一度简单套用马克思列宁主义关于无产阶级革命的一般原理和照搬俄国十月革命城市武装起义的经验,使中国革命遭受到严重挫折。在吸取革命斗争失误教训的过程中,以毛泽东为代表的第一代中国共产党领导集体探索出从中国实际出发进行革命的实践与理论。毛泽东深刻分析中国社会形态和阶级状况,弄清了中国革命的性质、对象、任务和动力,提出通过新民主主义革命走向社会主义的两步走战略,制定了新民主主义革命总路线,开辟了农村包围城市、最后夺取全国胜利的革命道路;创造性地解决了在中国这种特殊的社会历史条件下建设马克思主义政党的一系列重大问题,把党建设成为用科学理论和革命精神武装起来的、同人民群众有着血肉联系的、思想上政治上组织上完全巩固的马克思主义政党;创造性地解决了缔造一个在党的绝对领导下的人民武装力量的一系列重大问题,建成一支具有一往无前精神、能压倒一切敌人而决不被敌人所屈服的新型人民军队;创造性地解决了团结全民族最大多数人共同奋斗的革命统一战线的一系列重大问题，为党和人民的事业凝聚了一支最广大的同盟军。毛泽东同志带领我们党创造性地提出和实施了一系列正确的战略策略，及时解决了中国革命进程中一道道极为复杂的难题，创造性地解决了马克思列宁主义基本原理同中国实际相结合的一系列重大问题。党的七大把毛泽东思想确立为党的指导思想，实现了马克思主义中国化的第一次理论飞跃。

中国特色社会主义理论是马克思主义中国化的另一重要理论成果。中国特色社会主义理论体系包括邓小平理论、"三个代表"重要思想、科学发展观、习近平新时代中国特色社会主义思想等。

邓小平理论是在和平与发展成为时代主题的历史条件下，在我国改革开放和现代化建设的实践中，在总结我国社会主义胜利和挫折的历史经验并借鉴其他社会主义国家兴衰成败历史经验的基础上逐步形成和发展起来的。以邓小平同志为核心的党的第二代中央领导集体做出把党和国家工作中心转移到经济建设上来、实行改革开放的历史性决策。邓小平理论第一次比较系统地回答了在中国这样经济文化比较落后的国家如何建设社会主义、如何巩固和发展社会主义的一系列基本问题。深刻揭示社会主义本质，确立社会主义初级阶段基本路线，明确提出走自己的路、建设中国特色社会主义，科学回答了建设中国特色社会主义的一系列基本问题，成功开创了中国特色社会主义道路，实现了马克思主义同中国实际相结合的又一次历史性飞跃。

党的十三届四中全会以后，以江泽民同志为主要代表的中国共产党人，团结带领全党全国各族人民，坚持党的基本理论、基本路线，加深了对什么是社会主义、怎样建设社会主义和建设什么样的党、怎样建设党的认识，积累了治党治国新的宝贵经验，形成了"三个代表"重要思想。

党的十六大以后，以胡锦涛同志为主要代表的中国共产党人，团结带领全党全国各族人民，坚持以邓小平理论和"三个代表"重要思想为指导，根据新的发展要求，深刻认识和回答了新形势下实现什么样的发展、怎样发展等重大问题，形成了科学发展观。

党的十八大以来，党中央团结带领全党全国各族人民，全面审视国际国内新的形势,通过总结实践、展望未来,深刻回答了新时代坚持和发展什么样的中国特色社会主义、怎样坚持和发展中国特色社会主义这个重大时代课题,形成了习近平新时代中国特色社会主义思想。习近平新时代中国特色社会主义思想,涵盖新时代坚持和发展中国特色社会主义的总目标、总任务、总体布局、战略布局和发展方向、发展方式、发展动力、战略步骤、外部条件、政治保证等基本问题,并根据新的实践对经济、政治、法治、科技、文化、教育、民生、民族、宗教、社会、生态文明、国家安全、国防和军队、"一国两制"和祖国统一、统一战线、外交、党的建设等各方面做出理论概括和战略指引,其主体内容体系可概括为"八个明确"和"十四个坚持"。"八个明确"偏重于理论层面的高度概括和凝练,集中反映着我们党对科学社会主义在当今时代的理论思考和理论贡献。"十四个坚持"偏重于实践层面、方略层面的展开,涵盖坚持党的领导和"五位一体"总体布局、"四个全面"战略布局,涵盖国防和军队建设、维护国家安全、对外战略,涵盖此前提出的党的基本纲领、基本经验、基本要求,是对党的治国理政重大方针、原则的最新概括,是实现"两个一百年"奋斗目标、实现中华民族伟大复兴中国梦的实践要求。"八个明确"与"十四个坚持"有机融合、有机统一,凝结着我们党坚持和发展中国特色社会主义的经验总结,凝结着以习近平同志为核心的党中央对中国特色社会主义规律性认识的深化、拓展、升华,是习近平新时代中国特色社会主义思想体系的"四梁八柱",有力撑起了整个体系的宏伟大厦。新时代中国特色社会主义思想,是对马克思主义、列宁主义、毛泽东思想、邓小平理论、"三个代表"重要思想、科学发展观的继承和发展,是马克思主义中国化最新成果,是党和人民实践经验和集体智慧的结晶,是中国特色社会主义理论体系的重要组成部分,是全党全国人民为实现中华民族伟大复兴而奋斗的行动指南。

三、社会主义核心价值观

社会主义核心价值观是社会主义先进文化的核心内容。理解培育和践行社会主义核心价值观的意义有两个重要的视角:一是国家和社会的视角,二是公民个人的视角。国家和社会的视角指的是国家文化软实力，即社会主义核心价值观是最大的价值公约数；个人的视角指的是德，即社会主义核心价值观是大德、公德与私德的统一。

第一，社会主义核心价值观是当代中国精神的集中体现，凝结着全体人民共同的价值追求。人无精神则不立，国无精神则不强。精神是一个民族赖以长久生存的灵魂，唯有精神上达到一定的高度，这个民族才能在历史的洪流中屹立不倒、奋勇向前。中华民族能够在5000多年的历史长河中生生不息、薪火相传，很重要的一个原因，就是拥有孕育于中华民族悠久辉煌历史文化之中的伟大的中国精神。中国精神作为兴国强国之魂，是实现中华民族伟大复兴不可或缺的精神支撑和精神动力。"在社会主义核心价值观中，最深层、最根本、最永恒的是爱国主义。爱国主义是常写常新的主题。拥有家国情怀的作品，最能感召中华儿女团结奋斗。"① "实现中华民族伟大复兴的中国梦，是当代中国爱国主义的鲜明主题。要大力弘扬伟大爱国主义精神，大力弘扬以改革创新为核心的时代精神，为实现中华民族伟大复兴的中国梦提供共同精神支柱和强大精神动力。"②

第二，培育和践行社会主义核心价值观是增强国家文化软实力的需要。培育和践行社会主义核心价值观，是有效整合我国社会意识、凝聚社会价值共识、解决和化解社会矛盾、聚合磅礴之力的重大举措，是保证我国经济社会沿着正确的方向发展、实现中华民族伟大复兴的价值支撑，意义重大而深远。"人类社会发展的历史表明，对一个民族、一个国家来说，最持久、最深层的力量是全社会共同认可的核心价值观。核心价值观，承载着一个民族、一个国家的精神追求，体现着一个社会评判是非曲直的价值标准。"③ 价值观是文化的核心内容，无论文化的性质如何，形态怎样，所依托和所呈现的都是一定的价值观。核心价值观是价值观的最大公约数，是

---

① 中共中央宣传部. 习近平总书记在文艺工作座谈会上的重要讲话学习读本[M]. 北京：学习出版社，2015：26-27.

② 习近平：大力弘扬伟大爱国主义精神 为实现中国梦提供精神支柱[N]. 人民日报，2015-12-31（1）.

③ 习近平. 习近平谈治国理政[M]. 北京：外文出版社，2014：168.

文化软实力的灵魂、文化软实力建设的重点,是决定文化性质和方向的最深层次要素。"一个国家的文化软实力,从根本上说,取决于其核心价值观的生命力、凝聚力、感召力。培育和弘扬核心价值观,有效整合社会意识,是社会系统得以正常运转、社会秩序得以有效维护的重要途径,也是国家治理体系和治理能力的重要方面。历史和现实都表明,构建具有强大感召力的核心价值观,关系社会和谐稳定,关系国家长治久安。"① "核心价值观是一个民族赖以维系的精神纽带,是一个国家共同的思想道德基础。如果没有共同的核心价值观,一个民族、一个国家就会魂无定所、行无依归。"②

当今世界,文化越来越成为综合国力竞争的重要因素,成为经济社会发展的重要支撑,文化软实力越来越成为争夺发展制高点、道义制高点的关键所在。文化的力量,归根结底来自凝结其中的核心价值观的影响力和感召力;文化软实力的竞争,本质上是不同文化所代表的核心价值观的竞争。现在,越来越多的国家把提升文化软实力确立为国家战略,价值观之争日趋激烈。培育和践行社会主义核心价值观,有利于增进国际社会对中国的理解,扩大中国文化影响力,展示社会主义中国的良好形象;有利于增强社会主义意识形态的竞争力,掌握话语权,赢得主动权,逐步打破西方的话语垄断、舆论垄断,维护国家文化利益和意识形态安全,不断提高我们国家的文化软实力。

第三,社会主义核心价值观是凝聚中国力量的思想道德基础。"核心价值观,其实就是一种德,既是个人的德,也是一种大德,就是国家的德、社会的德。国无德不兴,人无德不立。如果一个民族、一个国家没有共同的核心价值观,莫衷一是,行无依归,那这个民族、这个国家就无法前进。这样的情形,在我国历史上,在当今世界上,都屡见不鲜。"③ 一个人只有明大德、守公德、严私德,方能用得其所。修德,既要立意高远,又要立

---

① 习近平. 习近平谈治国理政 [M]. 北京:外文出版社,2014:163.
② 中共中央宣传部. 习近平总书记在文艺工作座谈会上的重要讲话学习读本 [M]. 北京:学习出版社,2015:24-25.
③ 中共中央文献研究室. 十八大以来重要文献选编:中 [M]. 北京:中央文献出版社,2016:3.

足平实。要立志报效祖国、服务人民,这是大德,养大德者方可成大业。同时,还得从做好小事、管好小节开始起步,"见善则迁,有过则改",踏踏实实修好公德、私德,学会劳动、学会勤俭、学会感恩、学会助人、学会谦让、学会宽容、学会自省、学会自律。公民道德建设的一个重要原则是坚持以社会主义核心价值观为引领,将国家、社会、个人层面的价值要求贯穿到道德建设各方面,以主流价值建构道德规范、强化道德认同、指引道德实践,引导人们明大德、守公德、严私德。

中华优秀传统文化是涵养社会主义核心价值观的重要源泉,是中华民族的精神命脉。"价值观是人类在认识、改造自然和社会的过程中产生与发挥作用的。不同民族、不同国家由于其自然条件和发展历程不同,产生和形成的核心价值观也各有特点。一个民族、一个国家的核心价值观必须同这个民族、这个国家的历史文化相契合,同这个民族、这个国家的人民正在进行的奋斗相结合,同这个民族、这个国家需要解决的时代问题相适应。世界上没有两片完全相同的树叶。一个民族、一个国家,必须知道自己是谁,是从哪里来的,要到哪里去,想明白了、想对了,就要坚定不移朝着目标前进。"[①] "中华优秀传统文化是中华民族的精神命脉,是涵养社会主义核心价值观的重要源泉,也是我们在世界文化激荡中站稳脚跟的坚实根基。"[②]

2000多年前,中国就出现过诸子百家的盛况,老子、孔子、墨子等思想家广泛探讨人与人、人与社会、人与自然的关系,提出了包括孝悌忠信、礼义廉耻、仁者爱人、与人为善、天人合一、道法自然、兼爱非攻等很多理念,至今仍然深深影响着中国人的生活。要深入挖掘和阐发中华优秀传统文化讲仁爱、重民本、守诚信、崇正义、尚和合、求大同的时代价值,使中华优秀传统文化成为涵养社会主义核心价值观的重要源泉。不忘本来才能开辟未来,善于继承才能更好创新。对历史文化特别是先人传承下来

---

① 中共中央文献研究室. 十八大以来重要文献选编:中[M]. 北京:中央文献出版社,2016:5-6.

② 中共中央宣传部. 习近平总书记在文艺工作座谈会上的重要讲话学习读本[M]. 北京:学习出版社,2015:28.

的价值理念和道德规范，要坚持古为今用、推陈出新，有鉴别地加以对待，有扬弃地予以继承，努力用中华民族创造的一切精神财富以文化人、以文育人。习近平强调指出："要以培养担当民族复兴大任的时代新人为着眼点，强化教育引导、实践养成、制度保障，发挥社会主义核心价值观对国民教育、精神文明创建、精神文化产品创作生产传播的引领作用，把社会主义核心价值观融入社会发展各方面，转化为人们的情感认同和行为习惯。坚持全民行动、干部带头，从家庭做起，从娃娃抓起。深入挖掘中华优秀传统文化蕴含的思想观念、人文精神、道德规范，结合时代要求继承创新，让中华文化展现出永久魅力和时代风采。"①

习近平强调，广大青年树立和培育社会主义核心价值观，要在以下几点上下功夫。一是要勤学，下得苦功夫，求得真学问。知识是树立核心价值观的重要基础。古希腊哲学家说，知识即美德。我国古人说："非学无以广才，非志无以成学。"青春时光，人生只有一次，应该好好珍惜。为学之要贵在勤奋、贵在钻研、贵在有恒。要勤于学习、敏于求知，注重把所学知识内化于心，形成自己的见解，既要专攻博览，又要关心国家、关心人民、关心世界，学会担当社会责任。二是要修德，加强道德修养，注重道德实践。"德者，本也。"道德之于个人、之于社会，都具有基础性意义，做人做事第一位的是崇德修身。三是要明辨，善于明辨是非，善于决断选择。"学而不思则罔，思而不学则殆。"是非明，方向清，路子正，人们付出的辛劳才能结出果实。面对世界的深刻复杂变化，面对信息时代各种思潮的相互激荡，面对纷繁多变、鱼龙混杂、泥沙俱下的社会现象，面对学业、情感、职业选择等多方面的考量，要学会思考、善于分析、正确抉择，做到稳重自持、从容自信、坚定自励。四是要笃实，扎扎实实干事，踏踏实实做人。"道不可坐论，德不能空谈。于实处用力，从知行合一上下功夫，核心价值观才能内化为人们的精神追求，外化为人们的自觉行动。……青年要把艰苦环境作为磨炼自己的机遇，把小事当作大事干，一步一个脚

---

① 习近平.决胜全面建成小康社会 夺取新时代中国特色社会主义伟大胜利：在中国共产党第十九次全国代表大会上的报告［M］.北京：人民出版社，2017：42.

印往前走。"①

四、培育有理想有本领有担当的时代新人

党的十九大报告指出:"青年兴则国家兴,青年强则国家强。青年一代有理想、有本领、有担当,国家就有前途,民族就有希望。"② 以文化人,以文育人的目标即是培养时代新人。

育人是先进文化的职责。人文化成是文化的原义,以文化人是文化的属性。"文艺是铸造灵魂的工程,承担着以文化人、以文育人的职责,应该用独到的思想启迪、润物无声的艺术熏陶启迪人的心灵,传递向善向上的价值观。"③ 我国正处在思想大活跃、观念大碰撞、文化大交融的时代,人们的思想道德发生了急剧变化,也出现了不少问题。

习近平在文艺工作座谈会讲话中深刻分析了问题之所在。他说:"我同几位艺术家交谈过,问当前文艺最突出的问题是什么,他们不约而同地说了两个字:浮躁。"④ "浮"是"漂流"之义,"躁"是心里有众多的东西要动。两个字组合在一起的意思就是"心里有众多的东西要动,而又没有地方可以让他们落脚,因此到处飘荡不得安心"。"浮躁"指轻浮,做事无恒心,见异思迁,不安分守己,总想投机取巧,成天无所事事,脾气大。浮躁是一种病态心理表现,其特点有心神不宁、焦躁不安、盲动冒险等。浮躁心态不仅在文艺领域存在,在文化领域也存在。在文化生产领域,浮躁主要表现为粗制滥造、流水线作业等,追求发行量、收视率、点击率、票房收入等量化指标;在消费领域,浮躁主要表现为快餐式消费,追求感官娱乐。伴随着市场经济的发展,文化市场也快速发展并越来越占据重要地位。文化同经济的结合发展形成的文化产业已是经济的组成部分,进而产

---

① 习近平. 习近平谈治国理政[M]. 北京:外文出版社,2014:173-174.

② 习近平. 决胜全面建成小康社会 夺取新时代中国特色社会主义伟大胜利:在中国共产党第十九次全国代表大会上的报告[M]. 北京:人民出版社,2017:70.

③ 中共中央宣传部. 习近平总书记在文艺工作座谈会上的重要讲话学习读本[M]. 北京:学习出版社,2015:26.

④ 中共中央宣传部. 习近平总书记在文艺工作座谈会上的重要讲话学习读本[M]. 北京:学习出版社,2015:10.

生了经济效益与社会效益的矛盾。

"人类文艺发展史表明，急功近利，竭泽而渔，粗制滥造，不仅是对文艺的一种伤害，也是对社会精神生活的一种伤害。低俗不是通俗，欲望不代表希望，单纯感官娱乐不等于精神快乐。文艺要赢得人民认可，花拳绣腿不行，投机取巧不行，沽名钓誉不行，自我炒作不行，'大花轿，人抬人'也不行。"① 这种现象究其原因是价值观缺失导致的。"比较突出的一个问题就是一些人价值观缺失，观念没有善恶，行为没有底线，什么违反党纪国法的事情都敢干，什么缺德的勾当都敢做，没有国家观念、集体观念、家庭观念，不讲对错，不问是非，不知美丑，不辨香臭，浑浑噩噩，穷奢极欲。现在社会上出现的种种问题病根都在这里。"② "文艺不能当市场的奴隶，不要沾满了铜臭气。优秀的文艺作品，最好是既能在思想上、艺术上取得成功，又能在市场上受到欢迎。要坚守文艺的审美理想、保持文艺的独立价值，合理设置反映市场接受程度的发行量、收视率、点击率、票房收入等量化指标，既不能忽视和否定这些指标，又不能把这些指标绝对化，被市场牵着鼻子走。"③

文以载道是以文育人得以可能的前提。"对文艺来讲，思想和价值观念是灵魂，一切表现形式都是表达一定思想和价值观念的载体。离开了一定思想和价值观念，再丰富多样的表现形式也是苍白无力的。"④ 习近平总书记说："一首短短的《游子吟》之所以流传千年，就在于它生动讴歌了伟大的母爱。苏东坡称赞韩愈'文起八代之衰，而道济天下之溺'，讲的是从司马迁之后到韩愈，算起来文章衰弱了八代。韩愈的文章起来了，凭什么呢？

---

① 中共中央宣传部. 习近平总书记在文艺工作座谈会上的重要讲话学习读本[M]. 北京：学习出版社，2015：11.

② 中共中央宣传部. 习近平总书记在文艺工作座谈会上的重要讲话学习读本[M]. 北京：学习出版社，2015：25.

③ 中共中央宣传部. 习近平总书记在文艺工作座谈会上的重要讲话学习读本[M]. 北京：学习出版社，2015：22-23.

④ 习近平. 在中国文联十大、中国作协九大开幕式上的讲话[N]. 人民日报，2016-12-01（2）.

就是'道',就是文以载道。"① "追求真善美是文艺的永恒价值。艺术的最高境界就是让人动心,让人们的灵魂经受洗礼,让人们发现自然的美、生活的美、心灵的美。"② "我们要通过文艺作品传递真善美,传递向上向善的价值观,引导人们增强道德判断力和道德荣誉感,向往和追求讲道德、尊道德、守道德的生活。"③ "文艺是铸造灵魂的工程,文艺工作者是灵魂的工程师。好的文艺作品就应该像蓝天上的阳光、春季里的清风一样,能够启迪思想、温润心灵、陶冶人生,能够扫除颓废萎靡之风。"④

"凡作传世之文者,必先有可以传世之心。"⑤ 广大文艺工作者要高扬社会主义核心价值观的旗帜,充分认识肩上的责任,把社会主义核心价值观生动活泼、活灵活现地体现在文艺创作之中,用栩栩如生的作品形象告诉人们什么是应该肯定和赞扬的,什么是必须反对和否定的,做到春风化雨、润物无声。同时,文艺界知名人士很多,社会影响力不小,大家不仅要在文艺创作上追求卓越,而且要在思想道德修养上追求卓越,更应身体力行践行社会主义核心价值观,努力做到言为士则、行为世范。

"文艺的性质决定了它必须以反映时代精神为神圣使命。社会主义核心价值观是当代中国精神的集中体现,是凝聚中国力量的思想道德基础。广大文艺工作者要把培育和弘扬社会主义核心价值观作为根本任务,坚定不移用中国人独特的思想、情感、审美去创作属于这个时代、又有鲜明中国风格的优秀作品。"⑥

培养时代新人是实现中华民族伟大复兴的基础性工程。当今世界,科技进步日新月异,国际竞争日趋激烈。科技进步和创新驱动成为国际竞争的聚焦度。科技竞争的根本是人才竞争,人才越来越成为推动经济社会发

---

①② 中共中央宣传部. 习近平总书记在文艺工作座谈会上的重要讲话学习读本[M]. 北京:学习出版社,2015:27.

③ 中共中央宣传部. 习近平总书记在文艺工作座谈会上的重要讲话学习读本[M]. 北京:学习出版社,2015:27-28.

④⑤ 中共中央宣传部. 习近平总书记在文艺工作座谈会上的重要讲话学习读本[M]. 北京:学习出版社,2015:26.

⑥ 习近平. 在中国文联十大、中国作协九大开幕式上的讲话[N]. 人民日报,2016-12-01(2).

展的战略性资源。"两个一百年"奋斗目标的实现、中华民族伟大复兴中国梦的实现,归根结底靠人才。源源不断的人才资源是我国在激烈的国际竞争中的重要潜在力量和后发优势。2014年5月4日,习近平在北京大学师生座谈会上的讲话中指出:"现在在高校学习的大学生都是20岁左右,到2020年全面建成小康社会时,很多人还不到30岁;到本世纪中叶基本实现现代化时,很多人还不到60岁。也就是说,实现'两个一百年'奋斗目标,你们和千千万万青年将全过程参与。有信念、有梦想、有奋斗、有奉献的人生,才是有意义的人生。当代青年建功立业的舞台空前广阔、梦想成真的前景空前光明,希望大家努力在实现中国梦的伟大实践中创造自己的精彩人生。"① 培养时代新人是中国特色社会主义进入新时代提出的战略要求。

习近平在2018年的全国教育大会上强调指出:"培养什么人,是教育的首要问题。我国是中国共产党领导的社会主义国家,这就决定了我们的教育必须把培养社会主义建设者和接班人作为根本任务,培养一代又一代拥护中国共产党领导和我国社会主义制度、立志为中国特色社会主义奋斗终身的有用人才。"② 这是教育工作的根本任务,也是教育现代化的方向目标。时代新人教育的着力点主要包括以下几个方面。

第一,理想信念教育。"要在坚定理想信念上下功夫。社会主义建设者和接班人,定语就是'社会主义',这是我们对培养什么人的本质规定。我们培养的人,必须树立共产主义远大理想和中国特色社会主义共同理想。没有这一条,培养社会主义建设者和接班人就不成立了。"③ 理想是人们在实践中形成的、有实现可能性的、对未来社会和自身发展目标的向往与追求,是人们的世界观、人生观和价值观在奋斗目标上的集中体现。信念是人们在一定的认识基础上确立的对某种思想或事物坚信不疑并身体力行的

---

① 中共中央文献研究室. 十八大以来重要文献选编:中[M]. 北京:中央文献出版社,2016:10.
② 中共中央党史和文献研究院. 十九大以来重要文献选编:上[M]. 北京:中央文献出版社,2019:647.
③ 中共中央党史和文献研究院. 十九大以来重要文献选编:上[M]. 北京:中央文献出版社,2019:648.

精神状态。理想信念是人类特有的精神现象。人既需要物质资料来满足生存需要，也需要理想信念来充实精神生活。正确坚定的理想信念，激励人们为一定的社会理想和生活目标而不断努力追求。"形象地说，理想信念就是共产党人精神上的'钙'，没有理想信念，理想信念不坚定，精神上就会'缺钙'，就会得'软骨病'。"① 理想信念同任何一种社会意识形式一样，都是一定时代的产物，都带着特定历史时代的烙印。不同时代的生产力发展水平不同，社会历史条件和政治经济关系不同，人们对社会现实状况、社会实践活动及其发展规律认识的深度和广度不同，形成的理想信念也就会有所不同。理想信念的时代性，不仅体现为它受时代条件的制约，而且体现为它随着时代的发展而发展。

"坚定理想信念，坚守共产党人精神追求，始终是共产党人安身立命的根本。对马克思主义的信仰，对社会主义和共产主义的信念，是共产党人的政治灵魂，是共产党人经受住任何考验的精神支柱。"② "理想信念动摇是最危险的动摇，理想信念滑坡是最危险的滑坡。一个政党的衰落，往往从理想信念的丧失或缺失开始。我们党是否坚强有力，既要看全党在理想信念上是否坚定不移，更要看每一位党员在理想信念上是否坚定不移。"③

坚定的理想信念建立在对马克思主义的深刻理解之上，建立在对历史规律的深刻把握之上。马克思主义尽管诞生在一百多年前，但历史和现实都证明它是科学的理论，迄今依然有着强大生命力。马克思主义深刻揭示了自然界、人类社会、人类思维发展的普遍规律，为人类社会发展进步指明了方向；马克思主义坚持实现人民解放、维护人民利益的立场，以实现人的自由而全面的发展和全人类解放为己任，反映了人类对理想社会的美好憧憬；马克思主义揭示了事物的本质、内在联系及发展规律，是"伟大的认识工具"，是人们观察世界、分析问题的有力思想武器；马克思主义具有鲜明的实践品格，不仅致力于科学"解释世界"，而且致力于积极"改变

---

①② 习近平. 紧紧围绕坚持和发展中国特色社会主义 学习宣传贯彻党的十八大精神 [N]. 人民日报，2012-11-19（2）.

③ 习近平. 在庆祝中国共产党成立95周年大会上的讲话 [N]. 人民日报，2016-07-02.

世界"。马克思主义既是世界观又是方法论。作为世界观，决定了人生观和价值观。马克思主义揭示了人类社会发展的一般规律，明确了社会趋势与走向，是树立和坚定理想信念的基础。作为方法论，坚持和运用马克思主义的实践观、群众观、阶级观、发展观、矛盾观，对于科学认识世界，认识矛盾，解决问题具有重大意义。"马克思主义奠定了共产党人坚定理想信念的理论基础。我们要全面掌握辩证唯物主义和历史唯物主义的世界观和方法论，深刻认识实现共产主义是由一个一个阶段性目标逐步达成的历史过程，把共产主义远大理想同中国特色社会主义共同理想统一起来、同我们正在做的事情统一起来，坚定中国特色社会主义道路自信、理论自信、制度自信、文化自信，坚守共产党人的理想信念，像马克思那样，为共产主义奋斗终身。"①"由此，共产党人要把读马克思主义经典、悟马克思主义原理当作一种生活习惯、当作一种精神追求，用经典涵养正气、淬炼思想、升华境界、指导实践。"②

理想信念教育是青少年思想政治教育的核心内容，针对的是人生目标与人生动力等问题。现在的青少年长期生活在和平环境之下，没有体验过民族生死存亡的苦难，没有经历过血与火的考验，没有参加过艰难困苦的奋斗，人生阅历很有限。如果不加以正确引导和长期教育，难以树立正确理想信念，甚至可能方向走偏。

第二，爱国主义教育。习近平强调："要在厚植爱国主义情怀上下功夫。爱国主义教育是世界各国教育的必修课。爱国主义是中华民族的民族心、民族魂，培养社会主义建设者和接班人，首先要培养学生的爱国情怀。"③爱国主义体现了人们对自己祖国的深厚感情，揭示了个人对祖国的依存关系，是人们对自己家园以及民族和文化的归属感、认同感、尊严感与荣誉感的统一。它是调节个人与祖国之间关系的道德要求、政治原则和法律规范，也是中华民族精神的核心。中华民族从来就有爱国主义的光荣

---

①② 习近平. 在纪念马克思诞辰200周年大会上的讲话 [N]. 人民日报，2018-05-05 (2).

③ 中共中央党史和文献研究院. 十九大以来重要文献选编：上 [M]. 北京：中央文献出版社，2019：649.

传统。一部中华民族的发展史，就是一部中华儿女的爱国奋斗史。"历史深刻表明，爱国主义自古以来就流淌在中华民族血脉之中，去不掉，打不破，灭不了，是中国人民和中华民族维护民族独立和民族尊严的强大精神动力，只要高举爱国主义的伟大旗帜，中国人民和中华民族就能在改造中国、改造世界的拼搏中迸发出排山倒海的历史伟力！"①

爱国主义是历史的、具体的，在不同的历史条件和文化背景下所形成的爱国主义，总是具有不同的内涵和特点。爱国主义的丰富性和生命力，正是通过它的历史性和具体性来表现的。在新民主主义革命时期，爱国主义主要表现为致力于推翻帝国主义、封建主义和官僚资本主义的反动统治，把黑暗的旧中国改造成光明的新中国。新时代爱国主义的鲜明主题是实现中华民族伟大复兴的中国梦。爱国主义的本质就是坚持爱国和爱党、爱社会主义高度统一。要区分层次、区别对象，引导人们深刻认识党的领导是中国特色社会主义最本质特征和最大制度优势，坚持党的领导、坚持走中国特色社会主义道路是实现国家富强的根本保障和必由之路，以坚定的信念、真挚的情感把新时代中国特色社会主义一以贯之进行下去。

爱国主义教育是思想政治教育的基本内容。党的十八大以来，以习近平同志为核心的党中央高度重视爱国主义教育，固本培元、凝心铸魂，做出一系列重要部署，推动爱国主义教育取得显著成效。"对每一个中国人来说，爱国是本分，也是职责，是心之所系、情之所归。对新时代中国青年来说，热爱祖国是立身之本、成才之基。"② 爱国主义教育要坚持从娃娃抓起，着眼固本培元、凝心铸魂，突出思想内涵，强化思想引领，做到润物无声，把基本要求和具体实际结合起来，把全面覆盖和突出重点结合起来，遵循规律、创新发展，注重落细落小落实、日常经常平常，强化教育引导、实践养成、制度保障，推动爱国主义教育融入贯穿国民教育和精神文明建设全过程。

---

① 习近平. 在纪念五四运动 100 周年大会上的讲话 [M]. 北京：人民出版社，2019：3.

② 习近平. 在纪念五四运动 100 周年大会上的讲话 [M]. 北京：人民出版社，2019：7.

第三，品德教育。品德教育是思想政治教育的基本内容。从2001年的《公民道德建设实施纲要》到2019年的《新时代公民道德建设实施纲要》，党和国家高度重视道德建设和品德教育。"要在加强品德修养上下功夫。人无德不立，育人的根本在于立德。立德为先，修身为本，这是人才成长的基本逻辑。"①

品德教育主要包括个人品德、社会公德、大德。"要坚持教育引导学生培育和践行社会主义核心价值观，做到品德润身、公德善心、大德铸魂。要加强对学生的法治教育，使学生养成遵纪守法的良好习惯。……要教育引导学生从做好小事、管好小节开始起步，踏踏实实修好品德，学会感恩、学会助人、学会谦让、学会宽容、学会自省、学会自律，成为有大爱大德大情怀的人。"②

中华文明源远流长，孕育了中华民族的宝贵精神品格，培育了中国人民的崇高价值追求。中国共产党领导人民在革命、建设和改革历史进程中，坚持马克思主义对人类美好社会的理想，继承发扬中华传统美德，创造形成了引领中国社会发展进步的社会主义道德体系。坚持和发展中国特色社会主义，需要物质文明和精神文明全面发展、人民物质生活和精神生活水平全面提升。中国特色社会主义进入新时代，加强公民道德建设、提高全社会道德水平，是全面建成小康社会、全面建设社会主义现代化强国的战略任务，是适应社会主要矛盾变化、满足人民对美好生活向往的迫切需要，是促进社会全面进步、人的全面发展的必然要求。

"青年要把正确的道德认知、自觉的道德养成、积极的道德实践紧密结合起来，不断修身立德，打牢道德根基，在人生道路上走得更正、走得更远。面对复杂的世界大变局，要明辨是非、恪守正道，不人云亦云、盲目跟风。面对外部诱惑，要保持定力、严守规矩，用勤劳的双手和诚实的劳动创造美好生活，拒绝投机取巧、远离自作聪明。面对美好岁月，要有饮

---

① 习近平. 在纪念五四运动100周年大会上的讲话[M]. 北京：人民出版社，2019：7.

② 中共中央党史和文献研究院. 十九大以来重要文献选编：上[M]. 北京：中央文献出版社，2019：650.

水思源、懂得回报的感恩之心,感恩党和国家,感恩社会和人民。要在奋斗中摸爬滚打,体察世间冷暖、民众忧乐、现实矛盾,从中找到人生真谛、生命价值、事业方向。"①

"新时代中国青年要自觉树立和践行社会主义核心价值观,善于从中华民族传统美德中汲取道德滋养,从英雄人物和时代楷模的身上感受道德风范,从自身内省中提升道德修为,明大德、守公德、严私德,自觉抵制拜金主义、享乐主义、极端个人主义、历史虚无主义等错误思想,追求更有高度、更有境界、更有品位的人生,让清风正气、蓬勃朝气遍布全社会。"②

《新时代公民道德建设实施纲要》对新时代公民道德建设提出了新要求。要以习近平新时代中国特色社会主义思想为指导,紧紧围绕进行伟大斗争、建设伟大工程、推进伟大事业、实现伟大梦想,着眼构筑中国精神、中国价值、中国力量,促进全体人民在理想信念、价值理念、道德观念上紧密团结在一起,在全民族牢固树立中国特色社会主义共同理想,在全社会大力弘扬社会主义核心价值观,积极倡导富强民主文明和谐、自由平等公正法治、爱国敬业诚信友善,全面推进社会公德、职业道德、家庭美德、个人品德建设,持续强化教育引导、实践养成、制度保障,不断提升公民道德素质,促进人的全面发展,培养和造就担当民族复兴大任的时代新人。

此外,还要在增长知识见识上下功夫,教育引导学生珍惜学习时光,心无旁骛求知问学,增长见识,丰富学识,沿着求真理、悟道理、明事理的方向前进。要在培养奋斗精神上下功夫,教育引导学生树立高远志向,历练敢于担当、不懈奋斗的精神,具有勇于奋斗的精神状态、乐观向上的人生态度,做到刚健有为、自强不息。要在增强综合素质上下功夫,教育引导学生培养综合能力,培养创新思维。要树立健康第一的教育理念,开齐开足体育课,帮助学生在体育锻炼中享受乐趣、增强体质、健全人格、锤炼意志。要全面加强和改进学校美育,坚持以美育人、以文化人,提高学生审美和人文素养。要在学生中弘扬劳动精神,教育引导学生崇尚劳动、尊重劳动,懂得劳动最光荣、劳动最崇高、劳动最伟大、劳动最美丽的道

---

①② 习近平. 在纪念五四运动100周年大会上的讲话[M]. 北京:人民出版社,2019:11-12.

理,使学生长大后能够辛勤劳动、诚实劳动、创造性劳动。

总之,育新人是一项重要的政治任务,也是社会主义先进文化中的重要职责。"要把立德树人融入思想道德教育、文化知识教育、社会实践教育各环节,贯穿基础教育、职业教育、高等教育各领域,学科体系、教学体系、教材体系、管理体系要围绕这个目标来设计,教师要围绕这个目标来教,学生要围绕这个目标来学。凡是不利于实现这个目标的做法都要坚决改过来。"①

---

① 中共中央党史和文献研究院. 十九大以来重要文献选编:上 [M]. 北京:中央文献出版社,2019:653-654.

第二章
社会主义先进文化的发展进程

党的十七届六中全会指出,中国共产党成立伊始,就是中国先进文化的积极倡导者和发展者。"我们党历来高度重视运用文化引领前进方向、凝聚奋斗力量,团结带领全国各族人民不断以思想文化新觉醒、理论创造新成果、文化建设新成就推动党和人民事业向前发展。"① 总体上,社会主义先进文化的发展,历经建设时期社会主义先进文化建设的初步探索、改革开放新时期中国特色社会主义文化建设以及新时代习近平关于中国特色社会主义文化自信三个重要阶段。

第一节 建设时期社会主义先进文化建设的初步探索

一、毛泽东关于新民主主义文化的论述

1940年1月,毛泽东在《新民主主义论》中,对中国历史和五四以来的文化革命进行深入分析,批评"文化性质问题上的偏向",主张"建立中华民族的新文化",即"新民主主义文化"。他说:"所谓新民主主义的文

---

① 陈晋. 中国共产党与先进文化建设四题 [N]. 北京日报,2011-11-14 (17).

化，一句话，就是无产阶级领导的人民大众的反帝反封建的文化。"① 这种新民主主义文化是"民族的科学的大众的文化"。

显然，毛泽东在论述新民主主义文化的建设时，首先强调的是文化的民族性。他在《新民主主义论》中明确指出："这种新民主主义的文化是民族的。它是反对帝国主义压迫，主张中华民族的尊严和独立的。它是我们这个民族的，带有我们民族的特性。它同一切别的民族的社会主义文化和新民主主义文化相联合，建立互相吸收和互相发展的关系，共同形成世界的新文化。"② 在这里，毛泽东用辩证的方法看待民族文化。新文化的民族性，既涉及与传统文化的关系，又涉及如何对待世界文化的问题。

自从鸦片战争以来，中国的传统文化就不断受到西方文化的挑战，新文化运动中它又受到猛烈冲击，究竟应该怎样对待中国的传统文化成为摆在中国人面前的大问题。对于传统文化与新文化的关系，该时期毛泽东明确指出："我们是马克思主义的历史主义者，我们不应当割断历史。从孔夫子到孙中山，我们应当给以总结，承继这一份珍贵的遗产。"③ 还说："中国的长期封建社会中，创造了灿烂的古代文化。清理古代文化的发展过程，剔除其封建性的糟粕，吸收其民主性的精华，是发展民族新文化提高民族自信心的必要条件。"④ 在文化问题上，毛泽东主张引导人民群众和青年学生"向前看"，而不是"向后看"，也就是人们通常所说的"古为今用"。毛泽东的这种新文化观，既反对复古主义，又反对民族文化的虚无主义。

文化的民族性还涉及如何对待中外文化关系。毛泽东把这一问题提升到新文化民族特性的高度。他指出，新民主主义文化的民族特性，不仅表现于反帝，而且也表现于对待其他民族的文化中。他说："中国应该大量地吸收外国的进步文化，作为自己文化食粮的原料，这种工作过去还做得很不够。这不但是当前的社会主义文化和新民主主义文化，还有外国的古代

---

① 毛泽东. 毛泽东选集：第二卷 [M]. 2版. 北京：人民出版社，1991：698.
② 毛泽东. 毛泽东选集：第二卷 [M]. 2版. 北京：人民出版社，1991：706.
③ 毛泽东. 毛泽东选集：第二卷 [M]. 2版. 北京：人民出版社，1991：534.
④ 毛泽东. 毛泽东选集：第二卷 [M]. 2版. 北京：人民出版社，1991：707-708.

文化，例如各资本主义国家启蒙时代的文化，凡属我们今天用得着的东西，都该吸收。"毛泽东在主张吸收外国进步文化的同时，强调要以中国的实际需要为标准，要具有民族特点。同时，他反对"全盘西化"的主张，指出这是"一种错误的观点"。他说："形式主义地吸收外国的东西，在中国过去是吃过大亏的。中国共产主义者对于马克思主义在中国的应用也是这样，必须将马克思主义的普遍真理和中国革命的具体实践完全地恰当地统一起来，就是说，和民族的特点相结合，经过一定的民族形式，才有用处，决不能主观地公式地应用它。"① 毛泽东特别强调中国的文化应有自己的民族形式。

同时，在毛泽东的视域中，建设先进文化，进行文化创新，是民族图强与发展的大业，它不能离开广大人民群众自发的文化实践，因此，要团结一切可以团结的力量，哪怕是非马克思主义的学者和人士也要包括在内。毛泽东在《新民主主义论》中，提出了文化的统一战线思想，他说："在中国，文化革命和政治革命同样，有一个统一战线。"② 在毛泽东看来，新文化的建设，不仅需要"文化生力军"，"摆开自己的阵势"，而且还需要"联合一切可能的同盟军"。

文化的科学性是毛泽东关于新民主主义文化建设强调的又一重要维度。在当时特定历史条件下，建立科学的文化的主要路径就是使马克思主义中国化。这实际上涉及如何合理对待理论与实际以及文化的共性与个性的关系。"马克思主义中国化"是毛泽东在深刻总结和反思历史教训的基础上提出的，它要求把马克思主义看作一种能够基于中国国情，解决中国革命和建设实际问题的科学理论。为此，毛泽东强调，必须废止洋八股，少唱空洞的调头，停止教条主义，要代之以新鲜活泼的、为中国老百姓喜闻乐见的中国作风和中国气派，使马克思主义在中国具体化，"使之在其每一表现中带着必须有的中国的特性，即是说，按照中国的特点去应用它"③。

在强调了新民主主义文化的民族性、科学性后，毛泽东又进而阐释了

---

① 毛泽东. 毛泽东选集：第二卷 [M]. 2版. 北京：人民出版社，1991：707.
② 毛泽东. 毛泽东选集：第二卷 [M]. 2版. 北京：人民出版社，1991：699.
③ 毛泽东. 毛泽东选集：第二卷 [M]. 2版. 北京：人民出版社，1991：534.

新民主主义文化的民主性问题。毛泽东指出："这种新民主主义的文化是大众的，因而即是民主的。它应为全民族中百分之九十以上的工农劳苦民众服务，并逐渐成为他们的文化。"① 他特别强调，建设大众的文化，"文字必须在一定条件下加以改革，言语必须接近民众，须知民众就是革命文化的无限丰富的源泉"②。

毛泽东关于新民主主义文化建设的上述观点，是他基于中国国情对于马克思主义的创造性发展，对中国的文化建设和中国革命的胜利起着重要的推动作用。

二、从新民主主义文化建设到社会主义文化建设的过渡

新中国成立后，分隔在解放区和国统区的两支新民主主义文化实现了统一和整合。经过一段时间的调整和发展，新中国在文化建设上的指导思想更加明确，即用马克思主义的辩证唯物史观来指导先进文化建设，从而推动新民族主义文化建设向社会主义文化建设过渡。过渡完成后，到了20世纪50年代中期，如何建设社会主义文化，作为一个重大课题被提上社会主义建设的探索进程。在这一进程中，根据科技革命和文化革命的要求，提出关于文艺的方向问题，关于百花齐放、百家争鸣、推陈出新、洋为中用、古为今用的方针，关于在艺术创作上提倡不同形式和风格的自由的发展，在学术理论上提倡不同观点和学派的自由讨论等正确思想。尤其重要的是，毛泽东高度重视文化建设，在谈到国家的建设和发展目标时，往往把经济和文化相提并论。该时期毛泽东频繁使用的表述有："改变经济落后和文化落后的面貌""发展经济建设和文化建设""提高人民的物质生活和文化生活的水平""满足人民的物质需要和文化需要"等。该时期毛泽东对于发展教育事业有很多重要论断。如他反复强调：文化教育是反映这种物质生活的人民的精神生活，同时，也要用文化教育工作提高群众的政治和文化水平，这对于发展国民经济同样有极大的重要性。这表明，在中国进行社会主义建设初始阶段，毛泽东就希望经济（物质）和文化（精神）两

---

①② 毛泽东. 毛泽东选集：第二卷［M］. 2版. 北京：人民出版社，1991：708.

个方面协同推进。但是，在面对什么是社会主义，怎样建设社会主义这个重大问题上，中国共产党的探索曾一度出现挫折，与此相应，社会主义文化建设的探索也曾陷入误区。

第二节　改革开放新时期中国特色社会主义文化建设

自 1978 年改革开放新时期以来，党关于文化建设，在总体上先后有建设社会主义精神文明、建设和发展中国特色社会主义文化以及发展当代中国先进文化的提法。这些提法相互传承。江泽民同志说："在当代中国，发展先进文化，就是发展有中国特色社会主义的文化，就是建设社会主义精神文明。"

一、社会主义精神文明建设

十一届三中全会后，以邓小平为代表的中国共产党力倡解放思想和实事求是，提出要准确评价和对待毛泽东的思想，确立了改革开放新的基本路线，强调"两手都要抓""两手都要硬"，一方面大力发展生产力、建设社会主义物质文明，另一方面大力发展新时期的文化，建设社会主义精神文明。在当代中国文化建设乃至整个社会建设进程中，邓小平的文化思想占有举足轻重的地位，产生了难以估量的重要影响。"他提出的以三个面向为发展方向，以精神文明建设为核心内容，以培养"四有"新人为价值目标，以人民性为价值取向，以积极传承优秀传统文化、借鉴国外先进文化为路径的思想文化建设思想，为开辟中国特色社会主义文化建设道路奠定了思想基础。"[①]

首先，从社会主义国家全面进步的高度，提出精神文明是社会主义制度的根本特征及思想基础，强调建设精神文明是中国新时期改革和发展的重要任务。并且，邓小平继承和发展毛泽东在革命年代提出的经济和文化两条战线的思想，把精神文明建设提高到与物质文明建设并立的高度，提

---

① 郝立新. 邓小平文化思想的历史贡献及当代价值 [J]. 马克思主义哲学论丛，2014 (3)：335 – 339.

出建设"两个文明"的理念,他说:"我们要在建设高度物质文明的同时,提高全民族的科学文化水平,发展高尚的丰富多彩的文化生活,建设高度的社会主义精神文明。"① 两个文明一起抓,成为邓小平建设有中国特色社会主义的基本治国韬略。

在改革开放启动之初,邓小平多次提醒人们要重视精神文明建设。他重点阐述了三个层面的认识:第一,精神文明体现社会主义的优越性。他说:"社会主义制度的优越性表现在它的文化、科学技术水平应该比资本主义发展得更快、更先进,这才称得起社会主义,称得起先进的社会制度。"② 邓小平认为,贫穷不是社会主义,文化落后也不是社会主义。中国要建设社会主义国家,除了要有高度的物质文明,还要有高度的精神文明。他对精神文明的内涵做了清晰界定:"所谓精神文明,不但是指教育、科学、文化(这是完全必要的),而且是指共产主义的思想、理想、信念、道德、纪律,革命的立场和原则,人与人的同志式关系,等等。"③ 第二,精神文明建设是实现中国四个现代化的前提和保证,认为"精神面貌可以影响物质","不加强精神文明的建设,物质文明的建设也要受破坏,走弯路"④。第三,加强精神文明建设能够抵御改革开放带来的风险。中国特色改革开放是前无古人的事业,在国内国际不可避免会遇到各种风险。"实行开放政策必然会带来一些坏的东西,影响我们的人民。要说有风险,这是最大的风险。"⑤ 只有通过务实的精神文明建设,才能夯实中国的意识形态基础,防止和抵制外来消极思想文化的影响,阻止或化解风险。

其次,立足国情和世情,遵循社会发展规律,在中国总体发展格局下定位思想文化发展,提出"面向现代化、面向世界、面向未来"的文化发展战略。虽然这一论断最初是在针对教育改革提出来的,但是这个判断也体现了邓小平对于整个文化建设发展方向的思考。面向现代化,就是要把

---

① 邓小平. 邓小平文选:第二卷 [M]. 2版. 北京:人民出版社,1994:208.
② 中共中央文献研究院. 邓小平年谱(1975—1997):上 [M]. 北京:中央文献出版社,2004:200.
③ 邓小平. 邓小平文选:第二卷 [M]. 2版. 北京:人民出版社,1994:367.
④ 邓小平. 邓小平文选:第三卷 [M]. 北京:人民出版社,1993:144.
⑤ 邓小平. 邓小平文选:第三卷 [M]. 北京:人民出版社,1993:156.

实现社会主义现代化作为奋斗目标，作为现实的理想追求；面向世界，就是要瞄准世界发展进步的趋势，以开放的心态和世界眼光吸收人类文明成果；面向未来，就是要具有前瞻性的视野，谋划全局。①

再次，邓小平重新肯定知识分子的劳动者地位，并从培养社会主义建设者与接班人的高度，提出培养"四有"新人是中国文化建设的重要任务。邓小平对知识分子地位的肯定，为知识分子在新时期的建设中发挥才智提供了条件。同时，邓小平还恢复和贯彻了毛泽东提出的"百花齐放、百家争鸣"的方针。邓小平这些文化思想，代表这一时期人民群众的共同心声，是对毛泽东文化思想的新发展。此外，邓小平提出培养"四有"新人这一文化建设的目标。邓小平指出，中国共产党历来提倡有理想、有道德、有文化和有纪律。其中最重要的是有理想和有纪律。"有了共同的理想，也就有了铁的纪律。无论过去、现在和将来，这都是我们的真正优势。"② 邓小平特别强调理想教育，主张把理想同现实结合起来。这里的理想包括两个方面，一方面是指搞好社会主义现代化建设，另一方面是指爱国主义，要使中华民族兴旺发达。在道德教育方面，他主张发扬党和人民的优良革命传统，培养良好的道德风尚，提高民族自尊心，"要教育全党同志发扬大公无私、服从大局、艰苦奋斗、廉洁奉公的精神"③。他认为，精神文明建设是长期的任务，经济建设离不开理想教育、道德教育，否则就有危险，主张长期抓，一抓到底。

最后，坚持社会主义文化的人民性、民族性与世界性等基本特征，强调社会主义文化建设要为人民大众服务，要把民族传统文化与世界文明相结合。邓小平指出，中国的文化建设要坚持马克思主义的指导地位和社会主义方向，坚持为广大人民群众服务，中国传统文化中"雄伟和细腻，严肃和诙谐，抒情和哲理，只要能够使人们得到教育和启发，得到娱乐和美

---

① 郝立新. 邓小平文化思想的历史贡献及当代价值 [J]. 马克思主义哲学论丛，2014（3）：335-339.
② 邓小平. 邓小平文选：第三卷 [M]. 北京：人民出版社，1993：144.
③ 邓小平. 邓小平文选：第二卷 [M]. 2版. 北京：人民出版社，1994：367.

的享受，都应当在我们的文艺园地里占有自己的位置"①。对于不同国家、不同制度下的异域文化要辩证地看待，"我们要向资本主义发达国家学习先进的科学、技术、经营管理方法以及其他一切对我们有益的知识和文化，闭关自守、故步自封是愚蠢的。但是，属于文化领域的东西，一定要用马克思主义对它们的思想内容和表现方法进行分析、鉴别和批判"②。

邓小平关于文化建设的上述思想和论述，对改革开放进程中中国文化建设中的根本性与方向性的问题做出了判断与回答。这些思想继承和发展了毛泽东的文化建设思想，继承和发扬了民族文化和革命文化，阐明了在改革开放条件下中国建设社会主义文化的指导思想与基本立场、原则和路径，为中国特色社会主义文化建设道路的形成做出了重要贡献。

二、建设和发展中国特色社会主义文化

1989年10月，十三届四中全会形成以江泽民为核心的党的第三代中央领导集体。这一代中央领导集体，在跨越世纪的重要时期，肩负高举邓小平理论伟大旗帜，带领全党全国人民坚定不移地沿着十一届三中全会以来形成的路线方针，把改革开放和现代化事业继续推向前进的历史重任。文化建设正是在这一新的时代课题面前被赋予重要战略意义。由于20世纪末，世界经济走向全球化，政治走向多极化，我国正处于改革攻坚阶段。国际范围内涌现各种社会思潮，西方敌对势力加紧对我国实施文化输出，和平演变在一些社会主义国家中获得成功，中国国内由于受到计划经济体制向市场经济体制转轨的影响，人们思想观念领域出现一定程度混乱与迷茫。在这种背景下，遏制西方文化输出及其对我国文化的渗透，树立社会主义的共同理想和道德价值规范，为推进改革开放和现代化建设提供精神动力和思想支持，成为新一代中央领导集体在文化建设方面面对和着力解决的重要课题。

1991年7月，在庆祝中国共产党成立七十周年大会上，江泽民对建设"有中国特色社会主义的文化"的基本要求和内涵进行了具体论述。他指

---

① 邓小平. 邓小平文选：第二卷［M］. 2版. 北京：人民出版社，1994：210.
② 邓小平. 邓小平文选：第二卷［M］. 2版. 北京：人民出版社，1994：44.

出:"有中国特色社会主义的文化,必须以马克思列宁主义、毛泽东思想为指导,不能搞指导思想的多元化;必须坚持为人民服务、为社会主义服务的方向和'百花齐放、百家争鸣'的方针,繁荣和发展社会主义文化,不允许毒害人民、污染社会和反社会主义的东西泛滥;必须继承发扬民族优秀传统文化而又充分体现社会主义时代精神,立足本国而又充分吸收世界文化优秀成果,不允许搞民族虚无主义和全盘西化。我们应该牢牢把握有中国特色社会主义文化的这些基本要求,极大地提高全民族的思想道德和科学文化素质,促进社会主义物质文明和精神文明的发展。"① 1997 年 9 月,江泽民在党的十五大报告中,第一次把有中国特色的社会主义文化建设列为社会主义初级阶段基本纲领的重要组成部分。他指出:"建设有中国特色社会主义文化,就是以马克思主义为指导,以培育有理想、有道德、有文化、有纪律的公民为目标,发展面向现代化、面向世界、面向未来的,民族的科学的大众的社会主义文化。"② 此后,他还谈道:"有中国特色社会主义的文化,是凝聚和激励全国各族人民的重要力量,是综合国力的重要标志。"③ 这是我们党首次把社会主义文化视为综合国力的标志和要素,是对马克思主义文化建设理论的又一推进。

  2000 年 2 月,江泽民在考察工作时,从总结党的历史经验和适应新形势新任务的要求出发,对"三个代表"重要思想进行了详细的阐述,标志着先进文化建设战略思想的形成。他说:"总结我们党七十多年的历史,可以得出一个重要的结论,这就是:我们党之所以赢得人民的拥护,是因为我们党在革命、建设、改革的各个历史时期,总是代表着中国先进生产力的发展要求,代表着中国先进文化的前进方向,代表着中国最广大人民的根本利益,并通过制定正确的路线方针政策,为实现国家和人民的根本利益而不懈奋斗。"在 2001 年"七一"讲话中,江泽民进一步强调建设先进文化和社会主义精神文明的重要性。他说:"我们党要始终代表中国先进文化的前进方向,就是党的理论、路线、纲领、方针、政策和各项工作,必

---

① 江泽民. 江泽民文选:第三卷 [M]. 北京:人民出版社,2006:152.
② 江泽民. 江泽民文选:第二卷 [M]. 北京:人民出版社,2006:18.
③ 江泽民. 江泽民文选:第二卷 [M]. 北京:人民出版社,2006:33.

须努力体现发展面向现代化、面向世界、面向未来的,民族的科学的大众的社会主义文化的要求,促进全民族思想道德素质和科学文化素质的不断提高,为我国经济发展和社会进步提供精神动力和智力支持。"① "三个代表"重要思想在党的十六大上写入党章,确立为党必须长期坚持的指导思想。

江泽民坚持马列主义、毛泽东思想和邓小平理论,提出建设有中国特色的社会主义经济、政治和文化目标,对有中国特色社会主义文化做了精辟阐述。他提出的"先进文化"建设思想是对马克思主义文化建设理论的丰富和发展。

三、培育和践行社会主义核心价值观

党的十六届六中全会通过的《中共中央关于构建社会主义和谐社会若干重大问题的决定》(以下简称《决定》),在党的历史上首次提出了"社会主义核心价值体系"的概念。《决定》明确了社会主义核心价值体系在社会主义和谐社会建设中的地位和意义,指出"社会主义核心价值体系是建设和谐文化的根本"。社会主义核心价值体系包括马克思主义指导思想、中国特色社会主义共同理想、以爱国主义为核心的民族精神和以改革创新为核心的时代精神、以"八荣八耻"为主要内容的社会主义荣辱观。社会主义核心价值体系是由上述内容构成的一个层次清晰、相互联系的有机整体。

从广义上说,"社会主义核心价值观"和"社会主义核心价值体系"是统一的:二者都属于社会主义主流意识形态的范畴,都受社会主义经济基础决定,都服务于社会主义经济基础。两大范畴的提出都顺应社会主义市场经济发展的需要。从狭义上说,二者又有所区别:社会主义核心价值观从观念层面入手,倾向于一般性的总的价值理念建构,而社会主义核心价值体系是从内容体系入手,倾向于明确内容并厘清结构;社会主义核心价值观强调深入准确地理解和把握社会主义,而社会主义核心价值体系则强调实践上的操作性;从内容来说,社会主义核心价值观从属于社会主义核

---

① 江泽民. 江泽民文选:第三卷 [M]. 北京:人民出版社,2006:276.

心价值体系，是社会主义核心价值体系的核心。

建立社会主义核心价值观，是中国特色社会主义建设的重要内容。正如党的十七大报告所指出，社会主义核心价值体系的建设，标志着党对中国特色社会主义的认识从制度层面深入价值观层面，这是具有重大意义的理论创新与实践创新。社会主义核心价值观是指在社会主义意识形态中居统治地位、从价值观层面回答"什么是社会主义"这一根本问题的基本价值理念。中国共产党自成立伊始就把实现共产主义"自由人的联合体"作为最高价值理想。党的十六届六中全会又首次明确把建设"富强民主文明和谐的社会主义现代化国家"作为中国特色社会主义的奋斗目标。富强、民主、文明、和谐、自由，既涵盖社会的经济、政治和文化等诸多领域，又规定着社会主义的本质和发展方向；既体现了共产主义的远大理想，又反映了现阶段我国社会主义现代化建设的目标和总体布局，体现了社会主义物质文明、政治文明、精神文明、社会文明和生态文明的统一，理应成为社会主义核心价值观。当然，作为社会主义核心价值观的富强、民主、文明、和谐和自由等诸范畴，各自又包含具体的价值理念。它们之间既相互补充和渗透，又相互作用和影响，共同构成一个紧密联系和相辅相成的价值观念体系。具体地说，富强、民主、文明是实现和谐与自由的前提和手段，和谐、自由是富强、民主、文明要达至的目的与目标。和谐侧重社会层面，自由侧重个体层面。

社会主义核心价值观反映了共产党人对社会主义在价值层面上的最新认识，是马克思主义中国化的最新成果，符合广大人民的意愿和诉求，体现社会主义的本质和内涵，指引社会主义奋斗和前进的方向，贯穿于以马克思主义理论为指导、以社会主义制度为目标的社会主义实践中，是社会主义思想体系的内核。因此，只有抓住社会主义核心价值观，才能准确理解"什么是社会主义、怎样建设社会主义"这一建设社会主义首要和基本的问题，才能科学把握社会主义的本质和发展方向。

第三节 新时代中国特色社会主义先进文化建设

"没有文明的继承和发展,没有文化的弘扬和繁荣,就没有中国梦的实现。"① "文明特别是思想文化是一个国家、一个民族的灵魂。"② 党的十八大以来,以习近平同志为核心的党中央,在马克思主义指导下,对社会主义文化发展规律认识不断深化,以全新的时代视野,把理论与实践相结合,系统回答了在坚持和发展中国特色社会主义新时代,什么是中国特色社会主义文化、为什么要发展中国特色社会主义文化、怎样发展中国特色社会主义文化等一系列问题。同时,在牢牢掌握意识形态领导权、发展当代中国马克思主义和21世纪马克思主义、坚定新时代文化自信等方面进行了系列探索。

一、牢牢掌握意识形态领导权

意识形态工作是一项极端重要的工作,关系到党的执政基础,关系到全体党员的理想信仰,关系到全国人民奋斗的价值取向。习近平总书记在党的十九大报告中明确指出要"牢牢掌握意识形态工作领导权",他强调必须推进马克思主义中国化时代化大众化,建设具有强大凝聚力和引领力的社会主义意识形态,使全体人民在理想信念、价值理念、道德观念上紧紧团结在一起。我们党一直强调要把意识形态工作领导权牢牢握在手中。新时代,以习近平为代表的中国共产党人针对意识形态建设进行了一系列思考和探索,对于新形势下,党关于意识形态建设新布局的形成,牢牢掌握意识形态领导权,意义重大。

第一,用中国梦、"四个全面"凝聚各族人民思想共识,增强意识形态感召力。

---

① 习近平. 在联合国教科文组织总部的演讲 [N]. 人民日报, 2014 – 03 – 28 (3).
② 习近平. 在纪念孔子诞辰2565周年国际学术研讨会暨国际儒学联合会第五届会员大会开幕式上的讲话 [M]. 北京:人民出版社, 2014: 9.

党的十八大后，随着改革全面深化，如何进一步凝聚人民共识，增强"四个自信"是这一时期中共党人需着重思考的问题。近代以来中国最大的梦想是实现国家富强和民族复兴，而中国梦正是以贴近社会生活、通俗易懂的方式对不同群体普遍诉求的回应。对此，2012年11月29日，习近平在参观"复兴之路"展览时的讲话中就指出："现在，大家都在讨论中国梦，我以为，实现中华民族伟大复兴，就是中华民族近代以来的最伟大梦想。"① 2013年3月18日，在第十二届全国人民代表大会第一次会议讲话中，习近平更加明确指出："实现中华民族伟大复兴的中国梦，就是实现国家富强、民族振兴、人民幸福，既深深体现了今天中国人理想，也深深反映了我们先人们不懈追求进步的光荣传统。"② 在这里进一步明确了中国梦的内涵，之后在不同场合他又多次阐述了这一观点。2013年5月，他在接受拉美三国媒体联合采访时也强调："中国梦的本质是国家富强、民族振兴、人民幸福。"同时，中央和地方都利用各种措施加强对中国梦的研究、宣传报道，在理论研究、大众化普及方面都取得了很大成就，中国梦成为人们耳熟能详的话语。

此外，在推进中国特色社会主义实践中，对如何破解中国在新时期发展的现实难题，推动国家治理体系和治理能力现代化进行了全面、系统探索，提出了以全面建成小康社会、全面深化改革、全面依法治国、全面从严治党为内容的"四个全面"伟大战略布局构想。"四个全面"战略构想是针对党和国家新时期面临的新情况、新问题而提出，是具有内在严密的逻辑关系，是一个有机联系的统一整体。"四个全面"是新时期中国共产党为推动中国特色社会主义建设的顶层设计与整体把握，它有利于进一步明晰中国共产党人在新时期治国理政的思路与方向，同时也进一步促进了意识形态创新。

---

① 中共中央文献研究室. 习近平关于实现中华民族伟大复兴的中国梦论述摘编[M]. 北京：中央文献出版社，2013：3.
② 中共中央文献研究室. 习近平关于实现中华民族伟大复兴的中国梦论述摘编[M]. 北京：中央文献出版社，2013：5.

第二,推进宣传思想工作,把握意识形态工作主动权。

推进宣传思想工作是把握意识形态领导权的一项基础性工作。对于如何解决宣传思想工作面临的内容和方法创新不足、对此项工作重视程度不够等问题,党在新时期也进行了一系列探索。

首先,通过全党动手推进宣传思想工作。习近平先后在不同场合强调各级党委在宣传工作中的责任,指出:"各级党委要负起政治责任和领导责任。"① 在具体任务上,习近平强调:"党委主要负责同志要带头抓意识形态工作理念,把宣传工作同各个领域的行政管理、行业管理、社会管理更加紧密地结合起来,形成强大合力。"②

其次,各级宣传思想部门要守土有责。习近平强调:"宣传思想部门承担着十分重要的使命,必须守土有责、守土负责、守土尽责。"③ 同时,习近平特别强调各级宣传思想部门领导干部的责任,指出:"宣传思想部门工作要强起来,首先是领导干部要强起来,班子要强起来。"④毋庸置疑,提高宣传思想效果,各级领导干部必须不断提高自身理论素养与业务能力,为此,习近平提出:"各级宣传部门领导干部要加强理论学习、加强实践、真正成为在理论上、笔头上、口才上或其他专长上有'几把刷子',让人信服的行家里手。"⑤此外,习近平还强调党要把知识分子团结在自身周围,从政治方面加以引导,进而壮大宣传思想工作者队伍。

最后,在舆论斗争中敢于亮剑、消除精神污染。党的十八届三中全会明确强调:"贯彻党的基本路线,不走封闭僵化的老路,不走改旗易帜的邪路,坚定走中国特色社会主义道路,始终确保改革正确方向。"⑥ 对一些错误思想舆论,习近平强调要有理有利有节开展舆论斗争,他指出:"在事关大是大非和政治原则问题上,必须增强主动性、掌握主动权、打好主动

---

①②④⑤ 中共中央宣传部. 习近平总书记系列重要讲话读本 [M]. 北京:学习出版社;人民出版社,2014:106.

③ 中共中央宣传部. 习近平总书记系列重要讲话读本 [M]. 北京:学习出版社;人民出版社,2014:105.

⑥ 中共中央文献研究室. 十八大以来重要文献选编:上 [M]. 北京:中央文献出版社,2014:514.

仗。"① "要敢抓敢管，敢于亮剑，着眼于团结和争取大多数，对错误思想进行有力批驳。"② 为清除精神污染，习近平还强调加强精神文明建设至关重要，2015年2月28日，在会见未成年人思想道德建设工作先进代表时，习近平强调："实现中华民族伟大复兴的中国梦，物质财富要极大丰富，精神财富也要极大丰富。我们要继续锲而不舍、一以贯之抓好社会主义精神文明建设。"③

第三，培育和践行社会主义核心价值观，巩固并扩大主流意识形态阵地。

任何社会必定是多种价值观念并存。但起主导作用的核心价值体系却是一个国家、一个民族、一个社会长久稳定与繁荣的内在精神支撑。2012年党的十八大报告提出："倡导富强、民主、文明、和谐，倡导自由、平等、公正、法治，倡导爱国、敬业、诚信、友善，积极培育社会主义核心价值观。牢牢掌握意识形态工作领导权和主导权，坚持正确导向，提高引导能力，壮大主流思想舆论。"④ 2013年12月23日，中共中央办公厅印发了《关于培育和践行社会主义核心价值观的意见》，进一步明确了社会主义核心价值观的内容。

党的十八大以来，习近平也多次强调培育和践行社会主义核心价值观的至关重要性。2014年2月，他在中共中央政治局第十三次集体学习时就提出："要把培育和弘扬社会主义核心价值观建设作为凝魄聚气、强基固本的基础工程。"⑤ 进而，他还明确了培育社会主义核心价值观的具体举措，即"通过教育引导、舆论宣传、文化熏陶、实践养成、制度保障等，使社会主义核心价值观内化为人们的精神追求，外化于人民的自觉行动"⑥。此外，他还强调了将社会主义核心价值观与社会生活相融合的重要性："培育

---

①② 中共中央宣传部. 习近平总书记系列重要讲话读本 [M]. 北京：学习出版社；人民出版社，2014：99.

③ 习近平. 习近平谈治国理政：第二卷 [M]. 北京：外文出版社，2017：323.

④ 中共中央文献研究室. 十八大以来重要文献选编：上 [M]. 北京：中央文献出版社，2014：25.

⑤⑥ 中共中央宣传部. 习近平总书记系列重要讲话读本 [M]. 北京：学习出版社；人民出版社，2014：94.

和弘扬社会主义核心价值观,必须使之融入社会生活,让它的影响像空气一样无所不在、无时不有。"①

第四,推进高校意识形态阵地建设,牢牢掌握高校意识形态工作领导权。

青少年代表着中华民族的希望与未来。特别是当代大学生,能否牢牢掌握高校意识形态工作领导权直接关系到能否顺利培养中国特色社会主义接班人的问题。为此,2012年6月19日,习近平在清华大学考察时,针对高校意识形态工作强调:"高校是重要的教育阵地,也是重要的思想文化阵地,各级党委要牢牢把握社会主义大学的办学方向。"② 接着,习近平在不同场合又多次强调这一思想。2014年5月4日,他在北京大学师生座谈会上再次指出培育大学生社会主义核心价值观的重要性:"青年处在价值观形成和确立的时期,抓好这一时期的价值观养成十分重要。"③ "青年要从现在做起、从自己做起、使社会主义核心价值观成为自己的基本遵循,并身体力行大力将其推广到全社会去。"④ 2014年12月,在第二十三次全国高等学校党的建设工作会议上他再次强调:"高校肩负着学习研究宣传马克思主义、培养中国特色社会主义事业建设者和接班人的重大任务。加强党对高校的领导,加强和改进高校党的建设,是办好中国特色社会主义大学的根本保证。"⑤ 并指出,高校意识形态建设需"强化思想引领,牢牢把握高校意识形态工作领导权"⑥。进而要求:"各级党委和宣传思想部门、组织部门、教育部门要加强对高校党的建设工作的领导和指导,坚持党的教育方针,坚持社会主义办学方向,加强和改进思想政治工作,切实把党要管党、

---

① 中共中央宣传部. 习近平总书记系列重要讲话读本 [M]. 北京:学习出版社;人民出版社,2014:95.
② 习近平在北京高校调研时强调高校党建要继续坚持和贯彻好正确指导原则 [N]. 人民日报,2012-06-21(1).
③④ 习近平. 青年要自觉践行社会主义核心价值观:在北京大学师生座谈会上的讲话 [N]. 光明日报,2014-05-04.
⑤⑥ 习近平. 坚持立德树人思想引领 加强改进高校党建工作 [N]. 人民日报,2014-12-30.

从严治党落到实处。"①

　　与此同时，这一时期又出台系列相关推进高校意识形态工作的文件。2013年5月，中共中央组织部、中共中央宣传部、中共教育党组联合印发《关于加强和改进高校青年教师思想政治工作的若干意见》（以下简称《意见》），指出："青年教师和学生年龄接近，与学生接触较多，对学生思想行为影响更直接，他们的思想政治素质和道德情操对学生的健康成长具有重要的示范引导作用。"《意见》要求："努力提高青年教师政治理论素养，进一步增强对中国特色社会主义的理论认同、政治认同、情感认同。"此外，《意见》还强调："建立青年教师思想状况定期调查分析制度，准确把握青年教师思想动态和学习需求，不断提高政治理论学习效果。"2015年1月，中共中央办公厅、国务院办公厅又印发了《关于进一步加强和改进新形势下高校宣传思想工作的意见》（以下简称《意见》），明确指出高校宣传思想工作必须"全面贯彻党的教育方针、强化政治意识、责任意识、阵地意识和底线意识"②。此外，《意见》对新形势下高校意识形态工作做了较为全面的部署：一是切实推动中国特色社会主义理论体系进教材进课堂、进头脑。特别强调要把思想政治理论课讲成学生真心喜爱、受益终身的高校思想政治理论课，这极利于培养学生对主流意识形态的认同。二是需大力提高高校教师队伍思想政治素质。《意见》特别强调了健全教师政治理论学习制度，实行学术安全培训制度等，坚定用中国特色社会主义理论体系武装教师头脑。三是着力推进高校主流思想舆论的壮大，建立宣传部门、新闻媒体、高校三方联动宣传机制。四是加强高校宣传思想阵地管理。五是要切实加强党对高校宣传思想工作的领导。强调高校党委要强化政治责任和领导责任，党委书记、校长要旗帜鲜明地站在意识形态工作第一线，充分发挥高校党委的领导核心作用等。③《意见》对高校意识形态工作的领导和组织保障、思想宣传、教师队伍、思想政治理论课程建设都做了详细的规定，

---

　　① 习近平. 坚持立德树人思想引领　加强改进高校党建工作［N］. 人民日报，2014-12-30.

　　②③ 中办国办印发《意见》：加强和改进新形势下高校宣传思想工作［N］. 人民日报，2015-01-20.

这表明中央对高校意识形态工作极为重视,而且有利于进一步加强高校意识形态工作。

第五,将意识形态安全同群众路线教育实践活动、全面从严治党紧密结合。

党的十八大以来,以习近平为代表的中国共产党人在掌握意识形态领导权方面,不仅注重意识形态本身建设,而且较为注重营造意识形态安全良好的土壤氛围,不断增强意识形态说服力。其中,较为突出的就是坚持开展党的群众路线教育实践活动、坚定推进全面从严治党的方针。

党的群众路线教育实践活动方面,党的十八大以来,习近平多次指出贯彻落实党的群众路线的意义,在2013年6月党的群众路线教育实践活动工作会议上,他指出:"群众路线是我们党的生命线和根本工作路线,开展党的群众路线教育实践活动,是我们党在新形势下坚持党要管党、从严治党的重大决策。"① "开展党的群众路线教育实践活动,就是要使全党同志牢记并恪守全心全意为人民服务的宗旨,以优良的作风把人民紧紧凝聚在一起。"② 接着,他在不同场合也反复阐明这一思想。2013年12月,他在纪念毛泽东同志诞辰一百二十周年的讲话中强调:"要把群众观点、群众路线深深植根于全党同志思想中,真正落实到每个党员行动上,下最大气力解决党内存在的问题特别是人民群众不满意的问题,使我们党永远赢得人民群众信任和拥护。"③

解决新形势下党建面临的新问题,同时也为进一步提高人民对党的意识形态的认同,还尤其需要贯彻从严治党的方针。党的十八大以来习近平在不同场合多次指出从严治党的意义与要求。2013年6月28日,他在全国组织工作会议上指出:"党要管党,才能治好党;从严治党,才能治好党。对于我们这样一个拥有8 500多万党员、在一个13亿人口大国长期执政的

---

① 中共中央文献研究室. 十八大以来重要文献选编:上 [M]. 北京:中央文献出版社,2014:307.

② 中共中央文献研究室. 十八大以来重要文献选编:上 [M]. 北京:中央文献出版社,2014:309.

③ 中共中央文献研究室. 十八大以来重要文献选编:上 [M]. 北京:中央文献出版社,2014:698.

党,管党治党一刻不能松懈。"① 此外,2014年10月8日,习近平在党的群众路线教育实践活动总结大会上更是明确强调从严治党的八点要求:"今天这个大会,是对党的群众路线教育实践活动进行总结,对巩固和拓展教育实践活动成果、加强党的作风建设、全面推进从严治党进行部署。"② 这也是习近平首次提出"全面从严治党"思想,从"从严治党"到"全面从严治党",表明中国共产党人对从严治党有了全新的认识,不仅有利于解决新形势下党建面临的新情况、新问题,对于新时代党掌握意识形态领导权也意义重大。

二、发展当代中国马克思主义和21世纪马克思主义

党的十八大后,党中央深刻把握我国现阶段发展出现的新情况、新挑战,全面统筹国内国际两个大局,牢牢坚持科学社会主义基本原则不动摇,围绕坚持与发展中国特色社会主义,与时俱进持续推进马克思主义中国化新发展,推进马克思主义中国化一系列理论与实践创新,开辟了当代中国马克思主义、马克思主义理论在21世纪发展的新境界、新阶段。

习近平新时代中国特色社会主义思想是马克思主义中国化的最新理论成果,是21世纪科学社会主义理论创新的标志性成果。新时代,面对我国全面深化改革与发展的新问题、新实践,党中央着眼于"两个一百年"奋斗目标与中华民族伟大复兴中国梦的实现,承前启后,继往开来,持续推进中国特色社会主义在新时期的理论创新、实践创新,开辟了马克思主义中国化的新境界。同时,"这些最新理论成果,进一步诠释了科学社会主义的本质内涵和生命力,成为新形势下坚持科学社会主义基本原则、不断推进中国特色社会主义事业的行动指南"③。

第一,总依据、总布局、总任务的全面概括为新时期中国特色社会主

---

① 习近平. 建设宏大高素质干部队伍 确保党始终成为坚强领导核心[N]. 人民日报,2013-06-30.

② 习近平. 在党的群众路线教育实践活动总结大会上的讲话[N]. 人民日报,2014-10-09.

③ 赵中源. 开辟科学社会主义发展新境界[N]. 人民日报,2017-02-07.

义建设明确了国情依据、布局蓝图与目标方向。

在新的历史阶段，中国共产党持续深化对社会主义建设规律的认识，社会主义初级阶段是建设中国特色社会主义的总依据，"五位一体"是总布局，实现社会主义现代化和中华民族伟大复兴是总任务。中国共产党深刻总结社会主义建设历史经验、回应人民群众新期待，提出了包括经济、政治、文化、社会、生态文明在内的"五位一体"总布局。"五位一体"总布局，体现了中国共产党对自身执政规律、社会主义建设规律和人类社会发展规律认识的不断深化，为中国共产党在新时期全面发展中国特色社会主义、持续推动中国特色社会主义事业发展描绘了科学、清晰的蓝图。对总依据、总布局、总任务的新概括，是当代中国马克思主义理论内容的进一步丰富与发展。

第二，以习近平同志为核心的党中央提出协调推进"四个全面"战略布局。包括全面建成小康社会、全面深化改革、全面依法治国、全面从严治党的"四个全面"战略布局，习近平指出："'四个全面'战略布局是从我国发展现实需要中得出来的，从人民群众的热切期待中得出来的，也是为推动解决我们面临的突出矛盾和问题提出来的。"① "四个全面"战略布局作为中国共产党最新的理论和实践创新成果，体现了中国共产党在社会发展、社会治理中的整体性、系统性与协同性，体现了中国共产党对中国发展战略的全局视野、对世界形势的科学判断，标志着中国共产党对自身执政规律、社会主义建设规律及人类社会发展规律的认识达到一个新的高度与境界，是马克思主义在当代中国的时代表达与最新发展。

第三，形成了以人民为中心的发展思想。"人民立场是中国共产党的根本政治立场，是马克思主义政党区别于其他政党的显著标志。"② "中国共产党除了最广大人民的利益没有任何自己的特殊利益。"③ 党的十八大后，党

---

① 中共中央宣传部. 习近平总书记系列重要讲话读本 [M]. 北京：学习出版社；人民出版社，2016：42.

② 习近平. 在庆祝中国共产党成立 95 周年大会上的讲话 [N]. 人民日报，2016 - 07 - 02.

③ 中共中央宣传部. 中国特色社会主义学习读本 [M]. 北京：学习出版社，2013：105.

中央坚持不忘初心、砥砺前行，不断深化和发展对人民立场的认识。习近平总书记在不同场合先后多次深刻阐述了以人民为中心的发展思想。"人民对美好生活的向往，就是我们的奋斗目标。"① "中国梦归根结底是人民的梦，必须紧紧依靠人民来实现，必须不断为人民造福。"② "必须坚持以人民为中心的发展思想，把增进人民福祉、促进人的全面发展作为发展的出发点和落脚点。"③ 在庆祝中国共产党成立95周年大会讲话中，习近平同志告诫中国共产党人，要不忘对人民的赤子之心，要求"全党同志要把人民放在心中最高位置，坚持全心全意为人民服务的根本宗旨，实现好、维护好、发展好最广大人民根本利益，把人民拥护不拥护、赞成不赞成、高兴不高兴、答应不答应作为衡量一切工作得失的根本标准，使我们党始终拥有不竭的力量源泉"④。以人民为中心发展思想的提出与形成，标志着中国共产党对"发展依靠谁、为了谁、由谁享有"这个最根本问题的认识达到了一个新境界、新高度，赋予了马克思主义中国化的时代性。

第四，形成了"创新、协调、绿色、开放、共享"的五大全新发展理念。当前我国经济发展进入新常态，新时期经济发展中面临着发展不平衡、不协调、不可持续，发展动力不足等问题。五大发展理念正是以习近平同志为核心的党中央在新时期，科学把握国内外发展局势，深刻洞察我国现阶段发展的基本特点，针对新时期我国发展中面临的突出矛盾和问题而提出的。新发展理念体现了中国共产党对社会主义本质和发展方向、发展目标的科学把握，体现了中国共产党与时俱进、实事求是的理论创新与发展，标志着中国共产党对经济社会发展规律认识的不断深化。

第五，不断推动中国外交理论与实践创新，开启具有中国特色大国外交新征程。党的十八大以后，习近平同志科学把握国内外发展大势，在新时期积极开启具有中国特色的大国外交，推动了中国外交理论与实践的系

---

① 习近平. 习近平谈治国理政［M］. 北京：外文出版社，2014：4.
② 习近平. 习近平谈治国理政［M］. 北京：外文出版社，2014：40.
③ 中共中央关于制定国民经济和社会发展第十三个五年规划的建议［N］. 人民日报，2015－11－04.
④ 习近平. 在庆祝中国共产党成立95周年大会上的讲话［N］. 人民日报，2016－07－02.

列创新与发展。针对当今世界大局和趋势的深刻变化，习近平指出："要跟上时代前进步伐，就不能身体已进入21世纪，而脑袋还停留在过去，停留在殖民扩张的旧时代里，停留在冷战思维、零和博弈老框框内。"① 他主张世界各国应顺应世界发展大势、顺应时代潮流，用共赢取代独霸、用合作取代对抗，实现合作共赢。习近平从中国战略利益进行考量、依据时代发展潮流，在新时期始终倡导构建以合作共赢为核心的新型国际关系，坚定不移走和平发展道路，世界各国携手共同打造共享、和平、安全、美丽、繁荣的人类命运共同体。并积极践行"一带一路"倡议与发展战略，积极参与、推动全球治理体系变革等。习近平在新时期所提倡的中国外交理论、外交实践的一系列创新发展，展现了具有中国气派、中国风格、中国特色的大国外交新形象，是马克思主义中国化在当代的最新成果。

三、坚定文化自信

习近平同志指出，坚定文化自信，是事关国运兴衰、文化安全、民族精神独立性的大问题。新时期，习近平高度重视文化自信，在不同场合先后对文化自信的内容、本质、地位、作用和功能进行了深刻的理论阐述，在实践层面不断培育、推进文化自信，以进一步明确民族精神独立性和创造中华文化新辉煌的文化建设使命。

第一，坚定"文化自信"的基础地位。新时期，习近平不断强调文化自信，从中国特色社会主义事业全局的高度做出了许多深刻阐述。2014年10月15日，习近平在文艺工作座谈会上指出："增强文化自觉和文化自信，是坚定道路自信、理论自信、制度自信的题中应有之义。如果'以洋为尊'、'以洋为美'、'唯洋是从'，把作品在国外获奖作为最高追求，跟在别人后面亦步亦趋、东施效颦，热衷于'去思想化'、'去价值化'、'去历史化'、'去中国化'、'去主流化'那一套，绝对是没有前途的！"② 他为坚定文化自信指明了总体前进方向：高举主流旗帜，继承民族优秀文化，重视思想内涵，保护文化价值属性，尊重历史遗产。这也是中华先进文化的前

---

① 习近平. 顺应时代前进潮流　促进世界和平发展［N］. 人民日报，2013-03-24.
② 习近平. 在文艺工作座谈会上的讲话［N］. 人民日报，2014-10-15.

进方向与希望所在。

2016年5月17日，习近平总书记在哲学社会科学工作座谈会上指出："我们说要坚定中国特色社会主义道路自信、理论自信、制度自信，说到底是要坚定文化自信。"7月1日，在庆祝中国共产党成立95周年大会上讲话中，他再次提出："文化自信，是更基础、更广泛、更深厚的自信。"① 在党的十九大报告中他又强调："文化自信是一个国家、一个民族发展中更基本、更深沉、更持久的力量。"② 由此可见，文化自信是最基本的自信。

习近平总书记提出"四个自信"，突出强调文化自信"更基础、更广泛、更深厚"的地位，为把中国特色社会主义伟大事业不断向前推进注入了更基本、更深沉、更持久的力量。

第二，大力弘扬中华优秀传统文化。中华优秀传统文化孕育着各族人民世世代代在生产生活中形成、传承的世界观、价值观、人生观、审美观等，是中华民族最基本的文化基因。民族优秀文化是我们最基础、最深厚的文化软实力，是中国特色社会主义植根的文化沃土。习近平强调，实现中华民族伟大复兴的中国梦、实现"两个一百年"奋斗目标，需要充分运用中华民族在历史长河中积累下的伟大智慧。新时期，不管是国内活动还是外交场合，习近平都大量引用中国古代名言警句，充分运用中国古人的智慧启迪人们，不断展现出中华优秀文化的深厚底蕴与独特魅力。

在中央党校建校80周年庆祝大会暨2013年春季学期开学典礼中，习近平同志引用了诸多古代格言，提出要有"富贵不能淫，贫贱不能移，威武不能屈"的浩然正气，"位卑未敢忘忧国""苟利国家生死以，岂因祸福避趋之"的报国情怀，"先天下之忧而忧，后天下之乐而乐"的政治抱负，"人生自古谁无死，留取丹心照汗青""鞠躬尽瘁，死而后已"的献身精神。他不止一次要求党员、干部，学诗可以情飞扬、志高昂、人灵秀；学史可以看成败、鉴得失、知兴替；学伦理可以知廉耻、懂荣辱、辨是非。习近

---

① 习近平. 在庆祝中国共产党成立95周年大会上的讲话［M］. 北京：人民出版社，2016：13.

② 习近平. 决胜全面建成小康社会 夺取新时代中国特色社会主义伟大胜利：在中国共产党第十九次全国代表大会上的报告［M］. 北京：人民出版社，2017：23.

平不断强调大力弘扬中华优秀传统文化,目的就是坚定文化自信,在新的时代背景下实现中华文化的创造性转化与发展,进而"以古人之规矩,开自己之生面"。

"文化是一个国家、一个民族的灵魂。文化兴国运兴,文化强民族强。没有高度的文化自信,没有文化的繁荣昌盛,就没有中华民族的伟大复兴。要坚持中国特色社会主义文化发展道路,激发全民族文化创新创造活力,建设社会主义文化强国。"①

第三,坚定理想信念、弘扬革命文化。革命年代,中国共产党、中国人民用鲜血与汗水铸就了辉煌历史,谱写出鲜明独特的革命文化。红船精神、井冈山精神、长征精神、延安精神、西柏坡精神……习近平对革命文化一直高度重视。从地方调研到部队视察,习近平反复强调要大力弘扬革命精神、坚持用革命传统铸魂育人。

新时期,习近平同志曾先后到西柏坡、古田、延安、遵义、井冈山等革命圣地,反复强调革命精神、缅怀革命烈士。2015年6月,习近平考察贵州,第一站便是遵义,他一下飞机便直奔红军山烈士陵园瞻仰。在遵义会议旧址,他特别强调:"要给大家好好讲,告诉大家我们党是怎么走过来的。"2016年7月,他考察宁夏,驱车1个多小时来到西吉县将台堡,冒雨向红军长征会师纪念碑敬献花篮。2016年9月,习近平在参观纪念长征胜利80周年主题展览时指出:"现在,时代变了,条件变了,我们共产党人为之奋斗的理想和事业没有变","理想之光不灭,信念之光不灭"。习近平大力提倡继承和弘扬革命文化,就是希望中共党人能坚定理想信念,无论在顺境还是逆境都能不骄不躁,面对困难不消沉不动摇,走好新一代人的长征路。

第四,培育并弘扬社会主义核心价值观、不断凝聚中国力量。思想、价值观念都是文化的灵魂,而社会主义核心价值观又是当代中国精神的集中体现,是凝聚强大中国力量的思想道德基础。党的十八大指出要倡导富强、民主、文明、和谐,倡导自由、平等、公正、法治,倡导爱国、敬业、

---

① 习近平. 决胜全面建成小康社会 夺取新时代中国特色社会主义伟大胜利:在中国共产党第十九次全国代表大会上的报告[M]. 北京:人民出版社,2017:40-41.

诚信、友善，积极培育并践行社会主义核心价值观。这是对国家层面、社会层面、人民层面价值要求的高度概括。实际上回答了我们要建设什么样的国家、建设什么样的社会、培养什么样的公民等重大问题。因此，这24个字更是在新时代建设中国特色社会主义主旋律中，中国特色社会主义先进文化的集中体现。

习近平同志强调："文运同国运相牵，文脉同国脉相连。"党的十八大以来，以习近平同志为核心的党中央高度重视文艺工作。2014年10月，习近平主持召开全国文艺工作座谈会，同全国文艺界同志们深切交流，进一步明确了新时代繁荣发展社会主义文艺的方向与任务。2016年11月，习近平又先后出席中国文联十大、中国作协九大开幕式并发表重要讲话。习近平指出，任何一个时代的文艺，想要发出振聋发聩的声音，就必须与国家、民族紧密相依、休戚与共。因时而兴，随时而行，乘势而变是文艺的规律。脱离火热的时代背景与社会实践，在时代主旋律之外喃喃自语、茕茕孑立，最终必将被时代淘汰。

习近平要求广大文艺工作者必须把培育并弘扬社会主义核心价值观作为根本任务，坚定不移用中国人独特的情感、思想、审美去创作具有鲜明中国风格、同时顺应这个时代的优秀作品。只有这样的作品，才能展现人民奋斗、陶冶高尚情操、振奋民族精神、反映时代呼声，为全民族描绘更加美好而光明的未来。

总之，先进文化是人类文明进步的结晶，是推动人类社会进步的精神动力、智力支持和思想保障。在中国，中国共产党始终是先进文化的代表。中国共产党领导的先进文化建设，从来都是具体的和历史的，在不断创新中推动文化发展，使中国特色社会主义新文化不断焕发出时代生机。

第三章
广东学校
马克思主义理论教育的历史与经验

　　《广东省教育发展"十三五"规划（2016—2020年）》指出，全面加强和改进高校思想政治工作，强化思想理论教育和价值引领，实施大学生思想政治教育质量提升工程，全面推进高校思想政治理论课建设体系创新计划，提升思想政治教育亲和力和针对性。用马克思主义理论武装全党、教育人民群众尤其是青年学生，不断巩固马克思主义在意识形态领域的指导地位，是确保中国特色社会主义事业发展，培育人才的长远大计。受当前世界社会思潮的影响，社会上存在着抹黑马克思主义理论和淡化马克思主义理论教育的倾向。这实际上是马克思主义在当今世界所遭到的严重挑战和威胁。党和国家领导人多次指出，越是在这种时候，越要重视马克思主义理论教育。习近平作为新一代领导集体的核心，坚持马克思主义指导思想，面对新的形势和新的任务，把握现阶段开展马克思理论教育工作，主要是受到开展此项教育重要性和紧迫性的影响。在新时代更应确立马克思主义相关思想的指导地位，掌握其本质，学习相关理论，运用其哲学思维指导我们的实践，继承与丰富历代领导集体关于马克思主义理论教育思想的阐述与发展。确保我们在复杂的社会环境、错综复杂的网络空间下不至于迷失方向。

第一节 改革开放以来广东学校的马克思主义理论教育历史

一、广东高校的马克思主义理论教育

1. 高校马克思主义理论教育重建和探索（1978—1992年）

1978年2月恢复高考制度后，首批大学生进入大学。为加强对新时期大学生的思想理论教育工作，教育部办公厅于1978年4月发布了《关于加强高等学校马列主义理论教育的意见》。该意见指出："马列主义理论课是社会主义各类高等学校的必修课；开设马列主义理论课，是新中国大学区别于旧中国大学，社会主义高等学校区别于资本主义高等学校的一个重要标志。"该文件为学校全面恢复和重建马克思主义理论教育体系提供了基本遵循。

改革开放以后，全国高校逐步恢复了"中国共产党""历史政治经济学""辩证唯物主义和历史唯物主义"和"国际共产主义运动史"四门马列主义理论课程。这一时期高校政治理论课的主要任务就是使大学生能够逐步完整地、准确地学习和掌握马列主义、毛泽东思想所包含的基本原理，树立起无产阶级的、科学的世界观和方法论，提高运用马列主义、毛泽东思想的基本原理研究新情况、解决新问题的能力。中共中央于1985年8月1日发布《关于改革学校思想品德和政治理论课程教学的通知》，对高校思想政治理论课教学提出新要求。从1986年起，用3~5年时间进行政治理论课教学改革工作，逐步开设出"中国革命史""中国社会主义建设""马克思主义原理"以及"世界政治经济和国家关系"新课程，要经常地、切实地进行形势和政策教育，进行品德和纪律教育。

中央和教育部有关文件还对马克思主义理论课的教学方法提出了明确的改进意见，反复强调要改变"注入式"的教学方法，尽量向启发式转变。1980年7月，教育部印发《关于改进和加强高等学校马列主义课的试行办法》的通知，明确指出："课堂讲授是马列主义课教学的主要环节和基本形

式。教师应该努力提高讲授水平，随时了解学生的学习和思想情况，改进教学方法，引导学生的学习和思想情况，改进教学方法，引导学生积极学习。学生必须明确马列主义课的目的和要求，专心听讲，遵守课堂纪律，维护教学秩序。学校应该积极为教师创造条件，尽可能运用各种现代化的教学手段进行辅助教育，提高教学效果。马列主义科的课堂教学，应逐步做到小班教学。教师要引导学生积极参加讨论，并针对学生提出的问题做好答疑和小结。必要时可组织学生进行参观和社会调查。"① 1984年9月，中共中央宣传部、教育部印发《关于加强和改进高等院校马列主义理论教育的若干规定》，再次强调："课堂讲授是教学的基本环节。教师要认真备课，研究教学中的疑难问题，了解社会实际情况和学生的思想问题，突出重点，有的放矢地进行教学。自习、课堂讨论、辅导、阅读马列和毛泽东著作，都是帮助学生掌握马列主义基本原理和提高分析问题能力的不可缺少的重要环节，必须坚持。……要大力改进教学方法，实行启发式教学，培养学生的独立思考能力，把教学变为师生一起运用马列主义的立场、观点、方法研究和讨论问题的过程，坚决克服'注入式'的教学方法。所有教师都应教书育人，不仅要向学生传授理论知识，而且要对他们进行思想政治工作。为了提高教学效果，应该围绕教学内容，适当地组织学生参加社会活动和进行社会调查，鼓励他们在接触实际中接收教育。"②

根据中央增设课程的要求，1986年陈峰君、崔矗、周青等十几位同志在短时期内编写出《世界政治经济和国际关系》，参编单位包括暨南大学、雷州师专等广东高校，最终由广东高等教育出版社出版发行。本书主要讲述第二次世界大战后的世界政治经济和国际关系。它以战后世界政治经济和国际关系的客观事实及其发展变化为依据，力图反映当代世界上社会主义国家、发达资本主义国家、民族独立国家三类不同国家的政治、经济、军事、科技、文化等基本情况、发展特点、改革前景，反映国家关系的演

---

① 教育部思想政治工作司. 加强和改进大学生思想政治教育重要文献选编（1978—2014）[M]. 北京：知识产权出版社，2015：9.
② 教育部思想政治工作司. 加强和改进大学生思想政治教育重要文献选编（1978—2014）[M]. 北京：知识产权出版社，2015：29.

变进程、发展趋势以及当代国际共产主义运动、战争与和平、社会发展等状况,揭示当代世界政治经济和国家关系发展的基本规律、特点和现状。从而帮助学生树立观察、分析和认识国际问题的正确立场、观点和方法,提高分辨是非的能力;丰富国际知识,开阔视野,认识世界,面向未来;了解中国在世界格局中的地位和作用,加深理解中国对外关系战略及其政策的根本目标和基本原则,从而提高执行对外开放政策的坚定性、自觉性和适应能力,决心为实现我国社会主义现代化与维护世界持久和平而努力使自己成为合格的人才。

20世纪90年代之际,世界政治格局发生了巨大变化。战后形成的两极格局已经终结,新的格局还未最终形成。世界呈现出向多极化格局过渡的趋势。新旧格局的交替会有一个较长的过渡时期。各国在这个过渡时期中进行角逐和较量,力争自己在新格局中取得比较有利的地位,能对国际事务产生较大的影响。1992年广东高等教育出版社出版的由赵育生、余汉熙、周青、吴武主编的《世界政治经济与国际关系》强调各国之间应该在和平共处五项原则的基础上实现友好相处。在社会主义在世界上处于低潮的形势下,社会主义中国面临着严峻的挑战,担负着重大的历史责任。要充分利用国际上一切有利时机和因素,加快我国改革开放的步伐,全面贯彻党的社会主义初级阶段的基本路线,加快我国的经济发展,把自己的事情办好。要善于吸收和借鉴人类社会创造的一切文明成果,包括吸收和借鉴西方资本主义国家的先进经营方式和管理方式,迅速提高劳动生产力,改善人民生活,以赢得与资本主义相比较的优势,显示出社会主义制度的优越性。

1986年4月,根据中共中央关于改革学校政治理论课程教学的通知和国家教委有关会议的精神,广东省高等教育局领导组织了广东高校《中国革命史讲义》编写组编写教材并最终定名为《中国革命史》,由广东高等教育出版社出版发行。参与编辑和修订工作的高校有中山大学、华南理工大学、华南师范大学、华南农业大学、暨南大学、广州体育学院、广州医学院、广州中医药学院共8所院校。中国革命史是历史科学的一门分支学科,又是一门马克思主义理论课。它叙述了中国革命的历史进程及其发展规律,并以此对高等学校的青年学生进行以中国革命史为中心的历史教育，拓宽他们的知识面和视野，使之认识中国革命发展的客观规律性，理解具有悠久历史文化的中国是怎样根据历史发展的必然走上社会主义道路的。这里既有历史的教育，又有马克思主义的理论教育。

根据中共中央和国家教委关于改革高等学校政治理论课教学的有关精神，广东省高教局组织部分高校教师，经过近两年的反复学习和研究，编写了《马克思主义原理》一书。参加本书编写的有广州地区 7 所高等学校的 13 位教授、副教授，该书由广东高等教育出版社于 1989 年出版第 1 版。此版教材参照国家教委政教司 1987 年 6 月印发的《马克思主义原理教学要点》，是大学生必修的基础理论课。教材的主要任务是系统阐述马克思主义各个组成部分的基本原理及其发展。教材内容尽量概括现代科学发展的新成就，吸收我国理论界研究的新成果。在理论阐述中，要密切联系分析历史经验和当代实际，注意探讨和回答学生普遍关心的新课题。

2. 推进邓小平理论"三进"（1992—2002 年）

以邓小平同志 1992 年初"南方谈话"和党的第十四次代表大会为标志，我国改革开放和社会主义现代化建设事业进入了一个新的发展阶段。党的十四大确立了邓小平建设有中国特色社会主义理论在全党的指导地位，概括了建设有中国特色社会主义理论的主要内容。大会明确指出邓小平建设有中国特色社会主义理论，是当代中国的马克思主义，是指引我们实现新的历史任务的强大思想武器；学习马克思列宁主义、毛泽东思想，中心内容就是学习建设有中国特色的社会主义理论。在此之后，探索并开展了党的最新理论创新成果进高校思想政治理论课教材、进课堂和进头脑的"三进"工作。

1994 年 8 月，《中共中央关于进一步加强和改进学校德育工作的若干意见》中指出：坚持邓小平建设有中国特色社会主义理论作为学校马克思主义理论教育的中心内容，是新时期加强和改进学校德育工作的首要任务和根本保证。"两课"教学及其改革的主要任务就是进一步加强马列主义、毛泽东思想，特别是邓小平同志建设有中国特色社会主义理论的教育。要根据当代中国社会政治经济的基本特点和发展变化以及学生的特点，不断改进和完善教学内容体系,编写出相对稳定、具有规范性的教材。根据中央要求和教育部具体安排,从1998年秋季开始,普通高校以"中国社会主义建设"课程为基础,开设邓小平理论课。教育部颁布《〈邓小平理论概论〉教学基本要求》,对该课程的教学内容与教材编写等进行规范。教育部和各省(自治区、直辖市)教育党政领导部门分别组织举办邓小平理论课教师讲习班或备课研讨班,组织任课教师认真学习邓小平理论和党的十五大文件,掌握教学基本要求,研讨教学中的重点难点问题,提高思想认识和理论水平,切实保证开课质量;同时要借鉴上海的经验,集中人力、物力建设师资培训基地。

中共广东省委教育工委、广东省教育厅也要求进一步加强"两课"建设,全面推进素质教育工作。组建专家组重新修订"两课"教材,并由广东高等教育出版社于2000年出版发行。该系列教材一是贯穿了教育部颁布的"两课"教学基本要求,根据各学科的特点,有机贯穿渗透邓小平理论。编写广东省高等学校马克思主义理论课新编教材。王培林、杜宋来、林伟健主编的《马克思主义哲学原理》,体现了毛泽东、邓小平哲学思想,特别是反映了邓小平解放思想、实事求是的科学态度和创新精神,帮助青年学生掌握马克思主义的科学世界观和方法论。董小麟、李建英主编的《马克思主义政治经济学》坚持马克思主义关于资本主义的基本原理,帮助青年学生了解资本主义经济制度的实质和基本矛盾,懂得资本主义产生、发展和必然为社会主义所替代的历史规律,了解资本主义在当代的新变化、新特点及其国际经济关系,认清当代世界发展的历史趋势,坚定社会主义理想信念。郭铁铨、秦兴洪、陈流章主编了广东省统编教材《毛泽东思想概论》,并于2001年被教育部评为"两课"优秀教材。该版教材体现了毛泽东思想基本原理,帮助青年学生理解毛泽东思想是马列主义同中国实际相结合的第一次历史性飞跃的伟大成果,掌握毛泽东思想的主要内容和活的灵魂,懂得中国近代社会历史发展和革命运动的规律,认清只有在中国共产党领导下,坚持社会主义道路,才能救中国和发展中国。叶煜荣、董建新、李鸿庄主编的《邓小平理论概论》比较全面地阐释了邓小平理论的科学体系和精神实质,重点帮助青年学生理解什么是社会主义,怎样建设社会主义这个根本问题，认识社会主义的本质和社会主义建设的规律，认识我国现在处于并将长期处于社会主义初级阶段的基本国情，增强高举邓小平理论伟大旗帜，执行党的基本路线和基本纲领的自觉性和坚定性。潘梅、蔡黛云、宋萍主编的《当代世界经济与政治》体现了马克思主义关于当代世界经济政治和国际关系的基本观点，帮助青年学生理解邓小平对当今时代特征和总体国际形势，对世界上其他社会主义国家的成败，发展中国家谋求发展的得失，发达国家发展的态势和矛盾的科学判断，认清霸权主义和强权政治的实质，掌握我国的外交政策，正确理解并拥护党和国家的国际战略。二是坚持理论联系实际，保持广东特色。运用邓小平理论总结、归纳广东改革开放和现代化建设的实践来充实和丰富邓小平理论。注重体现广东经济发展和社会进步的历史背景、地理环境和人文精神。三是坚持"精"和"管用"的原则，教材内容简明准确，既有一定的理论性，又深入浅出、通俗易懂。在修订教材的同时，对与教材相配套的学习指导书也进行了修订，有利于促进教学方式方法的改革和引进现代化教学手段。

为贯彻党的十四大精神，广东省高教厅宣教处组织高等学校教师集体编写了《中国社会主义建设教程》，并于1993年由广东高等教育出版社出版发行。该教程从各个方面阐述了邓小平建设有中国特色社会主义理论，帮助大学生系统地把握这个当代马克思主义的理论体系，以此提高大学生的政治素质，树立科学的世界观、人生观、价值观，使之明国运、懂国策，坚定社会主义信念，明确奋斗方向。

在举国上下全面地学习和贯彻党的十四大精神的热潮中，编写组根据中共中央和国家教委关于改革高等学校政治理论课教学的有关指示精神，总结了多年来马克思主义原理课教学改革的经验，组织编写了《马克思主义原理教程》。该教程系统地介绍了马克思主义各个组成部分的基本原理，同时揭示和阐述了当代中国和世界所面临的新课题。

3. 在"两课"教育教学中贯彻"三个代表"重要思想（2002—2008年）

2001年7月1日，江泽民同志在庆祝中国共产党成立80周年大会上发表重要讲话（以下简称"讲话"）。讲话坚持以马克思主义、列宁主义、毛泽东思想、邓小平理论为指导，坚持党的解放思想、实事求是的思想路线，全面回顾和系统总结了中国共产党八十年的光辉历程和基本经验,全面阐述了"三个代表"重要思想的科学内涵,深刻回答了新的历史条件下加强和改进党的建设需要解决的重大问题,进一步阐明了党在新世纪的历史任务和奋斗目标,是一篇马克思主义的纲领性文献,具有重大而深远的指导意义。

2001年7月,教育部及时印发《关于普通高等学校"两课"教育教学中贯彻江泽民同志"七一"重要讲话精神的通知》,指出认真学习、深刻领会、坚决贯彻讲话精神,特别是"三个代表"重要思想,是当前高校的一项重要的政治任务,并对高等学校"两课"贯彻"七一"讲话精神、"三个代表"重要思想进教材、进课堂、进头脑做出初步部署和安排。教育部要求把贯彻讲话精神和"三个代表"重要思想同当时正在进行的高质量地全面实施"两课"课程新方案的工作结合起来,同"两课"教育教学中正在进行的教材建设、师资培训和教学方法改革等工作结合起来,进一步增强"两课"教学工作的针对性、实效性和主动性。

2004年,中共中央、国务院下发《关于进一步加强和改进大学生思想政治教育的意见》(中发〔2004〕16号)(以下简称"中央16号文件"),对加强和改进大学生思想政治教育包括思想政治理论课进行系统部署,大学生日常思想政治教育和高校思想政治理论课进入一个新的发展时期。为贯彻落实"中央16号文件",充分发挥高等学校思想政治理论课在大学生思想政治教育中的主渠道作用,中共中央宣传部、教育部于2005年3月印发《关于进一步加强和改进高等学校思想政治理论课的意见》(教社政〔2005〕5号)提出具体的实施方案("05方案")。意见对高等学校马克思主义理论教育的基本内容做出明确要求。《马克思主义基本原理》着重讲授马克思主义的世界观和方法论,帮助学生从整体上把握马克思主义,正确认识人类社会发展的基本规律。《毛泽东思想、邓小平理论和"三个代表"重要思想概论》着重讲授中国共产党把马克思主义基本原理与中国实际相结合的历史进程,充分反映马克思主义中国化的三大理论成果,帮助学生系统掌握毛泽东思想、邓小平理论和"三个代表"重要思想基本原理,坚定在党的领导下走中国特色社会主义道路的理想信念。《中国近现代史纲要》主要讲授中国近代以来抵御外来侵略、争取民族独立、推翻反动统治、实现人民解放的历史，帮助学生了解国史、国情，深刻领会历史和人民是怎样选择了马克思主义，选择了中国共产党，选择了社会主义道路。

根据中央和广东省委关于高校要系统讲授"三个代表"重要思想，积极推进"三个代表"重要思想进教材、进课堂、进学生头脑的指示，广东省高等学校思想政治教育课教材编委会于2002年初启动了新一轮广东省高校思想政治教育课教材的编写工作。《邓小平理论和"三个代表"重要思想概论》教材，在中共广东省委教育工委、广东省教育厅的领导下和广东高校马克思主义理论课和思想品德课教材编委会的指导下，于2002年4月开始按《邓小平理论概论》的教学要点进行编写。党的十六大召开之后，根据教育部文件和下发的新的教学要点，又重新制定教材提纲，进行《邓小平理论与"三个代表"重要思想概论》教材的编写。在教材修改过程中，广东省教育厅和广东高等教育出版社给予了大力指导，该教材于2003年由广东高等教育出版社出版发行。

《马克思主义哲学原理》根据教育部和省教育厅关于"三进"的指示精神，按照教育部2003年颁布的《全国普通高等学校"两课"教学基本要求》编写而成，并于2004年由广东高等教育出版社出版发行。本教材结合我省大学生的思想实际和认知水平，吸收了近年来国内外哲学研究和哲学教材的最新成果和资料。本教材是广东高校思政课教师集体合作的产物。

广东高等教育出版社2003年出版的《毛泽东思想概论》根据教育部社政司2003年2月印发的全国普通高校本科"毛泽东思想概论"教学基本要求重新编写。重编的《毛泽东思想概论》坚持辩证唯物主义和历史唯物主义，贯彻党的十六大精神，突出毛泽东思想与时俱进的理论品格，体现"三个代表"重要思想。处理好毛泽东思想与马克思主义的关系，从内容上体现毛泽东思想是马克思主义与当代中国实际相结合的理论成果，是与时俱进的理论创新；处理好毛泽东思想与邓小平理论、"三个代表"重要思想的关系，从内容上反映毛泽东思想是中国共产党人理论创新的典范，为中国特色社会主义理论奠定基础；邓小平理论、"三个代表"重要思想是毛泽东思想的继承和发展；处理好毛泽东思想与现时代的关系，坚持理论与当代中国实际相结合,加重社会主义革命和建设部分,增强时代感。该版教材的编写组成员大部分是 2001 年版本的编写组成员。

广东高等教育出版社 2003 年版的《马克思主义政治经济学》是根据教育部社政司印发《普通高校"两课"教学基本要求》的新精神进行重新修订的,并于 2003 年 8 月定稿出版。本教材以马列主义、毛泽东思想、邓小平理论和"三个代表"重要思想为指导,遵循中共十六大精神,坚持理论联系实际、与时俱进的理论品格,注意吸收经济学界的研究新成果,系统阐述马克思主义政治经济学的基本原理。在揭示社会经济制度与经济运行一般原理的基础上,分析资本主义生产关系的实质和经济运行,社会主义生产关系的实质与中国经济体制改革和经济运行,全球化背景下国际经济关系与中国经济发展等问题。

从 2006 年 4 月开始,教育部办公厅决定从 2006 级新生入学开始,全国普通高校统一使用"马克思主义理论研究和建设工程重点教材",即《马克思主义基本原理概论》《毛泽东思想、邓小平理论和"三个代表"重要思想概论》《中国近现代史纲要》与《思想道德修养与法律基础》。高校思想政治理论课教材尤其是"概论"课教材的统一编写、统一使用,有力地保证了"三个代表"重要思想进教材、进课堂、进头脑。

4. 推进科学发展观"三进"(2008—2012 年)

党的十六大以来,党中央提出科学发展观等重大战略思想是运用马克思主义的立场、观点、方法解决重大理论和实际问题的理论创新。为了贯彻落实党的十七大精神进教材、进课堂、进头脑工作的要求,保证教材的科学性、权威性、严谨性,教育部办公厅于 2008 年 3 月发布《关于重申高校思想政治理论课教材编写、出版、使用要求的通知》。该通知要求,全国普通高等学校从 2008 年春季开学起,要统一使用经中央审定的,由中宣部、教育部组织编写的,由高等教育出版社出版的马克思主义理论研究和建设工程高校思想政治理论课教材。为充分贯彻党的十七大精神,反映十七大以来中国特色社会主义理论体系的党的理论创新成果,中宣部、教育部于 2008 年、2009 年、2010 年重新修订了《马克思主义基本原理概论》《毛泽东思想和中国特色社会主义理论体系概论》以及《中国近现代史纲要》等马克思主义理论教材。广东高校以及广大思想政治理论课教师开动脑筋，从教学各环节上下功夫，收到较好的效果。有的开设具体专题讲授，围绕科学发展观的科学内涵、精神实质、历史意义、根本要求等方面做专题知识讲授。有的开展专家系列讲座，即结合大学生和课程教学内容等实际，邀请有关专家就科学发展观各专题，以系列理论的形式在不同院系开设讲座。有的利用新兴网络技术，不断拓展大学生学习科学发展观的渠道和空间，围绕科学发展观这个主题建设特色教育网站，开展生动活泼的网络学习活动。

根据2008年7月召开的全国加强和改进高校思想政治理论课工作会议精神，广东省高校思想政治理论课学习指导用书编委会以中央马克思主义理论研究和建设工程领导小组组编、高等教育出版社出版的全国高校思想政治理论课教材为基本依据，严格遵循教材的内在逻辑，准确阐述教材的基本内容和基本精神。一方面是贯彻中央对思想政治理论课教学的基本要求，根据各门学科的特点，有机贯穿了马克思主义、毛泽东思想和中国特色社会主义理论体系等重要战略思想。另一方面是坚持理论联系实际，突出广东特色，运用科学理论总结、归纳广东改革开放和现代化建设的成就和经验，充实和发展理论，注重体现广东经济发展和社会进步的历史背景、地理环境和人文精神。编委会分别编写了《马克思主义基本原理概论》《毛泽东思想和中国特色社会主义理论体系概论》《中国近现代史纲要》等马克思主义理论教育课程的学习指导用书，参编单位包括中山大学、华南师范大学、华南理工大学、华南农业大学、广州大学、广东工业大学、南方医科大学、广东技术师范学院、深圳大学等广东高等学校。该套学习指导用书配合思想政治理论课新课程设置方案的实施，帮助教师和学生全面、准确把握课程的基本要求和主要内容，普及和加强了先进理论在学校的传播力度和认同程度。

5. 以习近平新时代中国特色社会主义思想引领高校马克思主义理论教育创新发展（2012年至今）

党的十八大以来，以习近平同志为核心的党中央全面深化改革，中国特色社会主义进入新时代，在实现中华民族伟大复兴中国梦的进程中，高校马克思主义理论教育也进入了新的历史发展阶段。为了深入贯彻落实党的十八大和十届三中全会精神，积极培育和践行社会主义核心价值观，高校马克思主义理论课与时俱进，不断拓展教学内容。

2013年，为推动党的十八大精神进教材、进课堂、进头脑，体现上次修订以来中国特色社会主义理论和时间的创新成果，中宣部、教育部组织课题组在广泛调研的基础上，对马克思主义理论教材进行了修订。为充分体现习近平总书记系列重要讲话精神，充分体现党的十八大和十八届三中、四中全会精神，2015年，中宣部、教育部组织马克思主义理论研究和建设工程咨询委员会对马克思主义理论教材进行了再一次修订，形成了2015年修订版。2018年，为推动习近平新时代中国特色社会主义思想进教材、进课堂、进头脑，深入贯彻落实党的十九大和十九届二中、三中全会精神，中宣部、教育部组织再次对理论教材进行全面修订。

二、广东中小学校的马克思主义理论教育

政治课是中小学进行系统的公民品德教育和马克思主义常识教育的必修课程，对学生树立科学的世界观、人生观、价值观起着重要的导向作用。新中国诞生后，中小学政治课在课程理念上，致力于"破旧立新"与"以俄为师"的价值导向。伴随政治风云变幻，政治课程的政治化倾向愈演愈烈，至"文革"时达到极致，走向全面异化。改革开放以后，尤其是1992年邓小平"南方谈话"以后，中小学政治课程开始逐渐走出泛政治化的阴影，追寻理念上的本体回归并逐步趋于真实的社会生活，逐步依托学生生活，遵循德育规律，保持相对稳定的马克思主义理论教育功能。

1. 马克思主义理论教育的有序回归（1976—1980年）

1976年10月，党中央粉碎了"四人帮"反革命集团，结束了"文化大革命"。1978年12月18—22日，中国共产党第十一届中央委员会第三次全体会议在北京举行。会议重新确立了党的马克思主义政治路线、思想路线和组织路线，提出了调整国民经济和实行改革开放的重大方针，提出了健全社会主义民主和社会主义法制的任务，使社会主义现代化建设走上了健康发展的道路，开创了社会主义现代化建设的新局面。

1978年1月，教育部颁发的《全日制十年制中小学教学计划（试行草案）》规定政治课的教学任务是对学生进行初步的共产主义思想教育和必要的政治常识教育。在五年制中学阶段的初中一、二年级设"科学社会主义"，初中三年级设"社会发展简史"，高中一年级设"政治经济学常识"，高中二年级设"辩证唯物主义常识"。随后，教育部组织编定了《初级中学社会发展简史教学大纲（试行草案）》《高级中学政治经济学常识教学大纲（试行草案）》《高级中学辩证唯物主义常识教学大纲（试行草案）》，于1982年2月出版。

根据教育部颁发的《全日制十年制中小学教学计划（试行草案）》，1978年人民教育出版社出版了一套全日制十年制学校小学政治课教材，供全国通用。这套教材采用分课式的内容组织方式，全套教材共七个单元。第一单元"旧社会劳动人民的苦难生活"；第二单元"哪里有压迫，哪里就有反抗"；第三单元"伟大的革命导师马克思和列宁"；第四单元"共产党、毛泽东领导人民求解放"；第五单元"做共产主义接班人"；第六单元"学点正确的思想方法"；第七单元"建设伟大的祖国，树立崇高的理想"。这套教材的基本任务是对学生进行初步的共产主义思想教育和必要的政治常识教育。

根据1978年1月的《全日制十年制中小学教学计划（试行草案）》，教育部随机组织编写了一套中学政治课本，分别是《科学社会主义》《社会发展简史》《政治经济学常识》《辩证唯物主义常识》，从1978年秋开始在全国范围内陆续使用。

2. 马克思主义理论教育的实验摸索（1981—1991年）

这一时期中小学政治课程的设置发生了较大变化。小学阶段由原"政治课"改为"思想品德课"。1981年3月教育部颁发《全日制五年制小学教学计划（修订草案）》，将原来的小学政治课改为思想品德课。1982年5月，教育部颁发的《全日制五年制小学思想品德课教学大纲（试行草案）》的教学要点有热爱人民、热爱祖国、热爱中国共产党、热爱社会主义等十四个方面。1986年5月国家教委颁发《全日制五年制小学思想品德课教学大纲》。1988年8月国家教委颁发了《小学德育纲要（试行草案）》。1992年，国家教委颁发了《九年义务教育全日制小学思想品德课教学大纲（试用）》。

在中学阶段，1982年教育部颁布了《初级中学社会发展简史教学大纲（试行草案）》《高级中学政治经济学常识教学大纲（试行草案）》《高级中学社会发展简史教学大纲（试行草案）》。1986年6月，国家教委公布了《中学思想政治课改革实验教学大纲（初稿）》，规定初高中思想政治课改革实验的课程设置方案：初中一年级开设"公民"，初中二年级开设"社会发展简史"，初中三年级开设"中国社会主义建设常识"，高中一年级开设"共产主义人生观"（后改名为"科学人生观"），高中二年级开设"经济常识"，高中三年级开设"政治常识"。

1987年国家教育委员会委托北京师范大学与人民教育出版社合作，组建了编写委员会，按照1986年《中学思想政治课改革实验教学大纲（初稿）》的要求，编写了一套思想政治实验课本。初级中学实验课本《社会发展简史》构建了五个社会形态通过四个转变时期前后相继彼此衔接社会历史发展过程，以史出论，史论结合，论证共产主义社会是人类光辉的未来。初级中学实验课本《中国社会主义建设常识》包括经济建设、精神文明建设、民主与法制建设，联系社会与生活实际概述中国社会主义建设概况。高级中学实验课本《共产主义人生观》内容主要包括从实际出发正确对待人生、人生自由在于认识必然，用全面观点处理人生问题，正确把握人生方向，发展地看待问题，在实践中锻炼成才。高级中学课本《政治常识（试用本）》的主要内容是马克思主义关于国家、民主制度、政党制度、民族、宗教、国际关系等问题的基本观点，帮助学生了解当代社会主要的政治现象，并且学习一些观察和分析社会政治现象的科学方法。

1985年广东省教育厅教材编写组组编了系列《思想品德》教材。在小学阶段主要进行爱国爱党教育。例如在第四册选有"国旗、国徽和国歌""党旗和军旗"等内容，在第六册选有"我爱伟大的祖国""还是社会主义好""我们热爱解放军"。

1990年，遵照中共广州市委、市政府的指示，在广州市教育局的直接指导下，广州市小学思想品德教材编写组根据国家教委颁发的《小学德育纲要》《全日制小学思想品德课教学大纲》和广东省教育厅的有关指示精神,按照《广州市小学德育系统设计方案》的目标体系、内容序列,编写了广州市小学试用课本《思想品德》。在第十一册里,《稻穗鲜花献人民》通过数百名市民深夜送药救病孩的感人事迹颂扬团结、友爱、求实、进取的广州人精神,帮助学生认识广州市徽、知道广州市风、会唱广州市歌。第十二册里,《奔向祖国的孩子》昭显归国华侨的爱国主义精神;《别了,祖屋》通过祖屋向新房的搬迁,反映自己家乡的巨大变化。

3. 马克思主义理论教育的多样化发展(1992—2000年)

进入20世纪90年代以来,随着义务教育在全国的推广普及,国家教委相继颁发了义务教育阶段中小学思想品德及思想政治教学大纲,并对普通高中政治的教学大纲进行了修订,使之逐步与义务教育阶段相衔接。

小学阶段,国家教委于1990年颁布了《九年义务教育全日制小学思想品德课教学大纲(初审稿)》。在此基础上,于1992年颁发了《九年义务教育全日制小学思想品德课教学大纲(试用)》。1997年,《九年义务教育小学思想品德课和初中思想政治课课程标准(试行)》。[①] 课程标准着眼于我国普及九年义务教育的要求,首次把小学思想品德课和初中思想政治课作为一个整体设计课程的结构和确定教学目标要求。在基本原则上坚持以马列主义、毛泽东思想和邓小平建设有中国特色社会主义理论为指导,进行理论教育,使学生在了解唯物史观的基础上树立崇高理想和参加社会主义现代化的社会责任感。

中学阶段,国家教委于1992年3月颁发《全日制中学思想政治课教学大纲(试行)》,规定各年级的政治课程统称"思想政治课"。随后,国家教委于1993年制定了《九年义务教育全日制初级中学思想政治课教学大纲(试用)》和《全日制高级中学思想政治课教学大纲(试用)》。初中的马克思主义理论教育内容主要是社会主义建设常识。1996年《全日制普通高级中学思想政治课课程标准(试行)》颁布,指出:"高中思想政治课的教学,以邓小平建设有中国特色社会主义理论为中心内容,简明扼要地讲授马克思主义经济学、哲学和政治学的基本观点,以及我国社会主义现代化建设

---

① 课程教材研究所. 20世纪中国中小学课程标准·教学大纲汇编:思想政治卷[M]. 北京:人民教育出版社,2001.

常识；帮助学生初步形成观察社会、分析问题、选择人生道路的科学世界观、人生观和价值观。"①

广东教育出版社出版发行的九年义务教育小学教科书《思想品德》是国家教委规划的、由广东省承担编写的面向南方沿海经济文化较发达地区的一个版本。根据原国家教委1997年4月颁发的《九年义务教育小学思想品德课和初中思想政治课课程标准（试行）》，广东省教育厅小学思想品德教材编写委员会编写了这套九年义务教育六年制小学思想品德课教材。在这套教材的高年级课本（第十二册）中有热爱祖国、改革开放、祖国统一、民族团结等邓小平建设有中国特色社会主义理论内容。

根据1992年《全日制中学思想政治课教学大纲（试行）》，国家教委中学思想政治课教材编写领导小组组编了一套中学《思想政治》课本，由北京师范大学出版社和广东教育出版社联合出版，全国大部分地方通用。这套中学思想政治教科书共10册，全部统称为"思想政治"。这套教科书的封面设计比较不吸引人，既不清新，也不活泼，色彩也不鲜艳，也不受学生的欢迎。本套教材的二年级上、下册主要讲述社会发展的常识，人类社会从低级向高级发展的一般过程，社会发展的基础知识、基本观点和支配社会发展的一般规律。帮助学生初步认识社会发展的规律，看清社会发展的方向和前途，坚定社会主义信念，逐步树立为实现共产主义而奋斗的崇高理想，初步培养劳动观点、群众观点、阶级观点等科学的思想观点，努力把自己培养成为有理想、有道德、有文化、有纪律的社会主义建设者和接班人。三年级（全一册）主要讲授政治常识，正确认识当代社会的重要政治现象。具体包括马克思主义关于政治的科学含义；关于资本主义国家的阶级和阶级斗争；关于资本主义国家的性质和资本主义民主制度；关于我国社会主义时期的阶级和阶级斗争；关于我国社会主义时期的阶级和阶级斗争；关于我国人民民主专政的国家性质，人民代表大会制度和社会主义民主制度；关于中国共产党在我国领导地位的确立及中国共产党领导的多党合作和政治协商制度；关于我国的民族宗教政策及外交政策等。

---

① 教育部政策研究与法制建设司.中华人民共和国现行教育法规汇编（1996—2001）：下卷［M］.北京：高等教育出版社，2002：253.

根据1992年《全日制中学思想政治课教学大纲》，国家教委中学思想政治课教材编写领导小组主持编写了高级中学试用课本《思想政治》，于1992—1997年由多家出版社出版。高一部分以政治经济学为主；高二部分以哲学为主；高三部分以政治常识为主。在思想内容上，着力讲清社会主义教育、爱国主义教育、国情教育等基本观点；从能力培养来看，力求把能力的培养寓于概念、观点的讲述之中，注重观点与材料的统一，加强方法论意义的阐述；从逻辑方式来看，总的思路是由具体到抽象，从基本事实出发引发基本观点；以归纳为主、分析为辅，在分析的基础上进行综合。

1992年颁布的《九年义务教育全日制小学、初级中学课程计划（试行）》明确指出："思想品德、思想政治、语文、社会、地理、历史等学科，都要在本学期总课时中留出适量课时给各地安排乡土教材的教学。"小学思想品德及初中思想政治乡土教材从此进入了发展高峰期。广东省江门市思想品德教材编写组就编写过江门市小学思想品德乡土教材，于1991年由广东教育出版社出版发行。肇庆市思想品德教材编写组编写肇庆市小学思想品德乡土教材，于1989年由广东教育出版社出版发行。乡土教材通过丰富的地方内容和生动事例把爱国与爱乡结合起来，培养学生的爱国主义情感，提高爱国主义觉悟，引导青少年树立正确的理想、信念和人生观、价值观，建设有中国特色社会主义伟大事业。

4. 马克思主义理论教育在改革中贴近生活（2001年至今）

2001年开始推进的新一轮的基础教育课程改革，是新中国成立后第八次课程改革。本次改革的纲领性文件《基础教育课程改革纲要（试行）》整体设置了九年一贯制的义务教育课程。小学（一至六年级）以综合课程为主，将原"思想品德"改为"品德与生活"（一至二年级）和"品德与社会"（三至六年级）两门课程；初中（七至九年级）分科与综合相结合，设置"思想品德课"，取代课改前的"思想政治课"；高中阶段开设"思想政治课"，分模块设置。

依据教育部2001年5月颁布的《全日制义务教育品德与生活课程标准（实验稿）》和《全日制义务教育品德与社会课程标准（实验稿）》，广东省教学教材研究室和广东省出版集团课程教材研究中心联合编写、广东教育出版社出版《品德与生活》《品德与社会》全套教科书。该套课本经全国中小学教材审定委员会于2003年初审通过，2003—2005年陆续出版。

随着改革开放和社会主义市场经济的发展，社会经济成分、组织形式、就业方式、利益关系和分配方式日益多样化，给人们的思想观念带来深刻影响；世界多极化和经济全球化趋势加强，日新月异的科技进步，对高中学生的思想政治素质提出了新的更高要求。着眼于当代社会发展和高中学生成长的需要，增强思想政治教育的时代感、针对性、实效性和主动性，依据国务院《关于基础教育改革与发展的决定》及教育部《普通高中课程方案（实验）》，2004年教育部制定并颁布了《普通高中思想政治课程标准（实验）》。新的课程标准分析了高中思想政治课的性质，即主要进行马克思列宁主义、毛泽东思想、邓小平理论和"三个代表"重要思想的基本观点教育，以社会主义物质文明、政治文明、精神文明建设常识为基本内容，引导学生紧密结合与自己息息相关的经济、政治、文化生活，经历探究学习和社会实践过程，领悟辩证唯物主义和历史唯物主义的基本观点和方法，切实提高参与现代社会生活的能力，逐步树立建设中国特色社会主义的共同理想，初步形成正确的世界观、人生观、价值观，为终身发展奠定思想政治素质基础。[①] 新的高中思想政治课采取模块的组织形态，分为必修和选修两部分。必修部分包括经济生活、政治生活、文化生活、生活与哲学。《思想政治必修1（经济生活）》以邓小平理论和"三个代表"重要思想为指导，帮助学生认识中国共产党始终代表中国先进生产力的发展要求，社会主义的根本任务是发展社会生产力，各项工作都要服从和服务于经济建设这个中心；了解我国社会主义初级阶段的基本经济制度以及社会主义市场经济的特点；认识现实生活中常见的经济现象，培养进取精神，梳理科学发展观。《思想政治必修2（政治生活）》以邓小平理论和"三个代表"重要思想为指导，帮助学生认识中国共产党始终代表中国最广大人民的根本利益，是中国特色社会主义事业的领导核心；了解中国特色社会主义政治制度，懂得建设社会主义政治文明，最根本的是把党的领导、人民当家

---

① 中华人民共和国教育部. 普通高中思想政治课程标准（实验）[M]. 北京：人民教育出版社，2004：3.

作主和依法治国有机统一起来；了解公民在政治生活中依法行使权利，履行义务，参与民主选举、民主决策、民主管理、民主监督的意义、途径和方式，进一步增强公民意识和国家观念，坚定正确的政治方向。《思想政治必修3（文化生活）》以邓小平理论和"三个代表"重要思想为指导，帮助学生认识中国共产党始终代表中国先进文化的前进方向，认同面向现代化、面向世界、面向未来的，民族的科学的大众的社会主义文化；懂得文化传承、文化交融和文化创新的意义，大力弘扬中华民族精神；正确对待各种文化现象，辨别落后文化，抵制腐朽文化，积极参加健康有益的文化活动，投身社会主义精神文明建设。《思想政治必修4（生活与哲学）》以邓小平理论和"三个代表"重要思想为指导，帮助学生了解马克思主义哲学的基本原理，学习运用辩证唯物主义和历史唯物主义的观点和方法，正确看待自然、社会和人生的发展，知道实践是检验真理的唯一标准，坚持解放思想、实事求是、与时俱进，能够在社会生活中做出正确的价值判断与行为选择，树立和追求崇高的理想，逐步形成正确的世界观、人生观和价值观。《科学社会主义常识（选修1）》阐述了中国共产党是中国工人阶级的先锋队，同时是中国人民和中华民族的先锋队。在新世纪新阶段，中国共产党高举的旗帜就是马克思列宁主义、邓小平理论和"三个代表"重要思想的旗帜。帮助青年学生懂得自从《共产党宣言》发表以来，科学社会主义就成为共产党人的理想信念，并在实践中不断丰富发展。"三个代表"重要思想同马克思列宁主义、毛泽东思想和邓小平理论是一脉相承而又与时俱进的科学体系，也是科学社会主义在中国的最新发展。《经济学常识（选修2）》以近现代市场经济的发展脉络为线索，结合不同时期的政治、经济、文化条件，让学生有选择地了解一些关于市场经济的理论与观点，评析这些理论建树对当时经济、社会产生的影响，有助于把握马克思主义经济学理论的精髓，理解社会主义市场经济的探索过程，坚定建设中国特色社会主义的理想信念。《国家和国际组织常识（选修3）》从我国国情出发，同时借鉴人类政治文明的有益成果，绝不照搬西方政治制度的模式。维护世界多样化和发展模式多样化，提倡各种文明，不同社会制度和发展道路彼此尊重，在竞争比较中取长补短，在求同存异中共同发展，培养世界眼光和国家观念。《科学思维常识（选修4）》阐述了人类活动是具有创造性的实践活动。人们在认识世界、改造世界的实践过程中发展自己的思维能力，不断有所发现、有所发明、有所创造、有所前进。我们生活在现代社会，每一个人都应该学会科学的思维方式，遵循逻辑思维的要求，把握辩证思维的方法，培养创新思维的能力，提升自己的思维品质，这样才能事业有成，更好地实现人生价值，共同创造我们的幸福生活和美好未来。

《国家中长期教育改革和发展规划纲要（2010—2020年）》提出，"把德育渗透于教育教学的各个环节，贯穿于学校教育家庭教育和社会教育的各个方面"。为贯彻教育部《国家中长期教育改革和发展规划纲要（2010—2020年）》的要求，广东省教育厅积极引导学校聚焦课堂，把马克思主义理论教育全面渗透各个学科，实现学科教学与马克思主义理论教育相融合的实践探索。例如广州市番禺区大石中心小学围绕课堂教学进行校本行动研究，在小学语文、数学、英语、品德、综合实践、音乐、美术、体育等课堂进行学科教学与马克思主义理论教育的有效融合研究。学校规定各个级科每周安排半天的时间进行集体备课，对教材进行分析，挖掘教学内容中的马克思主义理论教育要素，根据学科特点与目标、马克思主义理论教育要求以及学生的年龄特点等选择合适的融合点，撰写教学设计，形成学校的通用教案，并在操作方面取得了三项成果。一是确定融合策略。通过对学科课堂中马克思主义理论教育资源的挖掘，知道学科教学中的马克思主义理论教育存在于课程内容、过程、方式、活动中，与学科教学完全同步，因而在课堂教学进行马克思主义理论教育要遵循整合、无痕、计划、恰当的原则。二是制定评价体系。根据相应学科的课程标准和《广州市义务教育阶段学科学业质量评价标准》，课题组研究得出由学科教学与马克思主义理论教育有效融合课堂教学评价及对教师评价，语数英学科教学与马克思主义理论教育融合学生学习质量监测评价组成的学科教学与马克思主义理论教育融合评价体系。三是形成教学模式。根据学生的年龄特征，借鉴已有的各种课堂教学模式，运用建构主义等理论，探索学科教学中学科教学与马克思主义理论教育在主题、目标、内容、方式方法等方面的融合。在学科教学与德育融合策略、评价的研究基础上，提出了"自构学习"课堂教学模式。

三、广东中职学校的马克思主义理论教育

我国现代职业教育建设的历史并不长，至今不过 20 来年时间。1993 年之前，中等职业学校没有自己完整和独立的马克思主义理论教育课程体系，马克思主义理论教育课程基本是参照普通高校和普通高中的马克思主义理论教育课程而设置的。1993 年之后，中等职业学校有了自己"专门的、独立的"马克思主义理论教育课程，中职学校马克思主义理论教育开始步入了自身的发展轨道，至今经历了三个重要的发展阶段。

1. 中职学校马克思主义理论教育的初创期（1993—2000 年）

1993 年，原国家教委颁布了《关于中等职业技术学校政治课课程设置的意见》（教职〔1993〕17 号）（以下简称《意见》），第一次以官方文件正式公布了中职学校政治课的课程设置和教学内容安排。《意见》明确提出了中职学校要根据学制、招生对象、专业类别设置经济、政治、世界观、人生观、建设有中国特色社会主义的理论与实践等马克思主义理论教育课程的要求。1996 年为贯彻党的十四届三中全会精神，根据国家劳动和社会保障部颁布的技工学校政治课教学大纲，立足广东省技工教育改革的实际，广东省职业技术教研室改编了广东省技工学校教材《思想政治教程》。该教程涵盖了科学世界观和人生观、建设有中国特色社会主义等马克思主义理论教育等内容。

2. 中职学校马克思主义理论教育的发展期（2000—2006 年）

进入 21 世纪后，我国经济社会开始进入新的发展时期，职业教育也面临新的挑战和发展机遇。为了适应新时期经济社会发展对职业教育发展的新要求，进一步推进中职学校素质教育，促进学生全面发展，在总结 20 世纪 90 年代德育课课程建设经验的基础上，2001 年，教育部印发《关于中等职业学校德育课课程设置与教学安排的意见》（教职成〔2001〕2 号），同时颁布了德育课 4 门必修课程的教学大纲。这一轮课程改革根据中职教育实际，对中职学校德育课程进行了适度精简，中职学校马克思主义理论教育

课程主要包括哲学基础知识、经济与政治基础知识、法律基础知识等课程。2004年改版的广东省技工学校教材《思想政治教程》加入了党的十六届三中全会精神和"以人为本"的科学发展观。

3. 中职学校马克思主义理论教育的深化期（2006年至今）

从2006年开始，我国中等职业教育经过多年的基础能力建设，开始由外延扩张、数量发展进入内涵发展、特色提升的新阶段。中职学校马克思主义理论教育也进入了深化阶段。

（1）编写马克思主义理论教育系列教材。

2008年，为贯彻落实党的十七大精神和《中共中央、国务院关于进一步加强和改进未成年人思想道德建设的若干意见》《国务院关于大力发展职业教育的决定》，教育部印发《关于中等职业学校德育课课程设置与教学安排的意见》（教职成〔2008〕6号），同时颁布了《中等职业学校德育课程教学大纲》（教职成〔2008〕7号）。这一轮课程改革把中职学校德育课设置为必修课和选修课两类。马克思主义理论教育设置了"经济政治与社会""哲学与人生"两门课程。教材《经济政治与社会》以邓小平理论和"三个代表"重要思想为指导，深入贯彻落实科学发展观，对学生进行马克思主义相关基本观点教育和我国社会主义经济、政治、文化与社会建设常识教育。其任务是使学生认同我国的经济、政治制度，了解所处的文化和社会环境，树立中国特色社会主义共同理想，积极投身我国经济、政治、文化、社会建设。教材《哲学与人生》以邓小平理论和"三个代表"重要思想为指导，深入贯彻落实科学发展观，对学生进行马克思主义哲学基本观点和方法及如何做人的教育。其任务是帮助学生学习运用辩证唯物主义和历史唯物主义的观点和方法，正确看待自然、社会的发展，正确认识和处理人生发展中的基本问题，树立和追求崇高理想，逐步形成正确的世界观、人生观和价值观。

根据教育部的规定，自2009年秋季学期起全国中职学校一年级新生统一开设"马克思主义理论"课程。为帮助广大中职学校理论课教师及时准确把握新课程教材向教学体系转换，2009年9月广东省率先组织专家团队编写了《中等职业教育德育课程改革国家规划新教材配套教学用书》，该套教学用书加强了理论教育针对性，落实理论与实际相结合的"三贴近"原则；突出教学内容实用性，实现理论课教学与社会需要的有机结合；赋予理论教育内容创新性，凸显理论课教学鲜明的时代特色和广东地方特色。

（2）加强马克思主义理论教育制度建设。

中等职业学校德育课是各专业学生必修的公共基础课，是中等职业学校学生进行马克思主义理论教育的主渠道和主阵地，是学校实施马克思主义理论教育的重要内容，体现了中国特色社会主义教育的方向和本质要求。加强中等职业学校马克思主义理论教育建设，对于培养中国特色社会主义事业合格建设者和可靠接班人，促进中等职业教育和经济社会又好又快发展具有重要意义。

2009年在对全省德育课教师进行调研的基础上，广东省教育厅颁布了《关于加强中等职业学校德育课程建设的实施意见》，对加强中职学校理论课课程建设出台了一系列政策。一是对中职学校理论课教师的准入资格做出严格规定。要求理论课教师必须坚持正确的政治方向，具有良好的思想政治素质和品德修养，高度的责任心和强烈的使命感；原则上应具备马克思主义理论或相关专业本科及以上学历和相应的教学能力。二是对中职理论课教师的培养培训做出严格规定。要求中职学校理论课教师的培训纳入教师继续教育范围。实行新任教师"先培训后上岗，不培训不上岗"制度；明确规定，在岗教师通过脱产进修、攻读学位、集中培训、教研交流等措施，提升专业能力。三是启动省中职学校理论课"名教师、骨干教师培养工程"。通过学习培训、课题研究、参观考察等形式，有计划、有重点、分层次地培养省、市级理论课骨干教师、名教师和学科带头人，并为其提供相应的政策保障。这些政策和措施的实施将有效促进我省中职理论课教师教育专业能力的提高。

（3）提升理论课师资队伍整体素质。

我省加强中职学校马克思主义理论课程建设的重大举措之一是分层次实施教师全员培训。2009年6月2—5日，由省教育厅思想政治教育处主办、省中职学校德育研究与指导中心和省职教学会德育工作指导委员会承办了"广东省中等职业学校实施德育新课程改革培训班"，启动全省中职学校德育课教师全员培训。培训班邀请参与起草新一轮德育课程改革体系大纲和编写教材的 7 位专家为培训班学员做辅导报告,让广大的一线教师直接了解新一轮中职德育课程改革的背景、内容、特点和要求,全面把握新一轮中职德育课课程改革的实质和内涵。培训班是广东省贯彻落实教育部新一轮中职学校德育课程改革方案的动员大会,也是近年来我省规模最大的一次中职德育课骨干教师培训班,来自全省各地级市教育局的负责同志和全省 450 多所中职学校的德育科长、德育课骨干教师参加了培训。

广东有 500 多所中职学校,分布在 21 个地级市,其中省属中职学校近 50 多所。对任课教师需要进行"职业生涯规划""职业道德与法律""经济政治与社会""哲学与人生"四门必修课和"心理健康"选修课的全员培训。2009 年 9 月至 2010 年 10 月,省教育厅思政处和省中职德育中心在广州市举办了三期省属中职学校德育课教师培训班。与此同时,为保证中职德育课教师全员培训的质量,又方便各地中职学校教师就近参加培训学习,节约时间和成本,省教育厅思政处和省中职德育中心采用各市教育局负责组织办班、省德育中心负责组织宣讲团队送教上门的方式,实施全省各地大规模的教师全员培训。省中职德育中心会同各市教育局统筹安排,分珠三角、粤东、粤西、粤北地区实施"送教上门"。省中职德育中心在宣讲团队的组建、培训课程的设计、培训方式的选用等方面都做了大量的调查与研究,采取多种措施确保培训质量。宣讲团队的组建,坚持理论专家与一线教学能手相结合。理论专家主要负责大纲精神解读,一线教学能手由省职教学会德育指导委员会和各有关地市教育局推荐,主要负责课程的教学示范与经验交流。宣讲团队组成后,中心组织集体备课,以先学一步、交流心得、研究方案。培训内容的设计,既注重最新课程改革大纲精神的解读,又融合全国全省中职学校德育工作精神的宣传。培训方式的选用,既注重新理念新思想新精神的传递,又注意有效的教学教法、教学模式的介绍和教学资源的应用,既有集中辅导,又有互动交流。同时,宣讲教师还为大家带去了融理论性、知识性、技能性、实践性为一体,生动形象的教学课件、音像材料,让广大一线德育课教师通过培训,学有所获、学有所用、学有所思。为规范培训班管理,省中职德育中心要求各地市实行课堂考勤登记制度,由宣讲团成员带回参加培训教师名单,并依据名单印发培训证书。为提高培训质量,每一次培训结束后组织学员填写《培训班培训调查反馈表》,及时把学员们的意见与建议反馈至有关宣讲团成员,促进教学方式方法的改进,有效地提高培训质量与水平。2009年9月至2010年10月,省中职德育中心组织宣讲团队对各地市中职学校"职业生涯规划""职业道德与法律""经济政治与社会""哲学与人生"四门必修课的任课教师进行了全员培训,很好地实践了"面向职教、服务职教、引领职教"的教育理念,探索了我省中职德育队伍培训的新途径。省教育厅组织实施全省中职学校德育课任课教师全员培训,全省各地共有4 835名教师参加了培训,在全国引起了很好的反响。

以赛促教,是我省提高理论课教师教学水平的又一举措。为总结交流中职学校德育课教学成果,推进全省中职学校德育课程教学改革,2010年6月至10月我省举办了广东省中职学校德育优质课教学成果评选展示活动。最后评选出优质课一等奖、二等奖、三等奖若干名,并设优秀组织奖若干名,获奖者的成果将进行展示、表彰和奖励。这项工作为广大中职学校理论课教师扩大交流和提高教学水平提供了一个新的舞台,深受好评。我省对加强中职理论课课程建设做了大量细致、深入、扎实的工作,这些工作既有制度层面的,也有理论层面的,更有操作层面的。通过这一系列工作,我省中职理论课呈现出规范、灵动、创新、活力等特点,逐步成为中职学生喜爱且受益的课程。

第二节 广东学校马克思主义理论教育的主要经验

一、增强马克思主义理论教育理论课程实效

多年来由于马克思主义理论课程采用传统灌输模式,出现了呆板、生硬等弊病。例如,尤其在教材编写上,许多内容在大中小学教育中反复重叠,不管学生是否已接受,还是重复性地坚持灌输。高中政治课有"经济常识""政治常识"等四门必修课程,还有科学社会主义、国家和国际组织

常识等选修模块。在大学只有"毛泽东思想和中国特色社会主义理论体系概论"等四门必修课程。像这种中学内容深，大学内容浅，中学内容成人化的现象，明显违背了教育规律；表现出只注重简单灌输，不注重青少年的接受心理，不注重循序渐进的教育规律的特点。由于过于注重传统灌输，马克思主义理论课程一度被学生称为"说教课""讲大道理课"。2001年6月教育部颁发《基础教育课程改革纲要（试行）》，决定大力推进基础教育课程改革，调整和改革基础教育的课程体系、结构、内容，构建符合素质教育要求的新的基础教育。2001年7月，在贯彻全国基础教育工作会议座谈会上，广东省提出了建设具有广东特色的基础教育课程体系的目标。2002年教育部启动思想品德课和思想政治课的新的课程标准的编订工作，根据教育部的安排，小学低年级（一至二年级）开设"品德与生活"，小学中高年级（三至六年级）开设"品德与社会"，初中定名为"思想品德"，高中定名为"思想政治"。《品德与生活课程标准（实验）》《品德与社会课程标准（实验）》《思想品德课程标准（实验）》和《思想政治课程标准（实验）》分别于2003年初和2004年初颁布，各地出版社纷纷组队依据课程标准编写教材。广东省教育厅教研室与华南师范大学、广东省出版集团合作组建专家团队，成功立项并编写了《品德与生活》《品德与社会》《思想品德》《思想政治》教材。粤版《品德与生活》《品德与社会》《思想品德》教材通过了审查并在省内外使用，高中《思想政治》教材最后全国统一为一套，广东省所编的《经济生活》模块被选入其中。

在课程实施方面，新课程倡导体验式教学，就是让学习者在活动中去学习、去体验、去感悟，在获得充分感性积累的基础上去认同、内化观点，提高能力，进而提高觉悟。强调学习主体的作用，强调情境的创设，强调协作作用，强调学习环境的设计，强调媒体和资源作为学习认知工具的作用，强调环绕目标的意义建构，环绕一个目标，让学生去组织知识。既强调预设，更强调生成。

在教学评价方面，强调评价的内容要关注知识、能力、情感态度价值观三维目标的达成。评价的主体要多元化，评价的方法要多样化，评价的操作注重过程性与终结性相结合。

新课程改革促进了先进教育理念的传播,带动了基础教育的整体变革,为全面推进素质教育发挥了重要作用,取得了明显成效。更新了课程理念,确立了三维目标,调整了课程结构,增加了课程选择性,全面更新了教学内容,自主、合作、探究的学习方式得到倡导,民主平等的新型师生关系逐步建立。最令人振奋的变化发生在课程实施的过程当中,发生在课堂上。学生学习过程中的主体地位逐步确立,被动接受的状况得到改变,学习的积极性、主动性、好奇心、求知欲得到激发,多方面的兴趣爱好得到尊重,创新精神、创造性思维和情感态度价值观的培养得到加强,积极参与、生动活泼、主动发展的局面正在形成。

二、通过多元途径进行马克思主义理论教育

除了主干课程教育,马克思主义理论教育还包括学科教学与理论教育有机融合课程系列以及综合社会实践、主题班会、班集体活动等专题课程体系。

课程育人是现代德育的新理念,学科教学与马克思主义理论的有效融合是课程育人的聚焦点,是现代教育观、教学观、课程观的交会点。早在"课程思政"的理念提出之前,广东省就创造性地提出"聚焦课堂—有效提高学生思想道德素质"的课程育人口号,一再强调和要求广大教师必须树立课程育人的先进理念,探索学科教学在目标、内容、途径等与德育目标、内容、途径等的有效融合,破解德育与学科课堂教学"两张皮"现象,真正实现教书育人。为此,广东将以往"学科与马克思主义理论教育的有机结合""马克思主义理论教育渗透到各学科教学"的提法,提炼升华为"学科教学与马克思主义理论教育有效融合",在推进学科育人上花大力气、下实功夫。一方面,在推进课程改革中,发挥马克思主义理论教育在激发学生学习动力,提高学生学习能力,提升学生理性思维水平的作用;另一方面,在学科课堂教学过程中,通过有效融合的教学策略和教学技巧,实现学科教学和马克思理论教育的双重目标,充分发挥课堂育人的主渠道作用。与此同时,通过举办"德育与学科融合"优秀教学成果评选活动,探索建立学科教学与德育有效融合的科学评价指标体系,推动形成课堂育人效果

与质量的重要检测和保障机制。指标体系体现学科课程教学知识、技能、过程教学三维目标和情感、态度、价值观培养目标有机融合，遵循学科课程教学知识建构与德育的品德知情行要素的协同内化规律，能够反映出整合性、实效性、艺术性的内涵要求。课堂育人的水平和质量取决于教师的教学专业能力素质和育人意识。为此，广东大力推广"德育与学科融合"评选活动优秀成果，组织开展学科课堂与德育有效融合点的选择，主次关系的取舍，融合策略的确定，融合度的把握，融合的科学性、合理性、艺术性和有效性等教学研究，切实加强教师教书育人的专业素质培养。

要实现理论育人的理想目标，必须探讨在充分发掘现有课程资源中的理论因素及其潜在功能的基础上，如何建立起具有全方位理论教育意义并具有校本特色的多元课程体系。对此广东做了一些有益的探索和实践，初步构建起由理论教育核心课程系统、文化课程系统和社会课程系统构成的理论教育核心课程体系。例如，广州市第十六中学以家长人生感悟为素材开展人生规划教育、理论教育。文化课程系统主要包括可视化的理论教育标识、校园文化、社团活动等。理论教育网络媒介课程系统，将抽象的政治理论转变为鲜活的现实生活，如国家政治制度、党的方针政策，采用图片、Flash、微视频等可视化途径，利用网络媒介的交互与开放等特点进行理论讲解，不仅增强了主流意识形态和社会主义核心价值观传播的有效性，还将枯燥的理论讲解转变为学生感兴趣的直观视觉享受。不同的课程体系加以整合，将产生"和加效应"，有效地促进班级和谐、校园和谐、师生和谐、家校和谐，促进提升学生的思想水平和理论素养。

三、整合资源建设广东特色校本理论教育课程

校本理论课程建设是理论课程体系建设的重要组成部分，是促进学生理论素养和思想进步的最直接、最生动、最有针对性的教育内容，是展示学校办学宗旨和特色的重要载体。广东具有独特的民间艺术、人文景观、历史名人、文化名城等，蕴含着丰富的课程资源和重要的开发价值。尤其是作为中国近代革命的策源地，以及社会主义现代化进程中改革开放的前沿地位，广东地域文化蕴含着丰富的理论教育资源和内涵。为贯彻教育部

《基础教育课程改革纲要（试行）》和《义务教育课程设置实验方案》，按照省教育厅制定的新课程实验方案，2001年启动了国家级实验区深圳市南山区的课程改革实验，2002年启动首批30个省级实验区的课程改革实验，2004年全省小学、初中、高中起始年级全面进入新课程实验。按新课程方案，实行国家、地方、学校三级课程管理。地方课程是三级课程管理体系中的一级，它有自己独特的丰富内涵。地方课程是由地方教育行政部门决定的、突出地方特色、反映地方文化、满足当地发展需要的课程，具有区域性、本土性的特点。地方课程应为地方经济、社会发展服务，要突出针对性、地域性、开放性、实用性，满足地方或社区发展的实际需要，通过加强学校、学生与社会现实及社区发展的联系，注重校内教育与生活实践的有机结合，让学生走出课堂、走出学校，进而走进自然、走进社会，在生活中学习，在实践中求知，在社会中成长。

广东省组织有关专家依据《全民国防教育大纲》《中小学法制教育指导纲要》《中小学生预防艾滋病专题教育大纲》《中小学生毒品预防专题教育大纲》《中小学心理健康教育指导纲要》《中小学公共安全教育指导纲要》《中小学环境教育实施指南（试行）》等法规和文件，编写了一系列富有广东特色的专题教育地方教材。如《廉洁修身》《公共安全教育》《初中生人生规划指引》《法制教育》《心理健康教育》《预防艾滋病教育》《毒品预防教育》《环境教育》等。特别是《廉洁修身》《初中生人生规划指引》这两种教材，在全国实属首创。2006年，小学版、初中版、高中版的《廉洁修身》均已经进学校、进课堂、进学生头脑；2008年，教育部办公厅颁发《中小学廉洁教育指导纲要》。

新一轮基础教育课程改革开始以来，广东省将10.4%～10.7%的课时给予了地方课程和校本课程的开发与实施。我省中小学积极践行新课程理念下的课程观，把校本德育课程建设放在本地区、本学校文化和学生多样化发展的背景下开发和研究，使校本德育课程成为国家德育政策与地方德育实际相结合、国家德育课程与区域德育资源相整合、学校德育工作与学科课程相融合的立体化的大德育工作格局，满足学生个性发展的需求，有力推进了学生思想道德品质和理论素质的健康、和谐、全面发展。目前，广东省省级以上校本德育课程的研究课题约占全省中小学德育课题的34%，中小学校本德育课程的开发率接近90%，初步形成研究、开发、运用的系统格局。

四、打造一体化马克思主义理论教育体系

从大、中、小学生的思想状况出发，打造循序渐进、螺旋上升的马克思主义理论教育体系。小学生处于从具体形象思维向抽象思维发展的阶段，对马克思主义理论的理解具有明显的形象性、生动性，更多是从实践活动中逐渐形成理论意识。例如，参加香港回归的纪念展览、弘扬时代精神的文艺会演等形式。中学生在思想上有进步向上和积极探索的要求。思想单纯，愿意接受学校、家庭教育，但政治上幼稚，易受社会风尚的影响。大学生处于生理发展的高峰期，心理变化急剧，各种思想意识和人生基本观念初步形成和确立，面向社会选择成才道路，追求丰富多彩的生活方式。在马克思主义理论课的课程设置上，中小学阶段主要开展"思想品德"等课程，学校也按照《小学德育纲要》和《中学德育大纲》，以每周3个课时的课程设置完成授课计划。低年级理论课程主要从实际生活上帮助同学们进一步在社会化的过程中树立正确的世界观、人生观和价值观，同时学习生活中一些基本法律常识，了解国家的精神宗旨、民族精神和时代精神，以及基本政策和核心价值观念等。高中的理论课程相比较而言有一定的理论深度，主要在掌握辩证唯物主义和历史唯物主义相关基本原理上，帮助同学们分析生活实践中的所见所闻。例如，广州市推行的德育标准要求在中学二年级时进行初步的社会发展规律教育，三年级进行中国社会主义建设常识教育；高中一年级要求进行初步的科学人生观和世界观教育，二年级进行经济常识教育、经济活动与社会公德关系的教育，三年级进行政治常识教育、政治与经济、政治与道德关系的教育。以上设置在教学标准中较好实现了大、中、小学马克思主义理论教育的一体化衔接。如广州市第十六中学配套的系列活动将相关的活动加以整合，帮助学生了解社会。活动以家长主讲为主体，配以相关活动，提高主题教育活动的效果。以党的十七大宣讲为例，为了使每一位学生都能较好地了解党的十七大会议精神，

帮助学生了解社会，清楚国家的发展方向，广州市第十六中学在不同年龄层次，有针对性地采取形式各异的宣讲方式来进行宣传。有面向全校的以"立足新起点创造新业绩"十七大精神学习为主题的硬笔书法、毛笔书法比赛；面向低年级的与越秀区关工委等合办的"欢歌齐颂十七大，老少同乐促和谐"的文艺会演，以浅显易懂的方式向少先队员们传达党的方针和路线；面向高年级的"我看十七大"团队主题活动，学生团员在班宣讲。

五、发展马克思主义理论教育方式方法

理论教育法，就是有目的、有计划地向受教育者进行中国化马克思主义基本理论教育，帮助受教育者树立科学的世界观、人生观、价值观的教育方法，是中国化马克思主义教育本质和主导教育内容的最常用、最基本的教育方法。代表先进方向的正确思想，一旦被群众掌握，就会变成改造社会、改造世界的物质力量。传统的模式的理论教育法，一般是以教育者为中心，强调教育者的权威性、主体性和主动性，教育对象则处于被动、消极的客体地位。这种理论教育模式是一种单向式的教育灌输与传递。在过去，人们的思想比较单一顺从，获取知识的主要来源就是这种自上而下的纵向理论灌输，所取得的教育成效也十分明显。但是，在现代开放社会，人的主体性、独立性、自主性提升，横向信息沟通传递普及，纵向简单的理论教育模式已经落后于现代社会发展的实际。唯其发展，才能重焕生命力。理论教育法发展的核心在于改变过去教育者与教育对象在理论教育过程中所处的不平等地位。理论教育法的发展目标是建立教育者与教育对象平等的双向互动、沟通、交往关系，在这种民主、平等关系的基础上，既充分发挥教育者在理论灌输过程中的主导地位，又充分发挥教育对象的主体性、主动性、积极性，变被动接受为主动学习，从而使理论教育能够内化为人的思想、意识，能够满足人对思想、理论的真正教育。为了实现这一目标，理论教育必须采取灵活多样的方式。首先，广东高校一是增加理论教育过程中的主题讨论教育法，即在充分民主、平等的基础上，教育者与教育对象就某一主题所涉及的现实问题、理论观点畅所欲言，并在充分讨论的基础上由教育者对所涉及的理论知识加以总结、提升的教育方法。

二是理论研讨教育法，即先由个人围绕一定的专题进行理论学习，并结合实际开展研究，形成研究成果，然后集中起来，举行理论研讨会，交流研究成果的教育方法。三是分组辩论教育法，即对于某些富有争议性的论题，按照不同的理论主张，分成辩论小组进行辩论，在争论中明辨是非的教育方法。其余还有抽象的理论与生动的影视资料相结合的教育法等。这些具体灵活的教育方式方法有一个共同的特点，就是都充分尊重教育对象在教育过程中的主体地位，强调教育者与教育对象平等互动交往，在对话、交流、沟通之中有针对性地对其进行教育引导。其次，采取灵活多样的形式，调动人们自觉、自主进行理论学习、自我灌输的积极性。中国化马克思主义教育内容丰富，与实际联系紧密。可以采取多种形式，调动人们阅读马克思主义经典著作的兴趣，注重自觉的理论学习，自我灌输、自我提高。例如组织知识竞赛、学习演讲、开展专题辩论、读书活动等，这对理论学习教育具有很大的推动作用。最后，充分利用网络、报纸等大众传播媒介，积极开展宣传教育。宣传教育是运用大众传播媒介向学生灌输正确理论和先进思想的方法。随着科学技术的进步和传播工具的发展，尤其是网络的普及发展，由大众媒介构成的环境对学生的思想观念具有广泛深刻的影响。因此利用大众传播工具，主要是网络、电视等开班专题结局，宣传科学正确的理论和思想，引导学生学习和思考，具有良好的效果。

第四章
社会主义价值观教育的历史与经验

　　文化的核心是价值观,社会主义先进文化的核心内容则是社会主义价值观。社会主义价值观是对人们基于社会主义的基本立场、价值取向和行为态度的总和,它包括了人们对社会主义的信念、信仰和理想系统。社会主义价值观教育的成效如何,直接关系到学生对于社会主义的认同和接受,更关系到国家和社会的长治久安。改革开放以来,国际国内的形势发生深刻变化,社会主义价值观教育既面临着新的机遇,也面临着严峻的挑战。广东地处改革开放的前沿阵地,不同价值观念的冲突首先在此汇集,改革开放新时期人们的价值观困惑也将广东的社会主义价值观教育推向风口浪尖。而作为改革开放的前沿阵地,广东学校的社会主义价值观教育和文化建设在很多方面也是先试先行。为适应改革开放深入发展的时代需要和国家社会发展的战略需要,广东学校社会主义价值观教育的方式方法做出了相应的调整和变化,在应对社会挑战和抓住时代机遇的过程中,广东学校社会主义价值观教育逐渐探索出了具有广东特色的实践经验,对于推动中国特色社会主义价值观教育的发展创新具有重要的借鉴和启示。

第一节 社会主义价值观教育的发展历程

价值观是"人类特有的一种精神状态,它是人们关于基本价值的信念、信仰、理想的系统"①。不同历史时期的人们具有不同的价值观念,这就决定了不同时期的价值观教育也具有不同的内容和要求。回顾改革开放42年的发展历程,人们的价值追求和学校的社会主义价值观教育一直处于动态的博弈之中。广东作为改革开放的前沿阵地,最先面临着不同价值观念的交流和冲突问题,广东学校的学生群体在价值追求上也最先呈现出与内陆学生不同的自身特点,这就决定了广东学校的社会主义价值观教育也具有自身特点,并随着改革开放的深入而不断地被赋予新的内涵和意义。

一、改革开放初期社会主义价值观教育的初步发展

1978年党的十一届三中全会的召开,将"文革"后混乱的社会局势拉回到正常的秩序之中,结束了党的工作在"徘徊中前进"的局面,将党和国家的工作重心转移到社会主义现代化建设上来,以经济建设为中心,重新确立了解放思想、实事求是的思想路线,成为中国共产党历史上的重要转折点。自此,中国迎来了改革开放的新时期,广东也成为改革开放政策最先试点的地区之一。随着改革开放政策的实行,社会的经济结构由过去的计划经济体制向市场经济体制转变,人们的经济观念和价值观念开始发生显著变化,而精神枷锁的松动和思想的解放,也推动着人们开始反思和追问自身的人生价值。1980年5月,一封署名为"潘晓"的读者来信《人生的路呵,怎么越走越窄》刊登在《中国青年》杂志,道出了当时广大青年面临的价值困惑,并由此引发了广大青年对人生价值的反思和讨论。"潘晓之问"反映着当时青年群体自我意识的觉醒,让当时的青年群体开始反思"集体"与"个人"、"社会价值"与"自我价值"的关系,并开始从绝对推崇集体主义价值观念转而关注自身的人生意义,追求自身人生价值的

---

① 李德顺. 当代中国人文大系价值论:一种主体性的研究 [M]. 3版. 北京:中国人民大学出版社,2013:137.

实现。这场人生价值的讨论，映射着当时中国青年群体价值观念和人生态度的变化，成为中国青年群体价值观发展的重要转折点。

对于广东而言，作为最先实行改革开放的地区之一，也作为最先受到西方文化和价值观念的冲击的地区之一，广东青年群体面临的文化和价值观念冲突最为深刻，这种价值观念的冲突以"蛇口风波"事件最具代表性，这对广东社会主义价值观的传播和教育提出了挑战。1988年1月13日，一场"青年教育专家与蛇口青年座谈会"在蛇口招商大厦九层的会议室举行，与会专家均为中国青年思想教育研究中心的报告员，会上，蛇口青年与专家围绕人生价值观念的问题展开了激烈的论战。有专家提到，"个别人来深圳的目的，就是为了在别人创造的财富中捞一把，这极少数人就是'淘金者'"①。有蛇口青年当即就表明，他们来蛇口的直接目的就是赚钱，这并不触犯法律，也无所谓过错，同时还为蛇口的建设做出了贡献。有青年还尖锐地说道："三位老师的思想在蛇口是没有市场的。"② 在谈到青年人如何热爱祖国时，有人提到"应当实事求是，而不应当是虚的、假的、空的。我们讲实际，我们自己劳动了，劳动成果自己享受，大可不必想着我现在是为了国家"③。还有青年说道："我们就是为了赚钱，什么理想、信念、为祖国做贡献，没有那回事，报纸上的宣传有几句真话？"④ 然而就是这场看似极为平常的座谈会，引发人们开始思考新形势下什么样的人生观和价值观才是正确的。随后经媒体传播，这场座谈会在全国范围内掀起了一场关于改革开放新时期青年思想工作的大讨论，讨论的内容甚至触及意识形态的层面，连与会双方和组织者都没料到会在全国范围内引起如此巨大的反响。与此同时，随着改革开放的发展，很多人开始看到国内外经济发展的巨大差距，并开始对社会主义的理想信念产生怀疑和动摇。西方文化和价值观的渗入，引发了各种社会思潮的出现，这也进一步刺激了人们的反思和比较。西方的价值观念对当时青年学生群体的价值观产生极大影响，而对于身处改革开放前沿阵地的广东学生来说，这种影响尤为明显，不同价值观的冲突、价值观选择的困惑聚焦于此，"蛇口风波"正是鲜明例证。在这些

---

①②③④　李海平. 蛇口风波的前前后后 [J]. 党政论坛，1989（11）：44–46.

因素的影响下，整个20世纪80年代，青年学生群体的价值观呈现出"日益崇尚自我的人生价值网络"①，而集体主义价值观念在青年学生群体心中的地位开始降低，广东学生群体的价值观尤为明显。

面对改革开放初期青年学生价值观的变化和特点，思想政治工作者们也对过去传统的思想政治教育观念和方法进行反思，并对社会主义价值观教育提出改进的建议和措施，国家和地方也出台了相应的政策文件以推动社会主义价值观教育的发展。1980年，教育部和共青团中央联合印发了《关于加强高等学校学生思想政治工作的意见》，针对学生可能出现的思想问题和学校思想政治工作的不足提出要求，强调要结合学生的思想特点，有计划地进行政治理论教育、集体主义教育。其中还强调，教育方法要讲究民主和实效，服之以理，因人而异，一把钥匙开一把锁，这也是改革开放初期社会主义价值观教育的基本内容和方法。学校的思想政治理论课堂一直都是社会主义价值观教育的主渠道，而改革开放初期思想政治理论课的主要内容在于强调爱国主义教育和坚持四项基本原则。1982年，教育部下发《关于在高等学校逐步开设共产主义思想品德课的通知》，提出："为了培养学生成为有革命理想、讲革命道德、守革命纪律、有文化的又红又专的人才，有必要把共产主义思想品德课作为一门必修课，纳入教学计划。"② 1984年，中宣部和教育部印发《关于加强和改进高等院校马列主义理论教育的若干规定》，强调："马列主义理论课和日常的思想政治工作是相辅相成的、缺一不可的有机整体。"③ 1985年，中共中央发布《关于改革学校思想品德和政治理论课程教学的通知》，对大中小学的思想品德课和思想政治理论课内容都分别进行了相应的规定，此时的思想政治理论课程改革开始注重教育内容的思想性和引导性。而同年发布的《中共中央关于教育体制改革的决定》指明了教育改革创新的方向，也对当时的教育现状进

---

① 谢作陶. 当代大学生的价值观及其引导 [J]. 同济大学学报（社会科学版），1990（1）：13-18，23.

② 中共中央文献研究室. 十二大以来重要文献选编：中 [M]. 北京：中央文献出版社，2011：196.

③ 全国普通高校"两课"教育教学调研工作领导小组. 普通高校思想政治教育课程文献选编（1949—2003）[M]. 北京：中国人民大学出版社，2003：94-95.

行了评价:"培养学生独立生活和思考的能力很不够,发扬立志为祖国富强而献身的精神很不够,生动活泼地用马克思主义思想教育学生很不够。"①这也是当时社会主义人生观和价值观教育中存在的问题与不足。

随着改革开放的发展,西方的政治、文化和价值观开始渗透到中国,而西方敌对势力也从未停止对我国的"和平演变",企图通过"西化""分化"的方式否定马克思主义的指导地位、否定社会主义制度和社会主义道路,这对我国的社会主义价值观教育提出严峻挑战。1986年后,随着西方哲学思潮在国内高校的流行和多次"学潮"的出现,加上西方资产阶级自由化的影响,最终酿成1989年春夏之交的政治风波。这对当时青年学生的价值观产生严重影响,他们的价值观念在经济改革浪潮和资产阶级自由化的影响下变得模糊和浮躁,追求物质利益和金钱至上的价值取向开始在校园横行,他们的价值观面临着被解构和重构的双重风险,而学校的社会主义价值观教育也一度陷入困境。在这样的背景下,教育部和中共中央相继出台《关于加强高等学校思想政治工作的决定》和《关于改进和加强高等学校思想政治工作的决定》,对这些现象进行有针对性的规制和引导,强调"研究新时期的新情况","深入开展马克思主义世界观、价值观、人生观教育,开展理想信念教育"。

到20世纪90年代,面对经济体制改革和西方社会思潮涌入,为了有效遏制西方资产阶级自由化的倾向,引导青年学生树立正确的价值观,我国相继出台政策文件强调社会主义价值观教育,爱国主义和集体主义教育也由此得到强化。1989年春夏之交的政治风波后,中国的改革面临着向何处去的问题。在关键时刻,1992年邓小平的"南方谈话"提出"三个有利于"标准,打破了长期困扰人们的思想禁锢,为中国的改革开放注入了一剂强心剂,也意味着中国社会的主导价值取向发生重要变化。同年10月,党的十四大报告强调:"在全国各族人民特别是青少年中,进一步加强党的基本路线教育,爱国主义、集体主义和社会主义思想教育,树立正确的理

---

① 中共中央文献研究室. 十二大以来重要文献选编:中[M]. 北京:中央文献出版社,2011:189.

想、信念和价值观。"① 1994年国务院印发《爱国主义教育实施纲要》和《中共中央关于进一步加强和改进学校德育工作的若干意见》，将集体主义作为价值观教育的核心，将爱国主义作为引导大学生树立正确的世界观、人生观和价值观的共同基础，这就明确了此时思想政治理论课的根本目标。由此，对学生进行"三观"教育也开始提上日程。1995年，国家教委印发《中国普通高等学校德育大纲（试行）》，进一步将"以社会主义集体主义为核心的人生观和价值观"确立为高等学校的德育目标，并强调通过课程教学、日常教育、社会实践等途径予以落实。与此同时，高校课程改革也是当时社会主义价值观教育的重要方式。1995年，《关于高校马克思主义理论课和思想品德课教学改革的若干意见》出台，将邓小平建设有中国特色的社会主义理论编入教材，提出了"两课"改革的目标和要求。随后，为了进一步推进邓小平理论的"三进"工作，1998年中宣部联合教育部印发《关于普通高等学校"两课"课程设置的规定及其实施工作的意见》，高校也开始增设"邓小平理论概论"课，引导学生对邓小平理论进行学习。"95方案"和"98方案"的出台，奠定了高校思想政治理论课建设和改革的重要基础，巩固了思想政治理论课的主阵地，对于加强爱国主义和集体主义教育，引导学生树立正确的世界观、人生观和价值观具有重要意义。

综上来看，从1978年改革开放的实行到进入21世纪前，我国的社会主义价值观教育多以集体主义教育和爱国主义教育为主，而广东作为改革开放的前沿阵地，面对西方价值观的冲突和学生价值观多元裂变的态势，其学校的社会主义价值观同样是以集体主义教育和爱国主义教育为主，这是由当时的社会环境和学生群体的价值观变化特点所决定的。

二、新世纪以来社会主义价值观教育的与时俱进

进入21世纪，随着改革开放的发展，中国开始步入全球化时代并与世界接轨，而全球化时代的到来和互联网社会的崛起，使我国的社会主义价值观教育又面临着新的机遇和挑战。在这样的现实背景下，中国共产党高

---

① 中共中央文献研究室. 十二大以来重要文献选编：上 [M]. 北京：中央文献出版社，2011：32.

度重视社会主义意识形态的发展,将社会主义价值观教育提升到国家文化建设的战略层面,立足中国特色社会主义的道路,结合中华民族自身的文化传统,对各种价值观念进行有效整合,相继提出社会主义先进文化、科学发展观、社会主义核心价值体系等一系列中国特色社会主义的理论,社会主义价值观教育也在新时期不断地被赋予新的时代内涵。

面对新世纪的社会变化,人们的思想道德和价值取向日益呈现出层次性和多样化的特点,而如何才能提高人们的社会共识和文化认同,最终形成正确的价值导向,成为中国共产党在稳定社会发展中首先要解决的问题。2000年,江泽民在广东考察调研时对新时期如何加强党的建设工作提出了"三个代表"的重要思想:"我们党作为工人阶级先锋队,在革命、建设、改革的各个历史时期,总能代表着中国先进生产力的发展要求,代表着中国先进文化的前进方向,代表着中国最广大人民的根本利益。"① 2001年,中共中央颁布《公民道德建设实施纲要》,指出社会主义道德建设是发展先进文化的重要内容,要不断拓展和深化公民道德教育,构建与社会主义市场经济相适应的道德体系。2002年,党的十六大报告中强调:"发展先进文化,就是要发展面向现代化、面向世界、面向未来的,民族的科学的大众的社会主义先进文化,以不断丰富人们的精神世界,增强人们的精神力量。"② 2003年10月,党的十六届三中全会提出:"坚持以人为本,树立全面、协调、可持续的发展观,促进经济社会和人的全面发展。"③ 这是新世纪之初马克思主义中国化的理论成果,表明中国共产党对社会主义建设规律和人类社会发展规律的认识达到了新的高度和水平。科学发展观的提出与当时大学生价值观的形成发展和自身的成长成才密切相关。随着科学发展观的提出,高校思想政治教育开始关注学生的主体性,突出强调"以人为本"的教育理念,研究和探索以科学发展观为核心价值理念的社会主义

---

① 江泽民. 江泽民文选:第二卷[M]. 北京:人民出版社,2006:324.
② 中共中央文献研究室. 十六大以来重要文献选编:上[M]. 北京:中央文献出版社,2005:30.
③ 中共中央文献研究室. 十六大以来重要文献选编:上[M]. 北京:中央文献出版社,2005:465.

价值观教育。随后，中共中央、国务院于2004年颁布了《关于进一步加强和改进大学生思想政治教育的意见》（中发〔2004〕16号），这成为大学生思想政治教育历史上具有里程碑意义的重要文件，也对社会主义价值观教育的发展具有重要的指导意义。这一文件充分表明了中国共产党对新时期大学生思想政治教育的高度重视和对大学生健康成长的殷切期望，表明党和政府深刻认识到进入新世纪的思想政治教育面临的严峻形势和社会主义价值观教育的不足。正因如此，这一文件也明确了社会主义价值观教育的努力方向在于理想信念教育，要以理想信念教育为核心，用马克思主义武装学生头脑，引导学生认识社会发展规律和党的执政规律，坚定社会主义的理想信念。"以理想信念教育为核心，深入进行树立正确的世界观、人生观和价值观教育。"① 此外，这一文件也凸显了对校园文化和网络阵地建设的重视，认识到文化对大学生价值观形成发展的重要影响，也强调主动占领网络新阵地，利用网络传播加强社会主义价值观教育。在中发〔2004〕16号文件之后，国家又相继出台了《关于进一步加强和改进高等学校思想政治理论课的意见》《关于加强和改进高等学校校园文化建设的意见》等多个配套文件，从多方面推动和巩固高校思想政治工作，也使社会主义价值观教育得到进一步发展。

随着改革开放的深入推进，社会经济的发展需要和社会思潮对我国社会主义意识形态的冲击，在客观上要求中国共产党对价值观进行重构，正是在这样的背景下，社会主义核心价值体系的重要命题呼之欲出。2006年，十六届六中全会通过了《中共中央关于构建社会主义和谐社会若干重大问题的决定》，并明确提出了社会主义核心价值体系的重要命题和战略任务。"要坚持以社会主义核心价值体系引领社会思潮，建设社会主义核心价值体系，形成全民族奋发向上的精神力量和团结和睦的精神纽带。"② 可以说，社会主义核心价值体系是以胡锦涛同志为总书记的党中央对我国社会主义

---

① 中共中央文献研究室. 十六大以来重要文献选编：中［M］. 北京：中央文献出版社，2006：180.

② 中共中央文献研究室. 十六大以来重要文献选编：下［M］. 北京：中央文献出版社，2011：661.

价值观的继承和发展,也是对新世纪社会主义价值观的全方位表述,其丰富内涵表明社会主义价值观教育在新世纪的与时俱进。马克思主义的指导思想是社会主义价值观的重要基础,中国特色社会主义共同理想是中国特色社会主义价值观不断发展的动力源泉,民族精神和时代精神是对社会主义价值观的重新诠释和升华,社会主义荣辱观也是对社会主义价值观的重要补充。社会主义核心价值体系包含着我国社会倡导的科学思想、理想信念、精神风貌和道德品质,系统全面地阐释了社会主义的价值共识和价值导向,也表明社会主义价值观教育要培养的是具有社会主义意识形态的建设者。后来的十七大报告中进一步明确了社会主义核心价值体系的内涵,"社会主义核心价值体系是社会主义意识形态的本质体现"①。此后,我国学校的社会主义价值观教育就有了明确的"主心骨",在各级各类学校开展社会主义核心价值体系的教育也就成为新世纪我国学校社会主义价值观教育的重要内容。

总之,面对新世纪的社会变化和学生思想观念的多元开放特点,我国社会主义价值观教育在继承过去爱国主义教育和集体主义教育的基础上,不断与时俱进,突出强调了理想信念教育的核心地位,实现了自身内容的丰富和发展,这是由当时的社会环境和时代背景所决定的。

三、新时代以来社会主义价值观教育的守正创新

在新时代背景下,党的十八大、十九大都对当前的世情、国情、党情以及我国社会主义价值观教育的发展要求具有新的认识。面对新时代的发展要求,我国的社会主义价值观教育围绕中国梦的核心目标,以社会主义核心价值观为根本内容,凝聚广大学生的价值共识,引导学生的价值观走向,推动社会主义先进文化的进一步发展。2012年党的十八大的召开,标志着中国特色社会主义进入了新时代,也意味着中国社会主义价值观教育的发展进入全新的阶段。党的十八大在吸收借鉴古今中外优秀文化资源的基础上,把握核心价值观的社会主义属性,以社会主义核心价值体系为逻

---

① 中共中央文献研究室.十七大以来重要文献选编:上[M].北京:中央文献出版社,2009:26.

辑起点，提出了"三个倡导"，即"倡导富强、民主、文明、和谐，倡导自由、平等、公正、法治，倡导爱国、敬业、诚信、友善，积极培育和践行社会主义核心价值观"①。这既是对社会主义核心价值体系的继承发展，也为我国在新时代进一步凝聚社会主义的价值共识指明了方向。我国的社会主义价值观教育在新时代背景下不断守正创新。

2012年11月28日，习近平总书记带领新一届领导班子在参观"复兴之路"展览时，深刻阐述了中国梦的内涵，指出实现中华民族的伟大复兴就是近代以来中华民族最伟大的梦想。2013年，教育部发布了在各级各类学校深入开展"我的中国梦"主题教育活动的通知，要求通过征文大赛、主题宣讲、校园文化建设、社会实践等活动，对广大学生群体进行爱国主义、集体主义、社会主义的教育，引导广大学生深刻领会中华民族伟大复兴是近代以来中华民族最伟大的梦想，个人的前途命运与国家和民族的前途命运紧密相连。中国梦的实现离不开社会主义的价值指引，更离不开每个人坚定的理想信念，正因如此，中国梦主题教育活动与社会主义价值观教育紧密相关，更是其中的题中之义。广东各级各类学校结合中国梦主题活动开展了形式多样的社会实践和校园文化活动，将中国梦与学生成长成才结合起来，将中国梦主题教育与学生价值观塑造结合起来，正是在这一过程中，广东学校的社会主义价值观教育走向更贴近学生生活、贴近学生实际的教育形式。

与此同时，作为中国社会主义主流意识形态的具体表述，社会主义核心价值观不仅引领着精神文明的建设，更推动着我国社会主义先进文化的进一步发展。自社会主义核心价值观提出之后，党中央相继出台一系列政策文件，通过各种方式在广大学生群体中宣传和解读社会主义核心价值观的丰富内涵，明确培育和践行社会主义核心价值观的重要意义，各级各类学校的社会主义核心价值观教育也呈现出全新面貌。2013年8月19日，习近平总书记在全国宣传思想工作会议上的讲话指出："要加强社会主义核心价值体系建设，积极培育和践行社会主义核心价值观，全面提高公民道德

---

① 胡锦涛. 坚定不移沿着中国特色社会主义道路前进 为全面建成小康社会而奋斗［N］. 人民日报，2012-11-18（1）.

素质，培育知荣辱、讲正气、作奉献、促和谐的良好风尚。"① 同年12月，中共中央办公厅印发《关于培育和践行社会主义核心价值观的意见》，指出要将培育和践行社会主义核心价值观融入国民教育全过程之中。"要从小抓起，从学校抓起，把社会主义核心价值观纳入国民教育总体规划，贯穿于基础教育、高等教育、职业技术教育、成人教育各领域，落实到教育教学和管理服务各环节，覆盖到所有学校和受教育者，形成课堂教学、社会实践、校园文化多位一体的育人平台……构建大中小学有效衔接的德育课程体系和教材体系，创新中小学德育课和高校思想政治理论课教育教学，推动社会主义核心价值观进教材、进课堂、进学生头脑。"② 这一文件也成为深化和践行社会主义核心价值观的宏伟蓝图。随后为了进一步落实《关于培育和践行社会主义核心价值观的意见》精神，中共教育部党组和共青团中央于2014年出台了《关于在各级各类学校推动培育和践行社会主义核心价值观长效机制建设的意见》，强调建设培育和践行社会主义核心价值观长效机制对于青少年价值观养成的重要意义，并从教育教学、社会实践、文化育人、制度建设和组织领导等方面进行推进。这一文件对在各级各类学校建立培育和践行社会主义核心价值观长效机制做了全面部署，也是指引社会主义核心价值观落实到各级各类学校教育全过程的纲领性文件。

各级各类学校中的广大学生群体主要为青年，青年的价值取向决定了未来社会的价值取向，对于处于价值观形成关键时期的青年来说，坚持价值观的养成教育尤为重要。2014年5月4日，习近平在北京大学师生座谈会上谈到，青年要自觉践行社会主义核心价值观，"人生的扣子从一开始就要扣好，青年要从现在做起，从自己做起，使社会主义核心价值观成为自己的基本遵循"③。大学生作为当代青年的主要群体，是践行社会主义核心价值观的主力军，也是传播社会主义先进文化的中坚力量。2016年12月，习近平在全国高校思想政治工作会议中强调："要坚持不懈培育和弘扬社会

---

① 习近平. 习近平谈治国理政：第一卷 [M]. 2版. 北京：外文出版社，2018：154.
② 中共中央文献研究室. 十八大以来重要文献选编：上 [M]. 北京：中央文献出版社，2014：577.
③ 习近平. 习近平谈治国理政：第一卷 [M]. 2版. 北京：外文出版社，2018：172.

主义核心价值观，引导广大师生做社会主义核心价值观的坚定信仰者、积极传播者、模范践行者。"① 这说明高校是培育和践行社会主义核心价值观的主阵地，而广大师生群体也肩负着培育和践行社会主义核心价值观的重任。2017年党的十九大报告中再次强调了培育和践行社会主义核心价值观的重要性，"要以培养担当民族复兴大任的时代新人为着眼点，强化教育引导、实践养成、制度保障，发挥社会主义核心价值观对国民教育的引领作用"②。这些都反映出党中央对社会主义核心价值观的认识在不断深化，而对学校社会主义核心价值观的教育传播也在不断拓展，在这种政策推动和制度保障下，我国学校社会主义价值观教育逐渐生活化和日常化，而社会主义先进文化的发展也由此呈现崭新的面貌。

第二节　广东学校社会主义价值观教育的主要方式

改革开放的42年，不仅是我国经济社会快速发展的42年，也是广东学校社会主义价值观教育发展的42年。广东的改革开放先试先行，率先实现从计划经济向市场经济的转变，伴随着西方文化的涌入，处于改革开放前沿阵地的广东学生面临着多元文化和价值观的冲突。改革开放的浪潮也推动了广东学校社会主义价值观教育的不断改革和发展。改革开放42年的发展之路，广东学校社会主义核心价值观教育在结合广东自身地理位置和学生价值观特点的基础上，形成了具有自身特色的方式方法。

一、推动社会主义价值观融入国民教育全过程

面对处于价值观形成时期的广大学生群体，在学校教育中及时回应广大学生面临的价值困惑和价值观变化成为广东学校社会主义价值观教育的首要任务。在改革开放的过程中，广东学校积极推动社会主义价值观融入国民教育全过程，相继将集体主义、爱国主义、社会主义核心价值体系、

---

① 习近平. 习近平谈治国理政：第二卷［M］. 北京：外文出版社，2017：377.
② 习近平. 决胜全面建成小康社会　夺取新时代中国特色社会主义伟大胜利［M］. 北京：人民出版社，2017：42.

社会主义核心价值观贯穿于基础教育、高等教育、职业技术教育、成人教育的领域，覆盖所有学校和受教育者，形成了学校课堂教学、校园文化建设、社会实践活动等多位一体的育人格局。

第一，将社会主义价值观融入各级各类学校课堂教学。广东各级各类学校坚持把立德树人融入课堂教学建设各环节，深化课堂教学改革，优化课程设置，加强教材建设，强化教学管理，推动教学质量、育人质量"双提升"。坚持建好高校思想政治理论课和中小学德育课，增强学生学习思想政治理论课和德育课的获得感。坚持把专业教育、学科教学与德育和思想政治教育相结合，使各类课程与思想政治理论课和德育课同向同行，形成协同效应。首先，建设学习贯彻习近平新时代中国特色社会主义思想和党的十九大精神"千个示范课堂"。组织全省各级各类学校优秀教师，深入学习，精心备课，打造千个学习贯彻习近平新时代中国特色社会主义思想和党的十九大精神的示范课堂，覆盖不同学段、不同课程，示范和带动全省学校扎实推进习近平新时代中国特色社会主义思想和党的十九大精神进教材、进课堂、进头脑工作。其次，建设体现育人导向、彰显德育功能的高校精品教材和中小学地方教材。专门出台鼓励高校教师编写教材的政策措施，大力整合全省高校教师、学科专业优势与资源，实施"广东省高校精品教材建设计划"，集中力量建设一批以马克思主义为指导、体现育人导向、反映广东高等教育水平的精品教材，目前立项建设156项。在全国率先规范中小学地方综合课程设置，建立4个领域、27个专题的课程体系，在此基础上鼓励各地编写体现地方特色、融合德育元素的地方教材，形成教育性、社会性、实践性、开放性的活动型教材体系。最后，首创高校党委书记、校长每学期为学生上第一堂思想政治理论课制度。2015年广东在全国率先建立高校党委书记、校长每学期上第一堂思想政治理论课制度（简称"第一课"），该制度被采纳写入《中共中央、国务院关于加强和改进高校思想政治工作的意见》。2017年起，"第一课"实施范围拓展至高校院（系）党组织书记、院长（系主任）。截至目前，已有2 100多人次的高校党委书记和校长走上讲台，为近200万学生讲授第一堂思想政治理论课，有力推动高校党委落实意识形态工作责任制，示范带动学校上下重视和加强思想政治理论课建设,同时提升了思想政治理论课的认知度和影响力。正是通过这些举措,广东高校和中小学在改革发展的过程中不断将社会主义价值观融入课堂教学,率先尝试课程育人方式,形成自身特色。

第二,将社会主义价值观融入各级各类学校校园文化建设。广东注重以文化人、以文育人,在各级各类学校深入开展中华优秀传统文化、革命文化、社会主义先进文化教育,牢牢掌握高校意识形态工作领导权;践行和弘扬社会主义核心价值观,优化校风学风,繁荣校园文化,培育大学精神,建设优美环境,滋养师生心灵、涵育师生品行、引领社会风尚。广东高校十余年来坚持开展大学生"立志·修身·博学·报国"主题教育活动。大学生"立志·修身·博学·报国"主题教育活动开始于2005年,由时任广东省委书记张德江同志倡导开展,活动主题至今未变,十几年来教育活动从未中断,累计近千万大学生参与其中。近年来,主动适应形势发展和学生需求,把中国梦、社会主义核心价值观等内容和网络新媒体等形式融入其中,主题教育活动常办常新,对大学生的感召力和吸引力持续保持、从未减弱。广东中小学主题教育活动也丰富多彩,近十余年来坚持每年开展中小学主题教育活动,每年根据当年党的宣传思想工作要求,结合学校实际和学生特点,设计鲜明突出的活动主题,以鲜明正确的价值导向引导学生,以积极向上的力量激励学生,培养学生正确的世界观、人生观和价值观。与此同时,广东省教育厅还制定了深化大中小学社会主义核心价值观培育和践行工作的实施意见,在广大师生中开展"扣好人生第一粒扣子"教育活动,成立广东高校社会主义核心价值观传播研究中心,建设学校社会主义核心价值观示范点,切实推动将社会主义核心价值观融入学校办学育人全过程。广东还积极推进中华优秀传统文化、高雅艺术进校园,开展学生艺术展演、百歌颂中华、戏曲进校园、高校艺术设计作品学院奖"双年展"、中国南粤古驿道首届文化创意大赛、大学生声乐器乐舞蹈大赛等丰富多样的校园艺术文化活动。此外,还创建农村学校艺术教育实验县、中小学艺术教育特色学校、中华优秀文化艺术传承学校。

第三,将社会主义价值观融入校外社会实践活动。广东各级各类学校广泛加强社会实践基地的建设,把校外社会实践活动纳入学校教学计划之中，组织广大学生参加力所能及的劳动和形式多样的公益活动、志愿服务、科研创造等实践活动，引导广大学生在实践中感受社会主义价值观的丰富内涵，树立正确的价值观。近年来，广东各级各类学校将社会主义价值观融入社会实践以社会主义核心价值观的培育和践行最为突出，广东各高校结合自身特色将社会主义核心价值观融入不同的社会实践活动，广东中小学也在日常生活实践中将社会主义核心价值观的培育和践行落细落小落实。如暨南大学新闻与传播学院创立的"三位一体，多维互动"的教育模式，将专业实践、社会实践和思政工作三者有机融合起来，以多种形式的专业实践与社会实践为平台，引领学生从小课堂走向大社会，使学生在接触和了解社会的过程中，激发自身的爱国主义情操，增强社会责任感，让学生在实践中感悟社会主义价值观的内涵和真谛，在实践中养成和树立正确的价值观。如广州市东风东路小学将价值观涵化于社会生活深处，落脚在一言一行中，对培育和践行社会主义核心价值观，在"落小"上下功夫；该校开展了一系列扎实有效，丰富多彩，喜闻乐见，践行社会主义核心价值观的德育活动，通过"爱我中华经典诵读""垃圾分类活动""诚信大讲堂"等活动让学生在日常生活实践中养成正确的价值观。

二、开展涵养社会主义价值观的实践活动

广东各级各类学校坚持理论教育与实践养成相结合，围绕实践育人目标，整合各类实践资源，强化项目管理，丰富实践内容，创新实践形式，拓展实践平台，完善支持机制，推动专业课实践教学、社会实践活动、志愿服务、军事训练等载体有机融合，教育引导师生在亲身参与中增强实践能力，树立家国情怀，树立正确的价值观。广东学校广泛开展形式多样革命传统教育，利用"五四""七一""八一""十一"等政治性节日，以及中国革命历史上重大事件和重要人物的纪念日，组织学校和学生举办庄严庄重、内涵丰富的群众性纪念活动，以此加强对革命传统文化的传承，发扬党领导人民在革命、建设和改革中形成的优良传统，弘扬民族精神和精神，进而向广大学生群体传播社会主流价值观。不仅如此，内容丰富的社会主义价值观还深深根植于中华优秀传统文化之中。广东各级各类学校以

春节、元宵节、清明节、端午节、中秋节等中华传统节日为线索，利用广府庙会、乞巧文化节、火龙节、"波罗诞"千年庙会等传统民俗文化载体，在广大学生中组织开展"我们的节日"等主题活动，大力宣传广府文化。近几年来，广东学校坚持以弘扬和培育民族精神活动为重点，在全省大中小学校相继广泛开展了以"弘扬中华美德、争当现代公民""少年传承中华传统美德""传承民族魂　共筑中国梦""我在祖国怀抱中成长"为主题的教育活动，组织学生围绕中华传统文化，结合各学段不同学科的课程内容，阅读中国古典文学、民族文化、历史典故、神话寓言等经典读物，通过课堂学习和晨会、班会、队会、综合实践等活动，开展中华优秀传统文化诵读、主题演讲、征文等活动，充分发挥了中华优秀传统文化涵养社会主义价值观的重要作用，也增强了学生对中华优秀传统文化的理解和认同，让学生在活动中感悟体验、接受文化的熏陶，取得了良好的教育效果。

广东各级各类学校通过开展涵养社会主义价值观的实践活动，在传统社会主流价值的同时，也使学生在丰富的实践活动中逐渐形成正确的价值观，实践育人成效显著。首先，广东在全国率先创办综合型学生实践基地，为全国学生综合实践基地建设提供示范。把青少年宫、儿童活动中心、学生综合实践基地等青少年校外活动场所建设纳入广东省创建教育强市、强县（市、区）和推进教育现代化市、现代化县（市、区）工作。据不完全统计，目前广东省建有青少年宫 102 个、儿童活动中心 58 个、学生综合实践基地 39 个，基本覆盖全省所有市、县（市、区），中小学校外教育场所建设取得重大进展。其次，广东学校还全力打造学生社会实践的品牌项目。坚持每年开展在广东已有 21 年历史的大中专学生志愿者暑期文化科技卫生"三下乡"社会实践活动，每年均有超过 130 所高校积极响应，2012 年以来超过 225 万名大学生参与活动。自 2003 年以来，坚持开展广东大学生志愿服务西部（山区）计划，累计选派 4 133 名志愿者赴广西、西藏、新疆等 14 个中西部省区及广东省 11 个经济欠发达地区贫困县乡镇，开展为期 1~3 年的志愿服务工作。最后，广东还努力推进大学生创新创业教育。按照"面向全体、分类施教、结合专业、注重实践"原则，扎实推进高校创新创业教育，支持学生开展研究性学习、创新性实验、创业计划和创业模拟活动。建设国家、省、校三级大学生创新创业训练计划项目，举办中国"互联网+"大学生创新创业大赛广东省分赛、粤港澳大湾区大学生创新创业项目对接洽谈会等，为学生搭建更多更好创新创业平台。

三、整合学校、家庭、社会三位一体的育人合力

从学生价值观养成的角度看，这并非只靠学校单方面努力就能实现的教育目标，而是学校、家庭、社会三方面共同作用的结果。在改革开放42年的历程中，广东学校的社会主义价值观教育始终强调家庭和学校在其中的重要作用，通过整合学校、家庭、社会三位一体的育人合力，共同推进社会主义价值观教育，帮助学生在三方合力下形成正确的价值观。广东积极推进学校、家庭、社会合力联动，强化学校、家庭、社会的互联互动互助，推动构建共享德育资源有效机制。

一方面，广东学校加强家庭教育指导。广东中小学树立"家校共育"新理念，统筹家长委员会、家长学校、家长会、家访、家长开放日、家长接待日等各种家校沟通渠道，丰富学校指导服务内容，促进家长了解学校办学理念、教育教学改进措施，帮助家长提高家教水平。目前全省所有中小学幼儿园基本都建立家长学校、家长委员会。如早在1983年，广州市荔湾区乐贤坊小学就在全国率先成立了家长学校，1984年，成立了广州市第一所区一级家长学校——西关家长学校，自此开启了家校社共发展、同进步的家庭教育模式。后来在2014年1月，荔湾区又率先成立了广东省首家家庭教育学院——荔湾区家庭教育学院。又如华南师大附中在20世纪90年代致力于"大德育"格局的构建，充分挖掘社会资源，2011年成立了家长义工团，2012年成立了校友义工团。多年来，积极探索社会促教、家校共赢、师长共生的新模式。家长义工团的成立突破了"学校的围墙"，引进优质社会资源，实现家校优势互补，创新家校合育模式，形成了教育合力，对于学生价值观的形成起到积极作用。

另一方面，广东学校努力构建社会共育机制，争取社会各方面支持，整合各类社会资源，建设各类学生实践活动场所。建有一批国家级专题教育社会实践基地，涵盖质量教育、水土保持教育、节水教育、档案教育、

科普教育、消防安全教育、毒品预防教育、环境教育、爱粮节粮教育等。2012年以来,广东坚持与质监部门联合建设质量教育社会实践基地,与档案部门联合建设档案教育社会实践基地。引导企业支持大学生创新创业教育,2017年全省高校共开展"企业精英进校园"活动3 796场,进校企业精英人数为6 528人,参加学生人数超53万人。如韩山师范学院打造校内教育基地,通过建设校史馆等校内思想政治教育基地,弘扬爱国爱校爱乡的家国情怀和"明道、传道、学道"的师道精神,引导学生做社会价值引领的时代先锋;共建校外红色基地,充分利用优质历史文化资源服务本校立德树人工作,与地方共建茂芝会议纪念馆、古沟韩师抗战期间办学旧址、凤凰山革命纪念公园等校外爱国主义教育基地,教育引导广大学生在学习红色革命文化的同时坚定理想信念,形成正确的价值观。又如广东金融学院也不断创新校企协同机制,搭建校企协同育人平台,实现与企业的精准对接,建立特色鲜明的合作育人模式和联动育人机制,实现校企双赢。

第三节　广东学校社会主义价值观教育的主要经验

改革开放42年以来,广东学校的社会主义价值观教育在长期实践中经历了从困境迷茫到开拓创新的过程,实践中的先试先行也推动学校社会主义价值观教育的不断发展,在社会主义价值观教育取得显著成效的同时,也积累了许多成功的经验和启示。

一、坚持大中小学一体化的社会主义价值观教育

学生价值观的养成并非单纯依靠某一阶段的教育就能实现,而是各级各类学校价值观教育共同作用的结果。42年的发展历程中,广东作为改革开放和意识形态斗争的"两个前沿",面对着外来文化渗透和价值观冲突的严峻挑战,在这种背景下,深入探索大中小学一体化的社会主义价值观教育,构建系统化的学校社会主义价值观教育体系就成为加强和改进广东学校思想政治工作、落实立德树人根本任务的应有之义和必然要求。可以说,坚持大中小学一体化的社会主义价值观教育是广东学校在长期实践中形成

的重要经验,也是宣传社会主义先进文化的重要举措。

习近平总书记在北京大学座谈会时指出:"人才培养涉及学科体系、教学体系、教材体系、管理体系等,而贯通其中的是思想政治工作体系。"① 各级各类学校的育人过程是一个有机的整体,人的全面发展需要系统整体的学校教育体系来支撑和实现,人的价值观的形成同样如此。广东推进大中小学社会主义价值观教育的一体化是学生正确价值观形成的现实需要,也需要在现实的教育过程中不断探索和实践。早在1994年中共中央颁布的《关于进一步加强和改进学校德育工作的若干意见》中,就首次明确提出了"整体规划学校德育体系"的要求。2004年,中央又相继出台了面向大中小学关于构建学校整体德育体系的文件,如《关于进一步加强和改进未成年人思想道德建设的若干意见》和《关于进一步加强和改进大学生思想政治教育的意见》。2005年,教育部颁布《关于整体规划大中小学德育体系的意见》,提出整体规划大中小学德育体系的总体要求在于"使大中小学纵向衔接、横向贯通、螺旋上升,不断提高针对性实效性和吸引力感染力,更好地促进青少年学生健康成长"。2010年《国家中长期教育改革和发展规划纲要(2010—2020年)》也提出将"构建大中小学有效衔接的德育体系"作为国家中长期教育改革发展的目标和任务。到2011年,教育部又启动"整体规划大中小学德育课程项目",也开启了整体构建学校德育体系,推进大中小学德育一体化的新阶段。社会主义价值观教育是学校德育的重要内容,推进大中小学德育一体化也意味着大中小学社会主义价值观教育的一体化。广东学校注重通过整体设计系统化地开展"大德育",社会主义价值观教育的发展也逐渐走向一体化的道路。早在1986年广州市委就制定了《广州市学校德育系统设计方案》,涉及幼儿园、小学、中学、大学德育系统的设计,旨在加强和改进学校德育工作,逐步做到系统化、制度化、科学化和现代化,提高学校德育的整体实效。后来又逐渐出台了相关政策推进大中小学德育的一体化,在学校德育发展的方面突出整体构建的特征,使大中小学各学段相互联系、相互承接,形成学校德育的有机整体。

---

① 习近平. 在北京大学师生座谈会上的讲话[N]. 人民日报, 2018-05-03 (2).

广东学校坚持大中小学一体化的社会主义价值观教育归根结底是以人的全面发展为旨归的，而人的价值观的形成和发展也成为大中小学一体化的社会主义价值观教育要培养的人才目标。学生在不同成长阶段的身心特点和各学段的教育要求决定了大中小学社会主义价值观教育必须结合学生成长的价值诉求，以立德树人为根本目标，实现人的全面发展。人的自由而全面的发展是马克思全部思想的最终追求。人的全面发展是指人的各方面都能得到全面发展，包括人的体力、智力、情感和价值观等各方面能力的全面发展。可以说，马克思主义关于人的全面发展思想是大中小学社会主义价值观教育一体化的基本价值遵循。广东学校的社会主义价值观教育也正是在这种一体化发展的教育理念下走出了一条具有自身特色的内涵发展之路，成为社会主义价值观教育发展中的成功经验。

二、坚持社会主义价值观教育与知识教育相统一

任何价值观教育既不是纯粹的价值教育，也不是单纯的知识教育，而是知识教育与价值教育的统一。社会主义价值观教育也离不开知识传授的载体，从根本上说，它也是社会主义的知识教育与价值教育的统一体。在改革开放42年的历程中，面对西方多元文化的渗入，如何抵御不同价值观的挑战，有效传递社会主义的价值观念，引导学生树立正确的价值观，成为广东学校需要思考的重要课题。广东是改革开放的最前沿，在面对多元文化和价值观冲突与挑战的背景下，各级各类学校的社会主义价值观教育要坚持用价值观教育引领知识教育，在知识传授的同时进行价值观的引导，实现社会主义价值观教育与知识教育的统一，这也成为广东学校社会主义价值观教育的另一条重要经验。

习近平总书记在学校思想政治理论课教师座谈会上指出："推动思想政治理论课改革创新，要不断增强思政课的思想性、理论性和亲和力、针对性。""坚持价值性和知识性相统一，寓价值观引导于知识传授之中。"[①] 社会主义价值观教育的展开过程是知识教育与价值教育相统一的过程，它的

---

① 习近平. 用新时代中国特色社会主义思想铸魂育人 贯彻党的教育方针 落实立德树人根本任务 [N]. 人民日报，2019 - 03 - 19 (1).

教育内容和性质决定了其必然具有知识性和价值性的双重属性，是在知识传授过程中实现价值观的引领。社会主义价值观教育的内容包括集体主义、爱国主义、社会主义核心价值体系、社会主义核心价值观等具有鲜明意识形态性的内容，它要培养的是具有社会主义价值观的、为社会主义现代化建设服务的人才，正是这种教育内容和教育目标决定了意识形态的价值性是社会主义价值观教育必须遵循的基本准则。而社会主义价值观教育的展开也离不开知识内容的重要载体，任何价值观教育都不是空洞抽象的价值灌输，而是通过知识内容的承载而实现的价值引导，社会主义价值观教育更是如此。社会主义价值观教育的内容不仅具有鲜明意识形态性，同时也具有科学性和真理性，是经过中国改革开放和特色社会主义实践检验的、适合中国社会现实的科学真理，而社会主义价值观教育也必然是在传授知识真理的过程实现的价值引领。可以说，社会主义价值观教育坚持知识教育与价值教育的统一是由社会主义价值观的知识性和价值性二者之间辩证统一的内在逻辑决定的。社会主义价值观教育是要帮助学生抵御西方价值观的冲击和挑战，树立坚定的社会主义理想信念，养成社会主义的价值观。因而，通过形式多样的知识教育，将社会主义价值观引导寓于知识传授之中，坚持知识教育与价值教育的统一，是成功的社会主义价值观教育必须遵循的基本原则。

广东在改革开放过程中，正是坚持了社会主义价值观教育与知识教育的统一，才能在"两个前沿"的阵地中有效抵御西方价值观的渗透，取得价值观教育的显著成效。"在改革开放过程中，国内外的错误思潮不断企图把改革开放引向背离社会主义的方向，拜金主义、享乐主义、功利主义等资产阶级的价值观念也在不断地侵蚀大学生的思想。"[①] 在这种背景下，广东学校的社会主义价值观教育结合广东发展实际和学生特点，用社会主义价值观引领知识教育，开展形式多样的党史、国史和改革开放史的教育，在理论知识的传授过程中进行价值观的引导，让学生正确认识自身的历史使命和社会担当，从而坚定社会主义的理想信念，树立正确的社会主义价值观。

---

① 卢晓中. 广东教育改革发展 40 年 [M]. 广州：中山大学出版社，2018：272.

三、坚持社会主义价值观教育与学生成长要求相适应

不同学习阶段的学生处于不同的成长阶段，也具有不同的价值诉求，与学生的成长要求相适应是社会主义价值观教育展开的基本前提。42年的发展历程中，广东是改革开放和意识形态斗争的最前沿，具有毗邻港澳的特殊地理位置，广东的学生在思想和价值观上更具有开放性和多元性。面对不同学生群体的成长要求，坚持社会主义价值观教育与学生身心特点相适应，在学生成长的过程中观察和分析其思想行为的变化，及时回应和解决价值困惑，进行价值观的渗透和引导，可以说是广东学校价值观教育的重要经验。

改革开放是一场伟大的革命，时代在不断发展，学生的成长要求在不断改变，学校对学生的培养目标也在不断提高。社会主义价值观教育的过程是人与社会的相互作用过程，学生的价值困惑和诉求实际上反映的是社会的价值观问题。每一个时代的学生都会留下那个时代的烙印，最明显的是反映不同时代学生的价值观。每一个成长阶段的学生也具有属于自身年龄阶段的身心特点，对价值观的接受和要求程度也有所不同。广东学校的社会主义价值观教育注重在发展中观察学生的变化，及时调整价值观教育要求，适应学生成长的身心特点，做到社会主义价值观教育与学生成长相适应。教育是培养人的事业，社会主义价值观教育是培养学生价值观的伟大工程，学生始终都是社会主义价值观教育的出发点和落脚点。改革开放以来，广东学校在社会发展的不同历史时期和学生成长的不同阶段进行内容不同、重点不一的社会主义价值观教育，适应学生成长的身心特点，落实学校立德树人的根本任务，引导广大学生群体在思想情感上认同，在学习生活中践行，从而帮助学生树立正确的社会主义价值观。

第五章 社会主义道德教育的历史与经验

道德教育是学校思想政治教育的重要内容。道德教育涉及小学、中学、大学等不同学段。在探索与社会主义市场经济相适应、与社会主义法律规范相协调、与中华民族传统美德相承接的社会主义思想道德体系等方面，广东学校做出了一系列探索和尝试，取得了丰富的经验。

第一节 改革开放以来广东道德教育面临的机遇与挑战

广东是中国改革开放的先行地区。2004年广东省委提出了建设经济强省、文化大省、法治社会、和谐广东，实现全省人民富裕安康的总目标。广东经济社会的发展和文化的多元多样给学校德育工作的开展带来了机遇，也带来不少挑战。

一、广东经济社会快速发展为学校德育的创新发展提供重要支撑

作为改革开放的排头兵、先行地、实验区，广东的综合经济实力一直位居全国前列。广东省委副书记、省长马兴瑞表示，2018年广东省生产总值达9.73万亿元，连续30年位居全国前列，2019年已突破10万亿元大关。地方一般公共预算收入达1.21万亿元，是全国首个超万亿元省份。广东经

济综合实力的大幅提升，为包括学校德育在内的教育事业发展奠定了坚实的物质基础。改革开放事业创造了广东辉煌发展成就，同时也为整个社会带来了不畏艰难、不惧风险、勇于变革、勇于创新的新鲜风气，也为广东德育发展营造了改革创新的浓厚氛围。广东学校德育立足自身改革开放实践，紧扣时代发展脉搏，在继承传统的同时勇于变革创新，在吸收外来成果的同时善于为我所用，逐渐形成了开放、科学、多元、发展、理性的特征。

二、广东民主法治建设的稳步推进为"新时期广东人精神"的塑造和公民意识的养成提供了良好土壤

"新时期广东人精神"是广东人民在长期的共同生活和共同社会实践，特别是改革开放和现代化建设的生动实践中形成的，其主要内容可概括为"敢为人先、求真务实、开放兼容、守法诚信"。作为一种为大多数社会成员所认同和接受的思想观念、价值取向和道德规范，"新时期广东人精神"深刻影响着青少年学生的思想道德素质养成，有利于学校拓展经济道德、科技道德、消费道德、竞争道德等教育内容，培养和塑造学生的开放意识、效率意识、创新意识、竞争意识、平等意识、信用意识和法治意识，适应市场经济体制发展的需要。经济发展离不开民主法治建设。为适应经济社会发展需要，广东一直致力于建设法治广东，民主法治建设步伐不断加快。广东人在解放思想、积极投入市场经济潮流的同时，民主法治观念不断得到增强，社会主义民主法治、自由平等、公平正义理念得到普遍认同。根植于法治广东建设的生动实践，广东学校德育向来有重视权利与责任意识教育、国家与民族意识教育、平等与公正意识教育、自由与法治意识教育的优良传统，从而为培养学生公民意识提供了良好工作基础。

三、广东多元文化的发展格局为学校开展道德教育带来了严峻挑战

广东毗邻港澳，中西文化相互交会，各种思想文化交流交融交锋频繁，社会意识形态多元多样多变的趋势明显，这无疑对学校德育工作提出了新的挑战。首先，行改革开放之先的广东，市场经济起步较早，发展较快，

市场经济负面因素影响青少年学生正确的价值观选择。社会主义市场经济不断发展与完善，在推动广东经济快速增长、综合实力不断增强的同时，也在刺激着人们的物质需求和欲望，导致现代生活出现物质化、享乐化、功利化和庸俗化趋向。市场经济的这些负面因素逐步积淀到青少年学生的价值观念中，使得他们的价值目标选择呈现实用化趋势，表现为重实惠、重利益、轻理想、轻奉献和价值目标短期化；使得他们的价值实质思考呈现功利化趋势，表现为强调索取而忽视奉献，崇尚实惠而忽视精神的高尚追求；使得他们的价值实现途径呈现投机化趋势，表现为只重行为结果而不顾手段和途径是否合理合法。其次，广东特殊的地理位置，使得社会同时存在着多种复合的价值观念因素，传统与现代、落后与先进、中国与西方等矛盾和冲突并存，呈现出错综复杂的局面。随着社会主义核心价值观的大力推行，旧的价值观念体系出现松动和瓦解，然而就目前而言，旧的价值观念、腐朽的封建主义思想等还没有完全退出历史舞台，而与社会主义市场经济相匹配的社会主义核心价值观尚没有办法完全主导人们的社会生活。新旧观念的交替和冲突，势必在一定程度上造成思想混乱和社会失衡。青少年学生人生阅历浅，思想尚未成熟，又具有开放的性格特征，特别容易受各种社会现象的影响和外来文化、思潮的冲击，导致价值观开始由社会主义、爱国主义、集体主义价值观向复杂化、多元化发展，增加了学校德育工作的难度。

四、广东经济社会发展的变化形势对学校德育工作的整体化与系统化提出更高要求

改革开放之初，广东学校德育在适应经济社会发展上存在不少问题：在体制机制方面，教育部门和学校资源缺乏有效的整合和配置，缺乏有序的运作，未能建立起长效的工作机制。在思想观念方面，一些教育领导干部对德育工作认识不足、重视不够，没有真正担负起领导责任；学校教育中重智育轻德育、重课堂教学轻社会实践的现象依然存在，推进素质教育的任务任重而道远；社会化大德育观念还未深入人心，教育部门和学校单打独斗、关起门来开展德育的现象还比较普遍。在内容形式方面，一些学校的德育内容过于"大""高""空"，形式单一枯燥，不符合青少年学生

年龄特点，未能贴近青少年学生生活和思想实际，教育效果差强人意。在方法手段方面，不少学校缺乏与时俱进精神，开展德育工作时没有适应形势发展和紧扣时代特征，没有紧跟教育发展潮流，导致陷入"旧的方法不灵、新的方法不会"的尴尬境地。在队伍建设方面，班主任教师、心理教师等德育工作队伍建设得不到应有重视，在专业发展、职称待遇、能力水平等方面存在较多问题，影响了队伍的稳定性和积极性。在经费投入方面，教育部门和学校对德育工作的资金投入和资源配置与实际需求仍有较大差距。在政策措施方面，仍然存在着出台时间滞后、力度不够、针对性不强等问题。

基于对形势的准确分析研判，广东教育工作者积极行动，紧紧抓住机遇，主动应对挑战，采取扎实措施，努力开创广东学校德育的新局面。

第二节　改革开放以来广东学校道德教育发展的历史回顾

改革开放42年，不仅是广东经济社会发展取得巨大成绩的42年，也是广东学校道德教育接续发展的42年。"为谁培养人""培养什么人""如何培养人"始终是广东道德教育坚持不懈的核心命题。因此，改革开放42年以来的广东学校道德教育改革发展之路，是德育观念改变推动德育实践探索，进而促进德育政策颁布与实施，继而在德育政策引导下全面推进德育工作创新发展的过程。具体而言，改革开放以来的广东发展创新学校道德教育历经了三个阶段：第一阶段，1978—1991年，广东学校德育的初步探索时期；第二阶段，1992—2002年，广东学校德育的全面建设时期；第三阶段，2003—2019年，广东学校德育的创新发展时期。

一、广东学校德育的初步探索期（1978—1991年）

改革开放初期，广东既要认真总结过去几十年的德育经验和教训，肃清十年"文革"的余毒，又要迎接一系列来自国内外的思想挑战。在德育理论上面临正本清源的问题，要对德育的目标、地位、任务、方法重新定位；在德育实践上要排除"左"和"右"的干扰，回归实事求是的思想路线，探索高校德育改革的道路。

1. 在"拨乱反正"中明确德育目标

1977年12月，恢复高考招生成为高等教育重新步入正轨的标志。当时急需"拨乱反正"，清除"左"的思想影响，重新确立德育的地位和任务。通过"实践是检验真理的唯一标准"的讨论，广东各高校党委和德育工作者认真总结改革开放前30年广东德育的基本经验和教训，树立育人为本的德育观念，明确了大德育的范畴既包括思想政治教育的主要内容，也包括家庭、社会、文化等多方面的教育影响。德育是高等教育重要的组成部分，德育的根本任务就是立德树人。

1979年5月，教育部发布了《高等学校政治理论课的基本情况和存在问题》调研报告，明确指出："高校政治理论课的任务是使学生逐步完整地准确地学习和掌握马列主义毛泽东思想的基本原理，树立无产阶级的科学的世界观和方法论，提高用马列主义毛泽东思想的基本原理研究新情况、解决新问题的能力。"从1979年9月开始，广东高校全面恢复了政治理论课。1979年10月，邓小平在中国文学艺术工作者第四次代表大会上的祝词中明确提出"建设社会主义精神文明"。广东各界特别是各级学校把落实贯彻"社会主义精神文明"这一要求作为社会主义道德教育的重要任务。1981年2月，全国总工会、共青团中央、全国妇联等单位联合发出开展"五讲四美"活动的倡议。1983年，中央又把"五讲四美"和"三热爱"统一起来，在全社会大力开展了"五讲四美三热爱"。广东中小学把"五讲四美三热爱"作为素质教育的重点任务贯穿教育教学活动的全过程。从1983年年初开始，广东高校陆续在开设政治理论课的同时，也开设共产主义思想道德课，简称"思想道德课"。许多高校专门设立了德育教研室来承担这门课的教学任务，中山大学、华南师范大学等院校还编写了专用教材，组织集体备课和教学经验交流会，逐步提高教学质量，形成了政治理论课和思想品德课两类课程并举的"两课"架构。

2. 在应对错误思潮中确立德育重点

改革开放初期，一大批西方学者的著作在中国大陆出版发行，国外的影视、歌曲也大量进入中国，西方的各种社会思潮和价值观开始对中国大学生产生影响。广东毗邻港澳，更是首当其冲。1986年前后，"全盘西化论""社会主义失败论""马克思主义过时论"等错误思潮开始在高校泛滥，学校德育面临严峻的挑战。为了适应改革开放的新变化，针对各种社会思潮对学校德育建设的影响，1987年3月17日，国家教育委员会颁布了《关于进一步改革高等学校马克思主义理论课（公共课）教学的意见》，指出："旗帜鲜明地坚持四项基本原则，深入、持久地反对资产阶级自由化，帮助青年学生逐步树立正确的世界观和人生观，沿着正确的方向健康成长，是马克思主义理论教育的任务。"把马克思主义理论教育和形势政策教育、民主法治和纪律教育作为思想道德教育的重点。在社会主义市场经济体制逐步建立的过程中，广东高校政治理论课教师针对社会上的错误思潮，对学生进行积极疏导，贯彻广东省委"排污不排外"的指导思想，引导大学生在思想观念上尽快适应新的形势要求，拥护党的改革开放政策。

3. 在完备队伍建设中增强主体力量

从1978年3月第一批恢复高考录取的新生入学后，广东高校全面重建了思想政治教育工作部门，特别是恢复专职辅导员队伍和马列主义教研室，使高校德育重建了基本的工作架构，形成以政治理论课教师为骨干的思想政治理论教育队伍和以辅导员、班主任为主体的日常思想教育队伍。同时，各高校党委要求全体教师都要成为思想政治教育的主体力量，关心学生的成长成才，逐步形成全员育人的德育主体力量。从1978年年初开始，按照广东省委宣传部和广东省高教局的要求，各高校抽调思想素质高、工作能力强的青年教师和机关干部重新组建辅导员队伍。广东省委宣传部和广东省高教局在华南师范大学分批举办了专职辅导员培训班，帮助辅导员批判"左"的思想路线，理解党的工作重点转移的重大意义，研究改革开放形势下大学生思想政治教育的内容和方法。这是新时期广东率先在全国举办的专职辅导员队伍的培训，参加培训的学员大多数都成长为广东高校德育的领导骨干。同时，为了提高政治理论课的教学质量，受广东省高教局的委托，中山大学成立了广东省政治理论课教师培训中心，负责全省政治理论课教师的教学培训、集体备课和学术交流。1986年9月，在大德育的背景下，高校领导逐步认识到思想政治教育是一门科学，应该逐步走向专业化。华南师范大学开始招收思想政治教育本科生和第二学位班，中山大学开始招收广东省第一个思想政治教育专业研究生班，培养专业化人才。1990年，国务院学位委员会第九次会议通过《授予博士硕士学位和培养研究生的学科专业目录》，正式批准设立"马克思主义理论教育"和"思想政治教育"两个硕士授权学科专业。从此，中山大学、华南师范大学等一批广东高校先后获得这两个学科的硕士学位授权点。经过多年的学科建设，1998年以后，中山大学、华南师范大学和华南理工大学先后获得马克思主义理论教育与思想政治教育博士学科授予权。随着学科的整合与提升，中山大学和华南师范大学获得马克思主义理论一级学科点，下设六个二级学科并被批准建立博士后流动站。中山大学的思想政治教育博士点还被定为国家重点学科。经过10年的艰苦努力，广东高校已经诞生了一批在国内有影响的思想政治教育研究成果，形成了一支高水平的导师队伍，培养了一大批博士生充实到全省的思想政治工作队伍中。

二、广东学校德育的全面建设期（1992—2002年）

新旧世纪交会时期是社会转型和教育转型的重要时期，也是广东学校德育从初步探索到全面建设的关键时期。

1. 结合广东实际，贯彻落实中共中央关于道德教育的文件精神

1993年2月，中共中央、国务院发布的《中国教育改革和发展纲要》指出："中小学要由'应试教育'转向全面提高国民素质的轨道。"1996年10月发布的《中共中央关于加强社会主义精神文明建设若干重要问题的决议》强调引导人们树立建设有中国特色社会主义的共同理想和正确的世界观、人生观和价值观。1997年10月，国家教委颁发《关于当前积极推进中小学实施素质教育的若干意见》。1998年4月，教育部发布的《中小学德育工作规程》提出，中小学德育工作的基本任务是培养学生成为热爱社会主义祖国、具有社会公德和文明行为习惯、遵纪守法的公民。2001年，中共中央印发《公民道德建设实施纲要》。这一时期，广东中小学德育改革发展主要围绕党中央、国务院和国家教委的一系列方针政策和文件精神，分别

制定"实施意见",并结合广东实际来贯彻落实。

2. 秉持开放理念,积极适应学校德育的改革要求

1992年,邓小平同志对广东进行视察,并发表了著名的"南方谈话",这是中国改革开放发展的重要里程碑。邓小平"南方谈话"不仅坚定了全党全国人民坚持改革开放的信心,而且也为广东德育的改革指明了方向。1993年,《中国教育改革与发展纲要》出台,指出:"用马列主义、毛泽东思想和建设有中国特色的社会主义理论教育学生,把坚定正确的政治方向摆在首位,培养有理想、有道德、有文化、有纪律的社会主义新人,是学校德育即思想政治和品德教育的根本任务。"广东高校把邓小平"南方谈话"的内容融入思想政治理论课教学之中,引导学生正确看待改革开放中出现的问题,认识新旧体制转换的复杂性,坚定改革开放的信心,坚定社会主义信念。1994年,党中央连续颁布了《关于进一步加强和改进学校德育工作的若干意见》和《爱国主义教育实施纲要》两个重要文件,明确界定"爱国主义""集体主义"和"社会主义"教育的基本原则、主要内容、实施途径和方法,并把这三项内容作为高校德育的基础工程。同时,提出"帮助学生提高心理素质,健全人格,增强承受挫折、适应环境的能力",这是对中华人民共和国成立以来的高校德育目标的发展与创新。深圳大学设立了全省首家大学生心理咨询中心,并出版了专门的心理咨询刊物。各高校陆续成立心理咨询中心,设专职心理辅导教师,将大学生心理健康教育列入大学课程,取得了初步的成效。1995年11月23日,国家教委颁布了《中国普通高等学校德育大纲(试行)》,对高等学校德育的目标、规律、地位和任务进行更加深刻的表述。2000年4月6日,教育部颁布了《关于加强和改进研究生德育工作的若干意见》。从2000年下半年开始,许多广东高校在导师负责制的基础上加强研究生的思想政治教育工作,设立研究生的专职辅导员工作机制。

3. 坚持系统德育理念,优化学校德育的师资队伍

在这一时期,广东高校党委进一步认识到德育是一个系统工程,必须遵循德育为本、育人为先的理念,把德育融入学生培养的各个环节,统筹兼顾调动全体教职工参与,实现全员育人的德育模式。各级党委真正把德

育列入党委和行政的议事日程。在中共广东省委教育工委和广东省教育厅的领导下，全省高度重视高校教师的师德要求，对新入职的高校教师进行岗前培训，加强师德教育；评选出一大批重视教书育人的南粤优秀教师，让思想政治理论课步入正轨。广东省教育厅思政处组织"精彩一课"竞赛，产生了一批在省内外有较大影响的优秀思想政治理论课教师。同时，加强辅导员队伍建设，开展广东省优秀辅导员的评选，辅导员队伍日趋稳定。

三、广东学校德育的创新发展期（2003—2019 年）

这一阶段，广东学校德育逐步深化改革、积极创新、长足发展。专业发展、规范发展、特色发展、生态发展是这一时期广东德育改革与创新发展的基本特征。

1. 贯彻落实中央关于学校德育的文件精神，推进学校德育的发展创新

2004 年中共中央、国务院颁发《关于进一步加强和改进未成年人思想道德建设的若干意见》（中发〔2004〕8 号）（以下简称"中央 8 号文件"），深刻阐明了新形势下加强和改进未成年人思想道德建设的重要性和紧迫性，全面总结了加强未成年人思想道德建设的宝贵经验，明确提出了加强和改进未成年人思想道德建设的指导思想、重要原则和主要任务。"中央 8 号文件"强调，要从确保党的事业后继有人和社会主义事业兴旺发达的战略高度，从全面建设小康社会和实现中华民族伟大复兴的全局高度，从树立和落实科学发展观，坚持以人为本，执政为民的高度，充分认识加强和改进未成年人思想道德建设的重要性和紧迫性。"中央 8 号文件"既是加强和改进未成年人思想道德建设的行动指南，也是指导我国教育工作的纲领性文献。2004 年 8 月 26 日，中共中央、国务院颁发《关于进一步加强和改进大学生思想政治教育的意见》（中发〔2004〕16 号）（以下简称"中央 16 号文件"），党中央、国务院从战略高度认识改进与加强大学生思想政治教育工作的重大意义，科学分析了大学生的思想现状，明确了加强和改进大学生思想政治教育的指导思想、基本原则、主要任务、主要渠道和基本方法。"中央 16 号文件"成为高校加强和改进大学生思想政治教育的纲领性文件。2005 年 7 月，广东省委、省政府专门召开了全省加强和改进大学生思想政

治教育工作会议。2005年8月14日,《中共广东省委 广东省人民政府关于进一步加强和改进大学生思想政治教育的实施意见》(粤发〔2005〕12号)颁布,提出了一系列针对性的工作措施,开创了大学生思想政治教育工作新局面。

2. 坚持思想政治理论课的主渠道作用,推进思政课教学方式的改革创新

思想政治理论课是大学生接受思想政治教育的主渠道。在改革开放的进程中,思想政治理论课始终紧随时代的步伐在发展。2005年,《中共中央宣传部 教育部关于进一步加强和改进高等学校思想政治理论课的意见》(教社政〔2005〕5号)(简称"05方案")颁布,这是改革开放以来,对思想政治理论课进行的一次重大改革。课程设置为"马克思主义原理概论""毛泽东思想与中国特色社会主义概论""思想道德修养与法律基础""中国近现代史纲要""形势与政策"五门课。广东作为全国首批试点省份,率先开展教改试点工作,在课程、学分、考核方法、教学资源库和师资培训等方面进行了探索,取得了初步的成绩。广东省还率先推出了思政课综合评估方案,有力地推动了思政课的改革和教学质量的提升,获得了教育部的充分肯定。

在中共广东省委教育工委和广东省教育厅的领导下,广东高校思想政治理论课建设开始了一系列的改革与创新。主要有以下措施:设立学校党委领导的二级机构,即马克思主义学院或思想政治理论课教学部;实施思想政治理论课四大工程,即优质课程建设工程、教学改革和教学质量提高工程、名教师骨干教师培养工程、保障体系建设工程;每年举办思想政治理论课青年教师技能大赛,并把这项大赛发展成华南六省区的一项固定赛事,对培养青年教师成长发挥了积极作用;按课程设立五个思想政治理论课教学研究基地;省委、省政府领导到各高校给大学生做形势与政策报告;建立思想政治理论课社会实践课程和社会实践基地,华南师范大学被教育部评定为"全国高校思政课教师社会实践基地"之一;在全国率先推出思想政治理论课评估体系,对贯彻"05方案"发挥了积极的推动作用;实施思想政治理论课校际帮扶计划,促进全省思想政治理论课建设均衡发展。

3. 丰富"第二课堂"的德育形式,提升道德教育的吸引力和感染力

为实施素质教育,随着课程改革的推进,广东中小学普遍形成了由基

础课、选修课、活动课三种课程形式构成的全新的课程结构模式。"第二课堂"的活动形式多样，内容丰富，如建立兴趣小组、科技小组，成立文艺社团和其他社团等，而且每学年还举办读书节、艺术节、体育节、科技节等，集中进行"第二课堂"文化活动。"第二课堂"活动的有效开展，不仅发展了学生的个性，满足了学生多样化的需求，而且培养了学生多方面素质，有效将素质教育落到实处。在高校，校园文化活动是高等教育不可缺少的部分，凝聚着大学的人文精神和价值取向。以前有的人对校园文化功能的认识存在一定的片面性，有些观点认为校园文化功能主要是娱乐身心，丰富学生的业余生活。在贯彻落实"中央16号文件"的过程中，广大德育工作者进一步认识到，应该从立德树人的高度来发挥校园文化的作用。在中共广东省委教育工委和广东省教育厅的领导下，从2006年5月开始，连续10年在全省高校开展以"立志·修身·博学·报国"为主题的系列教育活动，取得显著成绩，为高校的立德树人工作发挥了积极的作用。通过校园文化活动把立德树人落到实处，是高校德育的重要途径。这项活动不但教育内容丰富多彩，而且强调专业教师和各级领导的参与，牢牢把握校园文化活动的思想主导。主题教育活动弘扬社会主义核心价值观，形式丰富多彩，有大学生论坛、学术报告会、校园歌曲大赛、摄影大赛、书画大赛、演讲比赛、网络征文、网页设计大赛、校园DV创作等。这些教育活动强调师生共同参与，发动专业教师参与指导，取得了丰硕的成果。10多年来，这项活动持之以恒，取得了显著成绩，成为广东高校德育的一个成功品牌。

第三节　改革开放以来广东学校道德教育发展的举措与经验

改革开放迎来了新的历史阶段，围绕立德树人的根本目标，广东学校德育在加强课程与教学体系建设、推进大中小学德育一体化、实现家庭学校社会协同德育等方面做了大量探索与实践。这些创新举措的实施与典型案例对于广东德育改革和创新发展具有里程碑式的意义。

一、坚持主渠道、主阵地作用，加强课程与教材体系建设

为加强和改进学校思想政治教育和品德教育，1986年1月17日，广东省委批转省委宣传部、省高教局党组、省教育厅党组《贯彻〈中共中央关于改革学校思想品德和政治理论课程教学的通知〉的意见》。该文件指出，在课程设置和教学内容方面，小学思想品德课要加强以"五讲四美"和"三热爱"内容为中心的社会常识（包括法律常识）和社会公德的教育。中学思想政治课，初中阶段进行道德、民主和法制及纪律的教育，进行社会生活和社会发展规律以及社会主义建设常识的教育；高中阶段进行初步的社会科学教育，使学生逐步树立正确的人生观和世界观。广东作为国家教委委托编写中学思想政治课改革实验教材、开展改革实验的省份，要特别做好这方面的工作。文件颁布后，广东成立了中学思想政治课改革实验领导小组，制定了改革实验方案，组织编写初中教材，并于当年9月在华南师范大学附属中学、广东实验中学等9所中学进行实验。小学也按照国家教委颁布的《思想品德教学大纲》的要求编写了思想品德教材，并进行了实验。到1987年秋，全省有一半地区使用该套教材，并根据国家教委的要求，决定扩大初中一年级的《社会主义公民》（上、中册）的教学实验，进行初中二年级的《社会主义公民》（下册）和《社会发展常识》（一册）的教学实验，准备初中三年级《中国社会主义建设常识》（上、下册）的教学实验。同时，高中使用人民教育出版社出版的《共产主义人生观》《经济常识》和《政治常识》。高等教育方面，广东组织编写了《马克思主义基本理论》《中国革命史》《中国社会主义建设》和《当代世界经济、政治和国际关系》四本新教材，并进行改革实验。此外，广东省高教局还组织编写了《现实问题的思考》供教学参阅。与此同时，各阶段的学校都进行了大量的教研活动，引导思想品德教育和政治理论课程的教学改革。而且，为抵制资产阶级自由化思潮，还加强了中小学的法制教育。大学的政治理论课，本科开设"马克思主义原理""中国革命史""中国社会主义建设"三门必修课，还适当开设了政治理论选修课。专科学校的教学内容适当减少，理、工、农、医专业只开其中两门。

及至2005年,广东认真落实《中共中央宣传部 教育部关于进一步加强和改进高等学校思想政治理论课的意见》,严格执行思想政治理论课的课程方案,开齐开足规定的课程,落实规定的学分。思想政治理论课课堂授课规模与专业课相当,教师的教学工作量要求与计算标准同专业课一致。实施"思想政治理论课优质课程建设工程",本科院校将思想政治理论课全部纳入重点课程进行建设,高职高专院校也有选择地进行重点课程建设。科学规划思想政治理论课选修课程的建设,努力构建完善的思想政治理论课课程体系。在国家实行"一纲多本"的前提下,集中力量编写一套体现广东特色的高质量的思想政治理论课教材。

加强校本课程和特色课程建设,也是广东德育课程体系建设的题中之义。2017年11月,为全面总结和展示2001年基础教育课程改革以来全省中小学特色课程建设成就,打造中小学特色课程建设品牌,提升中小学特色课程建设总体水平,由广东省教育研究院主办、深圳市教育科学研究院协办、深圳市龙华区教育局承办的全省中小学特色课程建设展示暨优秀成果交流活动,于2017年11月29—30日在深圳市龙华区举行。会议总结了广东中小学特色课程建设的三个特点:一是紧密围绕学生健康成长需求开发校本课程。各学校以培养全面而有个性的人为根本目标,积极开发特色校本课程,满足学生兴趣特长和学习能力、实践能力发展需要。二是善于挖掘当地课程资源开发校本课程。许多获奖的特色课程建设方案、教材、读物具有浓郁民风民情和人文地理特征。各学校紧密结合本土文化,深入挖掘悠久的人文历史,用以办学育人。三是积极借助学校自身文化优势或特有师资力量开发校本课程。各学校积极结合自身定位、师资力量、资源条件,基于校情、师情、生情,全面分析学校的历史、优势和风格,充分利用自身特有资源开发特色校本课程。在高校,进一步推进邓小平理论和"三个代表"重要思想进教材、进课堂、进学生头脑工作。将实践教学环节落实到高等学校思想政治理论课所有课程教学之中,建立实践教学的保障机制。完善思想政治理论课考试方法,强化综合评价,全面反映大学生的马克思主义理论素养和道德品质。2005年8月14日,《中共广东省委 广东省人民政府关于进一步加强和改进大学生思想政治教育的实施意见》(粤发〔2005〕12号）出台，对深化教学改革，充分发挥课堂教学在大学生思想政治教育中的主导作用提出了具体的实施意见，要求大力推进高等学校思想政治理论课的学科建设，将马克思主义理论与思想政治教育学科纳入重点学科建设范畴，充分发挥现有博士学位和硕士学位授权点的示范带头作用，加大经费投入和师资队伍建设力度，力争用5年左右的时间，使该学科博士学位授权点达到3~4个，硕士学位授权点达到8~10个。扩大思想政治理论课科研课题的覆盖面，加大对思想政治理论课课题研究的资助力度，思想政治理论课研究实行计划单列、经费单列、独立评审。

2006年，为了进一步加强和改进广东高等学校思想政治理论课建设，逐步建立符合广东省实际的高等学校思想政治理论课建设评估机制，保证高等学校的社会主义办学方向，不断提高教育教学质量，广东省教育厅组织制定并颁发了《广东省高等院校（高职高专）思想政治理论课建设评估指标体系（试行）》（粤教思〔2006〕90号），由高职高专院校和广东教育学院贯彻执行；印发了《关于进一步加强和改进大学生心理健康教育的意见》（粤教思〔2006〕99号），以进一步加强和改进新形势下普通高校大学生心理健康教育和咨询工作。此外，为了加强高校思想政治理论课建设，还成立专门指导机构。2015年12月15日，第四届广东省高校思想政治理论课教学指导委员会成立大会暨思政教学改革创新研讨会在广州举办。会议成立了第四届广东省高校思想政治理论课教学指导委员会，该委员会将进一步加强广东省高校思想政治理论课教学的宏观管理，发挥专家对思想政治理论课教学改革和研究的咨询和指导作用。经过改革和发展，广东德育课程体系不断完善，在2011年2月25日召开的教育部高校思想政治理论课建设研讨会（华南片会）上，广东省教育厅与会人员做了重点发言，介绍了广东的做法和经验，并得到教育部领导的充分肯定。

二、强化顶层设计，推进大中小学德育一体化建设

为了增强学校德育的针对性和实效性，广东德育致力于强化顶层设计和科学规划，积极推进大中小学德育一体化建设。在德育内容设计和课程设置上，实现中小学德育和高等学校思想政治教育内容有机衔接，在中小

学阶段，加强中小学日常行为规范养成教育，培养学生良好的行为习惯和道德品质。在大学阶段，加强理想信念教育，用马列主义、毛泽东思想、邓小平理论、"三个代表"重要思想、科学发展观和习近平新时代中国特色社会主义思想武装头脑，突出以爱国主义为核心的民族精神教育和以改革创新为核心的时代精神教育。在大学生中广泛深入开展"立志·修身·博学·报国"主题教育活动，培养中国特色社会主义事业的合格建设者和可靠接班人。实施"学生心理健康教育行动计划"，促进学生身心全面和谐发展。结合网络信息时代发展的客观实际，全面加强大中小学思想道德和政治教育进网络的工作。加强国情教育和人口与资源环境可持续发展教育。加强法制教育和安全教育。逐步把廉政教育纳入各级各类学校德育体系，让廉政文化进校园、廉洁教育进教材进课堂。建立科学的中小学德育和高等学校思想政治教育评价机制。构建学生全面发展综合素质评价体系。

以广州市为例。1986年9月，广州市教委着手制定了《广州市学校德育系统设计方案》。该方案旨在改革和加强学校德育工作，逐步做到系统化、制度化、科学化和现代化，提高学校德育的整体功能和效应，提高学生思想政治道德素质。该方案包括序言、绪论、幼儿园德育系统设计方案、小学德育系统设计方案、中学德育系统设计方案、市属高等院校德育系统设计方案六个部分。幼儿园、小学、中学和高校的德育系统设计方案分别包括对象分析、目标体系、内容序列、实施途径、领导和管理以及评估等内容。各个部分互相联系，形成一个有机的整体。该方案从1988年下半年起在广州地区部分学校试点实施。1991年，在实施国家教委颁布的《中学德育大纲》的同时，继续试行《广州市中学德育系统设计方案》。与此同时，还充分利用广州市历史名城的有利条件，对中学生进行中国近现代史和国情教育；加强德育在各学科教学的渗透、校园文化建设等方面的研讨、试验；召开广州市优秀中学生表彰大会和促进后进生进步的经验交流会；发动学生参加募捐赈灾活动。1992年，在继续开展现代史、近代史和国情教育的同时，结合法制教育，抓好《中华人民共和国未成年人保护法》的宣传，并在学生中广泛开展向雷锋、赖宁、邱艳玲等英雄人物学习和读好书等活动。为深化小学德育整体改革，还组织开展了"在市场经济条件下广州市小学生思想品德现状与对策"等专题研究。1993年，广州市完成了24所中学开展《广州市中学德育系统设计方案》试验的总结。对学生着重进行了人生价值、人生理想教育，以及法制教育和文明行为教育，同时还开展了心理健康教育。随着教学改革的不断深化，教学质量得到稳步提高。2010年，共青团广州市教育局委员会和广州市邮政局联合举办书信节，以邮政明信片、邮笺为载体，以传统书信为积淀，通过书信写作，促进家庭伦理亲情和社会道德文明的价值回归。2017年，为提升学生媒介素养、深化新媒体德育创新平台建设，广州市建立"羊城时政学堂"校园记者站并开展骨干培训。该项活动被教育部评为"全国中小学德育工作优秀案例"。可以说，广州市在德育工作的开展方面，有整体设计的思维，从课堂内走向课堂外，由学科课程转向生活课程，由传统德育课程、德育模式向体现现代时代特点的德育内容与德育渗透形式层层扩展与推进，形成了德育的"道德体验模式""生态德育""团体辅导模式""阳光德育模式"等模式，实现了以爱国主义为核心，涵盖民族精神教育、社会主义荣辱观教育、公民道德教育、法治教育、禁毒教育、心理健康教育、性健康教育、网络道德教育、感恩教育、环境教育、行为养成教育等内容的"大德育"体系。

三、坚持齐抓共管，形成合力育德的整体性模式

1983年，具有家校合作性质的全国第一所"小学家长学校"和"中学家长学校"应运而生，该成果发源于广州市乐贤坊小学和广州市第十六中学。家长学校的创建是这一阶段广东中小学德育最具时代代表性和富有深远影响意义的重要事件。在此以后，中小学"家长学校"便如雨后春笋般遍布中国大江南北。时至今日，以"家长学校""示范性家长学校"为特色的广州市和广东省中小学"家校共育"仍然是广东中小学德育的特色品牌。20世纪80—90年代，社会文化的多元影响及"应试教育"的压力，呼唤多元开放德育模式建立和德育的整体化建设。广东中小学德育审时度势，因势利导地提出了具有针对性、适时性和预见性的价值导向的建议，形成了与时俱进、开放创新的多元德育发展模式。1988年9月，广东省委、省政府在潮州召开全国中小学德育工作现场会，总结、推广潮州市动员全社会

力量的培育"四有新人"的经验。这一经验在全国反响强烈，引起国家教委和中央领导同志的高度重视和肯定。1988年12月13日，《中国教育报》发表《全社会重视青少年成长的好典型》评论员文章，号召全国城乡学习潮州市德育工作经验。1991年3月，国家教委在潮州召开全国中小学德育工作会议，推广潮州经验，总结提炼出领导重视，党政齐抓共管，学校教育、家庭教育、社会教育紧密结合，培育"四有新人"，大力推进精神文明建设的经验。自此，"齐抓共管"成为影响全国精神文明建设和中小学德育的基本模式。1993年2月，时任中共广东省委书记谢非在全省普教工作会议上再次提出，在新的形势下必须发展潮州德育经验，把学校德育工作提高到一个新的水平的要求。齐抓共管是广东德育这一时期的特色和作为，也是广东对全国中小学德育和社会精神文明建设的重大贡献。体现党政和全社会多面联手的"齐抓共管"社会德育新模式，起源于从广东走向全国的"潮州经验"。

"齐抓共管"是引领全国未成年人思想道德建设的一面高高飘扬的旗帜，也是这一阶段广东中小学德育最具时代意义和影响价值的重要事件。"齐抓共管"是主题内涵，"家长学校"是鲜明标志，两者交相辉映，形成了广东中小学德育这一时期最为绚丽的创新之花，同时，也为广东中小学德育和家校合作与协同共育奠定了生态式发展的深厚基础。2007年7月，广东省加强未成年人思想道德建设工作经验交流会在中山召开，总结提炼出新时期未成年人思想道德建设的"党委政府统一领导、文明办统筹协调、教育行政部门主导，以学校为主体、家庭为基础，依托社区、社会参与"合力联动机制。这是对"齐抓共管"经验的新发展和新突破，是广东创造出的又一个新经验、新模式。以广州为例。仅2012—2017年，在整合资源、推进家校合力育人上，广州取得了如下成绩：评选优秀家长学校200所、示范家长学校90所，培训家长学校骨干教师5 300余人；加强家庭教育理论研究，实施《广州市中小学家长学校教学大纲》，出版10册《广州市中小学家长学校教材》；受广东省精神文明建设指导委员会办公室委托，研发《教子有方——广东省家庭教育指导用书》；组织家庭教育专项调研，启动制定《广州市学校家庭教育指导意见》；建立26个家庭教育实践基地，发挥其区域性示范、引领和辐射作用；在全市部分中小学校，少年宫和名班主任工作室开展了面向家长的广州市"家教学堂"免费讲座百余场次，参与家长近10万人次；推进家长委员会建设，提升家庭教育指导队伍专业能力。截至目前，广州市建立了健全的市中小学德育研究与指导中心、市中小学心理健康教育指导（培训）中心、市未成年人心理咨询与援助中心等机构，推动广州市教育学会中学德育专业委员会、中（小）学班主任工作专业委员会等群众性团体建设，形成行政主管、专家指导、学校及群众参与相结合共同推进学校德育工作的机制和管理架构。

四、强化科学指导，打造广东德育发展的新亮点

2006年，广东省教育厅印发《关于委托广东教育学院承担中小学德育研究与指导任务的通知》（粤教思〔2006〕39号），委托广东教育学院成立"广东省中小学德育研究与指导中心"，连同2003年建立的"心理健康教育中心"和2008年设立的"中职学校德育研究与指导中心"，形成了教育行政主管与高校专家指导相结合，推进中小学德育的工作机制和专业指导平台，协助教育行政主管部门开展全省中小学德育的专业性研究与指导工作，以推进学校德育工作的创新发展。中心成立后，积极协助并主动作为，组织全省高校专家形成"智库"以及建立省、市、区三级德育研究与指导网络，成为德育行政与中小学德育的桥梁和纽带，在德育重大决策和举措的研究、设计、咨询、指导等方面，特别是在创办和组织班主任专业能力大赛、名班主任培养、德育干部培训、德育创新奖组织、德育研究课题管理、德育示范学校评估、名班主任工作室管理、德育特色学校指导等方面发挥着专业研究、指导与服务的作用。2008年，广东教育厅系统组织开展了中小学德育督导评估，建立评估激励机制，以评估促进学校德育规范管理，促进学校德育工作创新发展、特色发展、内涵发展。同年，广东省教育厅组织开展了广东省中小学德育创新奖评选活动，总结交流德育创新成果，引导和鼓励中小学校积极开展德育创新，破解德育难题，进一步提高德育的针对性和实效性。2009年，该活动更名为"广东省中小学德育创新成果展示活动"，目的也是进一步引导和鼓励中小学校（中职学校）创新德育工

作，培育新亮点，增创工作新优势。2011年6月—2012年6月，教育厅组织五批专家总计154人对全省19个地市特色品牌示范学校进行指导。德育示范学校评估活动在全省各地起到了引领学校德育特色创新发展的作用。2014年，德育创新成果展示活动改为"百系列"学校德育优秀成果展示活动。这对推动中小学德育特色创新产生了巨大推动力，形成了广东中小学德育特色创新促进学校发展热潮。2016年，广东省教育厅德育主管部门提出要加强德育工作特色培育和品牌推广，展示"百系列"学校德育创新成果，成立广东省中小学德育示范学校联盟，探索建立省、市、县（区）三级德育示范学校交流合作平台。

在德育理论研究上，广东省基础教育课程改革加强德育实验研究于2005年5月启动，2009年发布和实施《广东省中小学德育科研课题指南》，2010年印发《广东省中小学德育科研课题管理细则（试行）》。此后，德育发展走上课题化、制度化、规范化之路。课题管理平台指导着各地各中小学有组织、有计划地开展德育课题研究，以德育课程化、实效性，德育能力提升、德育特色创新发展为主题开展德育新思路、新模式、新举措的探索，有力引领和带动了德育科研在中小学普遍开展，不断提升学校德育科研意识并形成了系列富有广东特色的学校德育创新发展成果。"德育中心"成立后，中心专家基于调研以及一线学校的要求，建议广东省教育厅增设中小学德育创新奖，以激发广东中小学德育研究与实践创新的热情。2007年10月，广东省教育厅开展中小学德育创新奖首届评选活动。根据教育部文件精神，"广东省中小学德育创新奖评选活动"后来改名为"广东省中小学德育创新成果展示活动"，每两年举办一届。激励机制有力推动了中小学德育的创新发展，全省各地中小学德育特色创新项目如雨后春笋般不断涌现。在德育实践举措上，将德育与心理健康教育相整合，是广东学校德育的新亮点。广东省中小学校开展心理健康教育起步早，2003年提出《加强中小学心理健康教育的实施意见》（粤教思〔2003〕26号），2007年出台《关于加强中小学心理健康教育师资队伍建设的意见》（粤教思〔2007〕42号），2016年发布《广东省教育厅关于中小学心理健康教育工作规范指引》（粤教思〔2016〕2号）。这一阶段中小学德育改革展现出许多新亮点：心理健康教育课程培训为中小学班主任专业能力发展提供了心理学的专业依托和指导；心理学原理与技术的运用，提高了德育和班主任工作实效；德育与心育整合意识和探索蔚然成风，相关成果层出不穷，涌现出一大批"德心整合"的中小学德育创新实践新样式，如"体验德育""走心德育"等，凸显了广东德育的心理健康教育发展取向和特色。

五、深化队伍建设，增创广东德育发展新优势

班主任是素质教育的主要实施者，是学生健康成长的指导者和引路人。新时期对学校德育提出了新的要求，赋予了学校德育工作新的历史使命。开拓学校德育工作新局面需要依靠具有奉献精神、事业心和高度责任感的专业型的德育工作队伍，尤其是作为学校德育的主力军、生力军和素质教育的主要实施者的班主任队伍。班主任专业能力建设是广东德育改革与创新发展的重要思路和有效策略。因此，建立和培养一支具有"主业意识"、"奉献爱的事业"精神和专业能力的班主任队伍，是开创学校德育工作新局面的关键。广东省中小学班主任能力建设计划，以专业成长为主题，着力培养一支师德高尚、奉献精神好、专业能力强、有教育智慧的班主任队伍。通过开展以"教育故事叙述、班会课和班集体活动设计、情景答辩"为主要内容的班主任专业能力大赛，引导班主任向专业化发展；通过建立导师制"名班主任培养对象"培养制度，树立先进典范，激励和促进专业型、智慧型、专家型班主任队伍成长；通过落实《中小学班主任工作规定》和探索班主任职级培养及认定制度，落实班主任"主业地位"，促进班主任专业发展。为实施班主任能力建设计划，广东省教育厅自2005年以来出台了一系列相关文件。2005年出台《广东省中小学班主任能力建设计划》（粤教思〔2005〕37号），2006年发布《关于广东省中小学班主任能力建设计划的实施意见》（粤教思〔2006〕10号），规范班主任培训工作，成立广东省中小学班主任讲师团，启动"名班主任"培养工程。2006—2018年已培养五批"名班主任"培养对象，333个人获得"名班主任"称号。2011年起建立首批"名班主任工作室"，至2018年已建立三批73个"名班主任工作室"，为"名班主任"的后续发展和示范作用发挥提供了平台。2007年发布

《关于举办广东省中小学班主任专业能力大赛的通知》（粤教思〔2007〕10号），2007—2018年，共举办了七届中小学班主任专业能力大赛。大赛成为广东中小学班主任工作和德育创新的生长点，形成广东班主任和德育特色品牌，影响并带动全国。班主任能力建设计划成效显著，一批批优秀的"名班主任"和"名班主任工作室"主持人脱颖而出，在省内发挥示范引领作用，在全国产生了广泛影响，被誉为"广东班主任军团现象"。2009年8月，中共广东省委组织部、广东省机构编制委员会办公室、中共广东省委教育工委和广东省教育厅四部委联合颁布了《广东省普通高等学校辅导员队伍建设实施办法》。这两份文件是广东省思想政治教育和辅导员队伍建设的纲领性文件。在这两份文件的精神指导下，各高校充分调动党团干部队伍、教师队伍和辅导员班主任队伍的积极性，形成全员育人的机制，促进德育工作者健康成长。

　　总体而言，改革开放迎来了新的历史阶段，围绕立德树人的根本目标，广东德育积累了十分丰富的理论与实践经验，也取得了令人称赞的成绩。然而，广东学校德育的道路依然任重道远，还面临一系列的重大理论和实践问题，在德育功能、内容、方法和手段的创新，德育载体的拓展，德育运行机制的完善等方面上还有待研究和提升。展望未来，在中国特色社会主义建设的新时代，广东德育改革将伴随经济与社会的进步，走上现代化的新征程。在粤港澳大湾区蓬勃发展的背景下，广东德育将具有更广阔的国际视野，促进德育的现代化。在党的十九大精神的指引下，广东德育学科建设将迈上新的台阶，涌现更多的理论和实践成果。在高校深化改革的推动下，广东德育改革将更加科学化和规范化，为人才培养做出新的贡献。

第六章
社会主义法治教育的历史与经验

改革开放以来,国家非常重视大中小学生的法治教育,经历了四个发展阶段,即法制教育进校园的初步发展时期、全民普法教育展开的探索发展时期、公民法律素质提高的创新发展时期、法治教育纳入国民教育体系的系统化发展时期。法治教育是广东社会主义先进文化建设的重要内容。在开展法治教育的过程中,议题主要聚焦于四个方面,即加强法纪教育,预防违法犯罪;普及法律知识,提升法律意识;加强宪法教育,增强宪法意识;树立法治理念,培育法治精神。40多年来,广东在法治教育中积累了一些经验,主要有法治教育融入思想政治教育中,法治德治有机融合;法治教育的目标定位准确、分类分层、逐步递进;法治教育的内容与时俱进;法治教育的形式不断创新。

第一节 社会主义法治教育的发展历程

改革开放以来,我国学校的法治教育经历了几个发展阶段:1978—1986年的法制教育进校园阶段,1987—2000年的全民普法教育阶段,2001—2013年公民法律素质提高阶段,2014年至今将法治教育纳入国民教育体系的阶段。

一、法治教育的初步发展时期（1978—1986 年）：法制教育进校园

十年"文革"给党和国家的各项事业带来了严重的伤害，十一届三中全会决定把党和国家工作的重心从"以阶级斗争为纲"转移到"以经济建设为中心"上来，做出了改革开放的伟大决策。在法治建设方面，十一届三中全会公报指出，"宪法规定的公民权利，必须坚决保障，任何人不得侵犯。为了保障人民民主，必须加强社会主义法制，使民主制度化、法律化，使这种制度和法律具有稳定性、连续性和极大的权威"，向全社会发出了"加强社会主义法制"的号召，通过强化法律制度的建设，保障人民民主。从此，中国法治建设步入了恢复重建、持续发展的光明大道。

邓小平特别强调要加强民主和法治建设，指出民主和法治好像是人的两只手，相互制约，互为促进，任何一只手削弱都不行，"在强调发展民主的同时，要强调教育我们的人民特别是青年要有理想，守纪律"。1980 年，邓小平在中共中央工作会议上发表《贯彻调整方针，保证安定团结》的讲话，指出："在党政机关、军队、企业、学校和全体人民中，都必须加强纪律教育和法制教育……大中小学的学生从入学起，工人从入厂起，战士从入伍起，工作人员从到职起，就要学习和服从各自所必须遵守的纪律。……合理的纪律同社会主义民主不但不是相互对立的，而且是相互保证的。"邓小平充分认识到法制观念与人们的文化素质有关，要加强社会主义法制建设，就要对人民进行法制教育，尤其要加强大中小学生的法制教育。《中华人民共和国宪法》（1982 年）第二十四条指出："国家通过普及理想教育、道德教育、文化教育、纪律和法制教育，通过在城乡不同范围的群众中制定和执行各种守则、公约，加强社会主义精神文明建设。"可以看出，作为社会主义精神文明建设重要内容之一的法制教育，地位日益重要。1982 年 1 月 13 日，中共中央《关于加强政法工作的指示》提出："要十分关心青少年的健康成长，关注他们的思想动态，研究少数青少年走上违法犯罪道路的原因和教训，积极地采取教育引导和预防犯罪的措施。一切机关、学校、厂矿、企业、街道里弄、农村社队的党政组织和共青团、工会、妇联，都要把加强青少年教育看成是自己应尽的职责。每一个家长都要把自己的子

女教育好。……中小学都要加强法纪教育，培养青少年从小就养成爱学习、爱集体、爱劳动、讲礼貌和遵纪守法的好习惯。"此后在大中小学开展法纪教育，要求学生遵守学生守则，不违反校纪校规。

改革开放初期，广东省结合文明礼貌活动开展法制教育，通过专项整治活动，使城乡社会治安、社会秩序有了明显好转。1979年7月24日，广东省委批转省公安局党组《关于整顿社会治安情况和今后意见的报告》，报告指出要深入开展社会主义法制宣传教育；8月13日，广东省委发出《关于开展法制宣传教育活动的通知》，要求结合法制宣传教育活动，把社会治安进一步整顿好，创造一个更加良好的社会秩序。在开展文明礼貌活动中，注意通过广泛开展法制教育，打击经济领域的犯罪活动，打击黄赌毒，扫除"精神垃圾"，挽救失足青少年。通过开展专项整治，青少年自觉遵守法纪，思想觉悟有了极大提高。

二、法治教育的探索发展时期（1987—2000年）：全民普法教育展开

随着改革开放的深入，我国各方面的社会问题日益突出，主要表现为：第一，经济秩序混乱，走私贩私、贪污受贿、投机诈骗、倒买倒卖、偷盗抢劫、偷税漏税等经济犯罪行为日益猖獗。第二，社会治安混乱，拐卖妇女儿童、杀人强奸等恶性刑事案件大幅增加。解决这些社会问题，既要严打，又要教育，严打只是辅助手段，不能完全解决问题，主要靠教育，要在全体公民中开展普及法律常识的教育。

1985年6月，中宣部、司法部联合召开了全国法制宣传教育工作会议，会议讨论制定了《关于向全体公民基本普及法律常识的五年规划》（以下简称《规划》）。《规划》提出，普及法律常识的对象是工人、农（牧、渔）民、知识分子、干部、学生、军人、其他劳动者和城镇居民中一切有接受教育能力的公民。在全体公民中普及法律常识，对于加强我国的社会主义法制建设和精神文明建设，具有重大的现实意义和深远的历史意义。1985年11月22日，第六届全国人大常委会第十三次会议通过了《关于在公民中基本普及法律常识的决议》（以下简称《决议》）。《决议》指出，从1986年起，争取用五年左右的时间，有计划、有步骤地在一切有接受教育能力

的公民中，普遍进行一次普及法律常识的教育，并且逐步做到制度化、经常化；要编写简明、通俗的法律常识读物，紧密联系实际，采取多种形式，进行普及法律常识的宣传教育，努力做到准确、通俗、生动、健康；普及法律常识的重点对象之一是青少年，大学、中学、小学以及其他各级各类学校，都要设置法制教育的课程，或者在有关课程中增加法制教育的内容，列入教学计划，并且把法制教育同道德品质教育、思想政治教育结合起来。

1986年9月28日中国共产党第十二届中央委员会第六次全体会议《关于社会主义精神文明建设指导方针的决议》指出："要在全体人民中坚持不懈地普及法律常识，增强社会主义的公民意识，使人们懂得公民的基本权利和义务，懂得与自己工作和生活直接相关的法律和纪律，养成守法遵纪的良好习惯。公民都要遵守宪法，党员还要遵守党章。在法纪面前人人平等，绝不允许有任何超越法律和纪律的特殊人物，这应当成为我国政治和社会生活中不可动摇的准则。"从这一年开始，普法教育正式拉开序幕，各级各类学校开始尝试将法制教育融入思想政治教育、学科教育、主题教育中，法制教育开始走进校园。

1987年，国家教委发布了《关于高等学校思想教育课程建设的意见》，意见规定高校应开设"形势与政策""法律基础"两门必修思想教育课程，其中"法律基础"应开设30学时，目的是使学生懂得马克思主义法学的基本观点，掌握宪法和有关专门法的基本精神与规定，增强法制观念和社会责任感，正确行使公民权利与履行义务，以适应社会主义法制建设的要求。国家教委于1990年8月3日颁发的《九年义务教育全日制小学思想品德课教学大纲（初审稿）》指出，小学法制教育由社会课承担，法制教育的具体内容均放在社会课里，着重讲具体的守法知识，而思想品德课只从原则上使学生知道国家为什么有法律，作为一个公民为什么要遵纪守法。

1987年2月10日，广东省委办公厅、省政府办公厅转发普法领导小组《关于普及法律常识工作情况和今后意见的报告》，报告指出，全省要坚持稳步前进的方针，有计划、有步骤，扎扎实实地铺开各个层次的普法教育。1996年，广东省人大常委会做出了《关于继续开展法制宣传教育的决议》，强调重视发挥教育、共青团和政法等部门的管理、教育功能，认真抓好青少年的法制教育。省教育厅决定全省初中开设法制课，初中法制教育走上了规范化、制度化轨道。1998年，广东省阳江市江城区在全国首创中小学校法制副校长制度，出台全国首部普法地方法规《广东省法制宣传教育条例》，普法从娃娃抓起成为制度。1998年，广东省各级司法行政机关以依法治省为主线，认真解决青少年普法教育问题，把法制教育不断引向深入，全省大中小学生形成了一套比较完整的法制宣传教育体系，教材编著、课程设置和师资培训工作都得到落实。

三、法治教育的创新发展时期（2001—2013年）：公民法律素质的提高

1997年党的十五大报告提出，"依法治国，是党领导人民治理国家的基本方略"，"发展民主，健全法制，建设社会主义法治国家"。实现21世纪我国社会主义现代化建设和贯彻实施"依法治国，建设社会主义法治国家"的目标，离不开公民法律意识和法律素质的提高。因此，应加强和改进法制宣传教育，努力提高公民的法律素质。从"四五"普法开始，法制教育的观念、目标、方式方法等有大的转变，从注重学习法纪法规常识到提高法律素质，从遵守法律规范到树立权利意识，增强维权意识，提高维权能力。中宣部、司法部制定的《关于在公民中开展法制宣传教育的第四个五年规划》（简称"四五"普法规划）指出，通过"四五"普法规划的实施，努力实现由提高全民法律意识向提高全民法律素质的转变。"五五"普法规划指出，通过法制宣传教育，提高全民法律素质、推进依法治国基本方略实施、建设社会主义法治国家。"六五"普法规划指出，通过深入扎实的法制宣传教育和法治实践，深入宣传宪法，广泛传播法律知识，进一步坚定法治建设的中国特色社会主义方向，提高全民法律意识和法律素质，提高全社会法治化管理水平，促进社会主义法治文化建设，推动形成自觉学法守法用法的社会环境。

2002年，教育部、司法部、中央综治办、共青团中央发布了《关于加强青少年学生法制教育工作的若干意见》（教政法〔2002〕3号）（以下简称《意见》），《意见》指出法律素质是青少年学生综合素质的重要组成部分，要不断提高广大青少年学生的法律素质，努力把青少年学生培养成为

有理想、有道德、有文化、有纪律的社会主义建设事业的合格人才。

在此《意见》的指导下，2002年5月，教育部颁布了《全日制义务教育品德与社会课程标准（实验稿）》，明确规定在小学中高年级开设"品德与社会"课程。该课程以小学中高年级学生的社会生活为主线，将品德、行为规范和法制教育等有机融合，引导学生加深对自我、他人和社会的认识和理解，在此基础上养成良好的行为习惯。2003年5月，教育部颁布了供初中使用的《全日制义务教育思想品德课程标准（实验稿）》，该课程将心理、道德、法律、国情四者有机地渗透在教材中，在法律方面的知识目标是要求学生知道基本的法律知识，了解法律的基本作用和意义；能力目标是遵纪守法，初步具备寻求法律保护的能力；价值目标是尊重规则、尊重权利、尊重法律，追求公正。加强法制教育，既有利于初中生树立法律意识，养成遵纪守法的良好习惯，远离犯罪，又有利于他们掌握保护自己的法律武器。2004年，教育部颁布了供高中使用的《普通高级中学思想政治课程标准（实验稿）》，明确规定高中思想政治课程分为必修课程和选修课程，法制教育属于选修课程之一。法制教育的知识目标是理解当代中国法制建设的基本要求，能力目标是增强依法办事、依法律己和依法维护自身权益的能力，价值目标是增强社会责任感和民主法制观念，培养公民意识。2005年，中宣部、教育部发布《关于进一步加强和改进高等学校思想政治理论课的意见》实施方案（简称"05方案"），"05方案"把"思想道德修养""法律基础"合并成一门课程，并赋予它新的目标和使命，即对大学生进行社会主义道德教育和法制教育，帮助学生增强社会主义法制观念，提高思想道德素质，解决成长成才过程中遇到的实际问题。

四、法治教育的系统化发展时期（2014年至今）：法治教育纳入国民教育体系

虽然法治教育已开展多年，做了很多工作、取得了很多实效，但是从全国范围来说，法治教育只是思想品德课、思想政治课的一小部分，没有专门的法治教育教材和大纲。党的十八届四中全会解决了法治教育30多年没有解决的老大难问题，即将法治教育纳入国民教育体系。2014年，党的十八届四中全会通过了《中共中央关于全面推进依法治国若干重大问题的

决定》，明确指出全面推进依法治国的总目标是建设社会主义法治国家，并对全面依法治国进行了部署，明确规定"把法治教育纳入国民教育体系"。为了贯彻党的十八届四中全会"将法治教育纳入国民教育体系"的战略要求，教育部、司法部和全国普法办于2016年6月28日联合发布了《青少年法治教育大纲》（以下简称《大纲》），并将其确定为"全面依法治国、加快建设社会主义法治国家的基础工程"。按照《大纲》要求，从2016年9月1日起，义务教育小学和初中起始年级《品德与生活》《思想品德》教材名称统一更改为《道德与法治》。高中教育阶段，思想政治课要设置专门的课程模块，可以采取分册方式，将法治教育作为思想政治课的独立组成部分，或者增加法治教育选修课的课时。高等教育阶段要把法治教育纳入通识教育范畴，开设法治基础课或者其他相关课程作为公共必修课。

　　近年来，未成年人违法犯罪案件时有发生，各地校园欺凌事件频发，影响恶劣，社会反响很大，加强青少年法治教育成为紧迫课题。把法治教育纳入国民教育体系，从青少年抓起，在中小学设立法治知识课程，引导青少年树立规则意识、契约精神，尊崇公序良俗，遵守法律法规，实现法治的育人功能。广东省教育厅按照相关文件要求将法治教育融入学校教育全过程，落实到教育教学和管理服务各环节，覆盖到各级各类学校和全体学生。广东省在中小学开设国家课程"道德与法治"的基础上，结合本省实际，开设了广东省中小学地方综合课程。这是一门面向学生生活、面向广东实际、面向创新时代、整合专题教育和广东地方课程、探索培养学生核心素养、增强学生社会责任感、法治意识、创新精神和实践能力的开放性、活动型地方综合课程。该课程内容包括生命与安全、文明与法治、社会与文化、学习与发展四大领域，其中"文明与法治"领域由文明礼仪、环境保护与生态文明、诚信、法治、廉洁文化5个专题组成，旨在培育学生道德情操、生态环保意识、诚信品质、法治精神等现代文明素养。法治教育专题共16个课时，覆盖小学、初中及高中各年级，利用地方课程、校本课程和社会实践、班队会等形式，加强青少年学法懂法教育，将其培养成为有法治精神的社会主义合格公民。广东省教育厅组织编写了《法制教育·小学（四至六年级）》《广州市中小学生法律读本》《法制教育（初中全一册)》等地方教材,推广到全省各中小学校使用。各类考试开考前,通过法律法规宣传、警示案例教育、签订诚信考试承诺书等方式,开展普法和诚信考试教育。从 2017 年开始,广东省每年对中小学法治教育骨干教师进行培训,以提高法治教育的实效。

第二节　社会主义法治教育的主要议题

邓小平指出,做好思想政治工作不能只靠空洞无物的说教和灌输,而是要建立健全党的领导的相关制度,改进和完善党的领导。改善和完善党的领导,应该从民主与法制建设抓起。十一届三中全会后,我国法制建设尤其是立法进程加快,但是如何让法律不仅仅停留于纸上呢?在改革开放不同阶段,社会主义法治教育提出了不同的议题,每个阶段的议题都很好地解决了时代之问,为广东改革开放营造了良好的法治环境。

一、加强法纪教育,预防违法犯罪

改革开放后,社会治安开始出现混乱,严重刑事犯罪增加,1982 年 1 月 13 日中共中央发出《关于加强政法工作的指示》,要求全党动手"综合治理",务使社会风气、社会治安明显好转。"综合治理"须要"打防并举、标本兼治、重在治本",其治标手段是依法严惩严重刑事犯罪分子,治本手段是教育青少年、预防青少年违法犯罪。国门打开后,新鲜空气进来的同时"苍蝇蚊子"也进来了,在引进先进技术和外资发展经济的同时,黄色暴力、一切向钱看、读书无用论等西方腐朽思想也蜂拥而至,对青少年的腐蚀毒害相当严重,青少年违法犯罪现象激增。1983 年,邓小平就指出思想战线不能搞精神污染,要建设社会主义精神文明,培养"四有新人"(有理想、有道德、有文化、有纪律)。1985 年,邓小平进一步指出反对资产阶级自由化,加强"四有"教育,特别强调理想教育、纪律教育的重要性。1985 年,中共中央发出《关于进一步加强青少年教育预防青少年违法犯罪的通知》(以下简称《通知》),这是防范青少年违法犯罪的纲领性文件。根据《通知》精神和当时社会情况,为预防青少年违法犯罪,中小学进行了侧重于刑法、犯罪与刑罚、规章纪律的法纪教育，要求学生熟悉校规校纪，学法懂法守法，养成遵纪守法的良好行为习惯。

广东省在"一五"普法期间，非常重视对青少年进行法纪教育，从自身实际出发进行改革，闯出一条新路子。广东省以建设有中国特色社会主义理论为依据，依托改革开放的伟大实践，将课内课外、校内校外的教育要素结合起来，实行学校德育社会化，使青少年的德育和管理成为一项综合性的社会工程，各方力量形成合力，取得了意想不到的效果。潮州市主要领导从历史和战略的高度认识社会主义精神文明建设的重要性，亲自抓学校思想政治教育，形成党政领导、社会、学校、家庭共同参与的格局，各方协力教育引导青少年，其中公安、司法部门负责对青少年进行法纪教育，掌握青少年违法行为的动态，及时将其消灭在萌芽状态。1984—1989年，潮州市中小学校风学风良好，近17万名中小学生没有一个因违法犯罪而受刑事处分的。1988年9月，在潮州市召开了全国中小学德育工作座谈会，研究推广潮州的"大德育"经验。由于全省大力宣传潮州经验，广东青少年学生精神面貌发生了很大变化，道德水准大大提升，在校中小学生犯罪率逐年下降，1990年为0.83‰，1992年为0.21‰，1995年为0.04‰，1996年已有110个县（区）达到无中小学生犯罪。1992年5月，潮州市被国家教委授予"全国中小学德育工作先进市"光荣称号，成为当年全国四个德育先进市之一。

二、普及法律知识，提升法律意识

1985年11月22日，第六届全国人大常委会第十三次会议通过了《关于在公民中基本普及法律常识的决议》，指出要有计划、有步骤地在一切有接受教育能力的公民中，普遍进行一次普及法律常识的教育，并且逐步做到制度化、经常化。"一五"普法期间，对青少年的法制教育还处在知识启蒙阶段，目标仅在于预防违法犯罪。"二五"普法围绕党和国家的中心工作，从"法律启蒙"的常识教育转向法律常识、法律知识、法律意识的多层次教育，提出青少年法制教育的目标是培养社会主义法律意识和民主意识。"三五"普法提出要增强青少年的法律意识和法制观念。1992年，国家教委思想政治工作司与司法部法制宣传司联合编写了《法律基础教学大纲》，指出"法律基础课的主要内容是向学生讲授法律基础知识"。1996年第二版《法律基础教学大纲》指出，"法律基础课的任务是在向学生传授必要的法律基本知识的基础上，重点对大学生进行社会主义民主法制观念教育，帮助大学生培养健全的法律意识"。在《法律基础教学大纲》（1996年版）的指导下，各大高校自行编写了整体内容差别不大但各具特色的教材，主要由法学基础理论、基本法律知识、法律意识和法制观念三部分构成，但在实际教学中仍然存在重视法律知识传授，轻视法律意识和法制观念的培育，强调遵从法律义务，轻视维护法律权利，注重实体法教学，轻视程序法教育等问题。1998年，中宣部、教育部印发了《关于普通高等学校"两课"课程设置的规定及其实施工作的意见》（简称"98方案"），"98方案"规定了普通高等学校马克思主义理论课和思想品德课（简称"两课"）的课程设置，思想品德课包括"思想道德修养"和"法律基础"两门课程。"98方案"指出"法律基础"课的主要内容包括社会主义法制观念和法律意识、马克思主义法学观点、宪法和其他部门法的基本精神和规定等。"98方案"要求"增强"大学生的社会主义法制观念和法律意识，但对其他宪法和其他部门法的具体规定只要求"了解"，大学生法制教育的重点由法律知识转向法律意识。

全面依法治国、建设社会主义法治国家需要不断完善法律体系，但写在纸上的法律条文要真正发挥作用，还需要全体公民牢固树立法律意识。有些人虽然具备知道法律条文、具备一定的法律知识，但对法律采取工具主义的态度，法律对自己有利时就利用、不利时就绕开。因此，要在普及法律知识的基础上，增强法律意识。法律意识强的公民能够充分认识自身行为的法定自由和限度，自觉遵循法律规范，依法开展活动。2002年教育部、司法部、中央综治办、共青团中央印发的《关于加强青少年学生法制教育工作的若干意见》（教政法〔2002〕3号），指出要增强大中小学生的法律意识：小学法制教育要对学生进行法律启蒙教育，向学生普及有关法律的基本常识，培养他们的爱国意识、交通安全意识、环境保护意识、自护意识，以及分辨是非的能力，从小养成遵纪守法的好品德。中学法制教育要着重进行社会主义民主与法治观念教育，增强学生的国家意识、权利义务意识、守法用法意识，进行预防未成年人犯罪教育，使学生明辨是非，提高自我约束、自我保护能力，预防和减少违法犯罪行为。中专、职校和技校要突出与所学专业知识相关和劳动保护等方面的法律知识教育。大学法制教育要突出对现代法学基础理论和依法治国理论与实践的学习，对民事法律、市场经济法律与WTO规则基本知识的学习，使学生牢固树立宪法意识、权利义务对等意识和依法办事意识。

三、加强宪法教育，增强宪法意识

宪法不仅是国家的根本大法、治国安邦的总章程，而且是保障人民民主权利、维护人民根本利益的法律武器，具有最高权威和法律效力。宪法的根基在于人民发自内心的拥护，宪法的伟力在于人民出自真诚的信仰。因此，在全社会深入开展尊崇宪法、学习宪法、遵守宪法、维护宪法、运用宪法的宣传教育活动，大力弘扬宪法精神和社会主义法治精神，不断增强人民群众宪法意识是极其重要的。

2001年，中共中央、国务院决定将宪法实施日12月4日确定为每年的"法制宣传日"，开展以学习宣传宪法为主题的系列宣传教育活动，以增强全民的宪法意识。深入学习宣传宪法，是法制宣传教育的基础性、根本性和重点工作。从"一五"普法开始，就将学习宣传宪法作为普法的一个主要任务，提高全体公民的宪法意识，教育引导一切组织和个人都必须以宪法为根本活动准则，增强宪法观念，维护宪法尊严。尤其是党的十八大以来，以习近平同志为核心的党中央领导集体提出全面依法治国方略，强调坚持依法治国首先要坚持依宪治国，坚持依法执政关键要坚持依宪执政，要突出宪法这一根本大法的地位与作用。习近平非常重视青少年的法制教育，特别注重加强各级各类学校的法制教育，把宪法法律教育纳入国民教育体系，引导青少年从小掌握宪法法律知识、树立宪法法律意识、养成遵法守法习惯。2016年，教育部颁发的《依法治教实施纲要（2016—2020年)》和教育部、司法部、全国普法办联合印发的《青少年法治教育大纲》对各级各类学校学生法制教育提供了科学指导。《全国教育系统开展法治宣传教育的第七个五年规划（2016—2020年）》要求，坚持把学习宣传宪法摆在首要位置，认真组织好"12·4"国家宪法日暨全国教育系统宪法学习日学习宣传教育活动，健全完善宪法日教育仪式和内容，弘扬宪法精神，树立宪法权威。

广东省普法办、省司法厅、省教育厅、团省委等将青少年学生宪法教育作为重中之重，采取多种形式，深入推进宪法宣传教育进校园，根据青少年学生的特点，专门研究设计针对高中、初中和小学学生的宪法教育课件，在全国首创开展"宪法在我心中"万场法制宣传教育进校园活动，精心打造广东"宪法教育大课堂"普法品牌。"宪法教育大课堂"的宣讲内容主要有"四大模块"，即尊崇宪法、学习宪法、以案说法、诵读宪法，结合不同年龄段学生、结合身边发生案例、结合法制文化产品、结合现场师生互动形成四种宣讲形式，体现了主题突出、通俗易懂、互动参与、贴近生活的四大特色，达到让学生基本了解宪法、内心尊崇宪法、培育宪法精神的教育目的。为使"宪法教育大课堂"品牌的效应不断延伸扩大，广东普法网站、广东普法微信公众号会将每次大课堂的文字、视频上传推送，集中宣传，力争推动"宪法教育大课堂"3.0版的全省全覆盖，提升大课堂的影响力。12月4日是国家宪法日，广东省教育系统举行"宪法晨读"活动，由省教育厅设立主会场，各地市教育局、各高校、各直属学校通过视频接入或者直接登录教育部青少年普法网，同步开展"宪法晨读"活动。全省大中小学生在不同城市、不同学校同时诵读宪法条文节选。各地各校在开展"宪法晨读"活动的同时，还结合实际，开展了丰富多彩的宪法学习宣传活动，如举行宪法宣誓仪式、制作宪法主题班级板报、举办宪法漫画展和开展宪法日主题班会、宪法演讲、升旗仪式等。开展多种形式的宪法教育，有利于普及宪法知识、弘扬宪法精神、树立宪法权威，引导学生自觉成为宪法的忠实崇尚者、自觉遵守者、坚定捍卫者。

四、树立法治观念，培育法治精神

全面推进依法治国的总目标是建设中国特色社会主义法治体系，建设社会主义法治国家。法治体系不仅是一套完整的制度规范体系，也是一个先进的价值观念体系,是制度与观念的有机统一,制度规范和法治观念相互作用、相辅相成。没有法治理念和法治精神,任何现代社会都不会长期繁荣和可持续发展。中国特色社会主义法律体系于2011年已经建成,法律法规不断完善,但要实现全面依法治国的目标还必须使法治精神深入人心,必须将法治理念内化于心外化于行。因此,"六五"普法的目标定位开始转变,从纯粹法律知识、法律素质转向社会主义法治理念、法治精神的培育,从偏重尊法守法转向积极用法,普法理念从知识层面向价值层面、实践层面推进。党的十八届四中全会做出增强全民法治观念、推进法治社会建设的战略部署。"七五"普法提出要使全民法治观念和全体党员党章党规意识明显增强,全社会厉行法治的积极性和主动性明显提高,形成守法光荣、违法可耻的社会氛围。

  树立法治观念、培育法治精神,离不开直接、充分、有效的法治教育。2013年,教育部、司法部、中央综治办等印发了《关于进一步加强青少年学生法制教育的若干意见》(以下简称《意见》)指出,青少年学生法制教育要以弘扬社会主义法治精神,树立社会主义法治理念,培养知法尊法守法用法的合格公民为根本目标。《意见》指出要自觉遵循青少年学生成长规律和法制教育规律,分阶段实施:小学阶段要重点开展法律启蒙教育,让学生初步了解宪法、法律的地位和作用,了解未成年人权利的基本内容和未成年人保护的法律法规,具备自我保护的意识,初步掌握自我保护的方法,初步树立规则意识、平等意识、权利义务观念。初中阶段要让学生进一步学习宪法的基本知识,了解法治的精神,理解公民权利与义务的关系,学习与其生活密切相关的民事、刑事、行政管理等方面的法律知识,了解预防未成年人犯罪法的有关内容,养成遵纪守法的习惯,提高依法保护合法权益的意识、能力。高中阶段要让学生形成法律意识和法治观念,懂得法治是治国理政的基本方式,知道法律的功能、作用,了解我国政治、经济、文化生活等方面的主要法律以及国际法的基本原则、我国批准的重要国际公约。高等学校要进一步培养学生法律意识,使学生了解现代法学的基本理论和中国特色社会主义法律体系中的基本法律原则、法律制度及民事、刑事、行政法律规范,提高运用法律知识分析、解决实际问题的意识和能力。

为贯彻落实党的十八大和十八届三中、四中、五中全会精神，推动法治教育纳入国民教育体系，提高法治教育的系统化、科学化水平，教育部、司法部、全国普法办联合印发了《青少年法治教育大纲》（以下简称《大纲》）。《大纲》提出了法治教育的目标：小学阶段要培育学生的国家观念、规则意识、诚信观念和遵纪守法的行为习惯；初中阶段要使学生树立守法意识、公民意识、权利与义务相统一观念、程序思维，初步建立宪法法律至上、民主法治等理念，初步具备依法维护自身合法权益、参与社会生活的能力；高中阶段要增强学生法治观念，牢固树立有权利就有义务的观念，初步具备参与法治实践、正确维护自身权利的能力；高等教育阶段要进一步深化对法治理念、法治原则、重要法律概念的认识与理解，基本掌握公民常用法律知识，基本具备以法治思维和法治方式维护自身权利、参与社会公共事务、化解矛盾纠纷的能力，牢固树立法治观念，坚定走中国特色社会主义法治道路的理想和信念。

第三节　社会主义法治教育的基本经验

改革开放以来，广东省各级各类学校围绕党和国家普法教育的重点工作，紧密结合广东省情和主要议题，认真开展社会主义法治教育，积累了丰富的经验，主要有四个方面：法治教育融入思想政治教育中，法治德治有机融合；法治教育的目标定位准确，分类分层、逐步递进；法治教育的内容与时俱进；法治教育的形式不断创新。

一、法治教育融入思想政治教育中，法治德治有机融合

法律与道德是人类交往与合作不可或缺的行为规范体系，法治与德治是治国理政的两种重要方式。国家治理需要法治与德治协同发力，二者不可分离、不可偏废。依法治国与以德治国有机融合，可以发挥好法律与道德各自的独特功能与作用，取长补短而达至相辅相成、相得益彰，内外兼治、刚柔相济，最终实现法律与道德同频共振的社会善治。习近平总书记

指出，中国特色社会主义法治道路的一个鲜明特点，就是坚持依法治国和以德治国相结合，强调法治和德治两手抓、两手都要硬。这既是历史经验的总结，也是对治国理政规律的深刻把握。党的十八届四中全会提出，"坚持依法治国和以德治国相结合"是实现全面推进依法治国总目标必须坚持的重要原则。因此，我国不设置专门的法治教育课程，而是把法治教育课程融入思想品德或思想政治课中，既接受法治教育又接受德治教育，达到"法安天下，德润人心"的效果。

小学阶段，法治教育渗透到思想品德课中。为适应社会主义现代化建设的需要，更好地培养下一代接班人，1986年国家教育委员会在总结各地实践经验、广泛征求意见的基础上，对1982年《全日制小学思想品德课教学大纲（试行草案）》进行了修订，颁发了《全日制小学思想品德课教学大纲》（以下简称"1986年《大纲》"）。1986年《大纲》要求通过以"五爱"（爱祖国、爱人民、爱劳动、爱科学、爱社会主义）和"五讲四美"为中心的社会公德教育和社会常识教育（包括必要的生活常识、浅显的政治常识、与小学生生活相关的法律常识），培育学生良好的思想品德和行为习惯，使他们成为有理想、有道德、有文化、有纪律的社会主义新人。1986年《大纲》教学内容中的第六条是"对学生进行社会主义民主和法制观念的启蒙教育，引导他们从小学习过民主生活，平等待人，有事大家商量，懂得少数服从多数的道理，逐步树立遵纪守法观念"。1986年《大纲》指导思想明确，结构基本合理，层次比较清楚。但随着改革开放的深化和义务教育法的贯彻实施，小学思想品德课需要整体改革，1990年8月3日国家教委印发《九年制义务教育全日制小学思想品德课教学大纲（初审稿）》，该《大纲》中关于法制教育的要求稍有变动，在思想品德课和社会课中都要进行法制教育，但各有侧重。在思想品德课中，从思想教育的角度渗透法治教育，低年级有"注意交通安全"的内容，教育学生要遵守交通规则，高年级有"知道纪律和秩序是人们正常生活的保证，在社会上要遵纪守法"。社会课主要讲授具体的法律常识。

中学阶段，法治教育渗透到思想政治课中。1982年12月1—24日，教育部召开中学政治课教材修订工作会议，修订了《青少年修养》《社会发展简史》《法律常识》《政治经济学常识》和《辩证唯物主义常识》。《法律常识》讲述我国法律、特别是宪法基本知识，提高学生对社会主义民主和法制的认识。1985年，《中共中央关于改革学校思想品德和政治理论课程教学的通知》明确提出了中学思想政治课的主要内容和要求是"进行道德、民主和法制、纪律教育，进行社会生活和社会发展规律以及社会主义建设常识的教育，了解和遵守社会主义民主、社会主义法制和民主集中制的原则，树立遵守法律和纪律的观念，在初中和高中的最后一年都要安排必要的时间对全体学生讲授职业生活知识、职业道德、劳动纪律、劳动安全、就业和部分待业青年的光辉榜样"。1986年6月，国家教委颁布了《中学思想政治课改革试验教学大纲（初稿）》，大纲明确规定要在初中一年级开设"公民"课程，将法治教育融入其中。"公民"课程的内容主要包括道德规范、法律规范和社会生活准则，其中通过法律规范的教育，引导学生逐步树立社会主义的法制观念和纪律观念，养成遵纪守法的良好行为习惯。

大学阶段，法治教育渗透到思想政治理论课中。按照中央和全国人大常委会在全民普及法律常识的要求，1986年9月国家教育委员会发出《关于在高等学校开设"法律基础"课的通知》，该通知规定在思想政治理论课程中开设法治教育课，在"中国社会主义建设"课中进行"社会主义民主与法制"教育，教会学生有效区分社会主义民主与资本主义民主；从大学生的思想实际出发，以讲座的形式进行法律基础知识教育，例如，围绕公民权利与义务、民主与法制、民主与专政、犯罪与刑罚、婚姻与继承问题等开展讲座；结合不同专业需要开设专门法的选修课。这为当时高校开展法制教育指明了方向，各高校相继安排课时进行法律基础教学，法制教育正式进入高校课堂并步入正轨。1987年10月，国家教育委员会《关于高等学校思想教育课程建设的意见》，规定设置"形势与政策""法律基础"两门为思想教育课必修课程。1998年6月10日，中宣部、教育部印发了《关于普通高等学校"两课"课程设置的规定及其实施工作的意见》的通知，规定了普通高等学校"两课"（马克思主义理论课和思想品德课）的课程设置，思想品德课包括"思想道德修养"和"法律基础"。虽然"思想道德修养"和"法律基础"分设，但两者都属于思想品德课。2005年教育部又将

"思想道德修养"和"法律基础"合二为一，组织编写了《思想道德修养与法律基础》教材，更好地将德治教育与法治教育有机结合。

2016年，教育部、司法部、全国普法办联合印发的《青少年法治教育大纲》，明确指出要以社会主义核心价值观为主线，用法治精神和法律规范弘扬社会主义核心价值观，以良法善治传导正确的价值导向，将法律的约束力量、底线意识与道德教育的感化力量、提升精神紧密结合，从而达到法治教育与道德教育的有机结合。广东省广州市组织专家编写了中小学生《法律读本》。《法律读本》以培育青少年学生的法治观念、法律意识、保护青少年学生的自身权益、预防和减少违法犯罪为出发点和归宿，以宪法教育为核心，向青少年学生普及与其健康成长相关的法律法规知识，将培育社会主义核心价值观贯穿其中，以良法善治引导学生树立正确的法治观和道德观。

二、法治教育的目标定位准确，分类分层、逐步递进

自1986年"一五"普法以来，法治教育就被纳入大中小学课程计划及教学大纲中，根据学生身心发展规律，循序渐进，逐步深入地开展。

1995年12月，国家教委、中央综治办、司法部印发的《关于加强学校法制教育的意见》明确了各阶段法制教育的目标。小学法制教育主要是使小学生初步了解一些与日常社会生活密切相关的法律常识，进行法制观念的启蒙教育，逐步培养学生分辨是非的能力，从小养成遵纪守法的好品德；中学法制教育主要是对学生进行社会主义民主与法制观念教育，使他们知道法律的作用，了解我国法制的原则，帮助学生树立宪法权威的观念和依法享有公民权利、依法履行公民义务的观念，知道公民应依法办事，违法必受制裁，提高遵纪守法的自觉性，树立社会责任感。高等学校的学生，要懂得马克思主义法学的基本观点，了解我国宪法和基本法律的主要精神和内容，充分认识加强民主法制建设的重要性、必要性、艰巨性和长期性，增强法制观念和社会责任感，正确行使公民权利，严格履行公民义务，以适应社会主义现代化建设的要求，成为有理想、有道德、有文化、有纪律的专门人才。

2016年6月28日，教育部、司法部和全国普法办联合发布的《青少年法治教育大纲》，明确各学段法治教育的目标任务。小学阶段，着重普及宪法常识，养成守法意识和行为习惯，让学生感知生活中的法、身边的法，培育学生的国家观念、规则意识、诚信观念和遵纪守法的行为习惯。初中阶段，使学生初步了解个人成长和参与社会生活必备的基本法律常识，进一步强化守法意识、公民意识、权利与义务相统一观念、程序思维，初步建立宪法法律至上、民主法治等理念，初步具备运用法律知识辨别是非的能力，初步具备依法维护自身合法权益、参与社会生活的能力。高中教育阶段，使学生较为全面地了解中国特色社会主义法律体系的基本框架、基本制度以及法律常识，强化守法意识，增强法治观念，牢固树立有权利就有义务的观念，初步具备参与法治实践、正确维护自身权利的能力。高等教育阶段，进一步深化对法治理念、法治原则、重要法律概念的认识与理解，基本掌握公民常用法律知识，基本具备以法治思维和法治方式维护自身权利、参与社会公共事务、化解矛盾纠纷的能力，牢固树立法治观念，认识全面依法治国的重大意义，坚定走中国特色社会主义法治道路的理想和信念。

广东省按照《青少年法治教育大纲》的要求，将法治教育覆盖各教育阶段，形成了层次递进、结构合理、螺旋上升的法治教育体系。

三、法治教育的内容与时俱进

"一五"普法的内容是"十法一条例"，即宪法、民族区域自治法、刑法、刑事诉讼法、民法通则、民事诉讼法（试行）、婚姻法、继承法、经济合同法、兵役法和治安管理处罚条例。其中，重点是普及宪法、刑事法律和治安管理处罚条例。"二五"普法的主要内容有宪法、国家新颁布的法律和法规（包括行政诉讼法、义务教育法、集会游行示威法、国旗法等），同时要有针对性地选学"一五"普法期间"十法一条例"的有关内容。"三五"普法的主要内容有邓小平关于社会主义民主与法制建设的理论、宪法知识、与公民工作生活密切相关的基本法律知识、与维护社会稳定有关的法律知识、社会主义市场经济法律知识。"四五"普法的主要内容有邓小平民主法制理论、宪法、与整顿规范市场经济秩序相关的法律法规、保障和促进国家西部大开发的法律法规、与加入世界贸易组织相关的法律知识、与维护社会稳定相关的法律法规、社会发展迫切要求普及的各项法律法规。"五五"普法的主要内容有宪法、经济社会发展的相关法律法规、与群众生产生活密切相关的法律法规、整顿和规范市场经济秩序的法律法规、维护社会和谐稳定和促进社会公平正义的相关法律法规等。"六五"普法的主要内容有宪法、中国特色社会主义法律体系、国家基本法律、促进经济发展的法律法规、保障和改善民生的法律法规、社会管理的法律法规等。"七五"普法的主要内容有习近平关于全面依法治国的重要论述、宪法、中国特色社会主义法律体系、党内法规等。

广东省按照教育部要求,根据省情和学生实际情况,结合思想品德课进行普法教育,开展了法制课。"一五"普法期间,广东省通过对学生进行宪法、刑事法律和治安管理处罚条例等法律知识的传授,有效遏制了青少年犯罪活动。例如,广东省潮州市1981年开始就为全市18万中小学生上了法制课,截至1987年潮州市在校中小学生没有出现一例犯罪。

根据《青少年法治教育大纲》,广东教育出版社出版《道德与法治》教材,始终体现以人为本的教育理念,从学生生活中的法律需要出发,以学生的成长规律作为依据,围绕成长中的我、我与他人、我与集体和社会等关系,有机整合道德、心理健康、法律和国情教育等知识,统筹设计教材体系结构,注重不同内容的交叉渗透、螺旋上升,使思想品德课程成为一个立体的、开放的、发展的教育体系。

四、法治教育的形式不断创新

长期以来,各级各类学校不断创新和丰富青少年法治教育形式,提高法治教育的实效,真正使广大青少年学生从小树立法治观念,养成自觉守法、遇事找法、解决问题靠法的思维习惯和行为方式。第一,发挥课堂教学的主渠道作用,坚持品德教育与法治教育并重,将法治教育列入课程,落实法治教育教材、课时和师资。第二,充分利用第二课堂和社会实践活动开展青少年法治教育,加强青少年法治教育实践基地建设。第三,强化学校、家庭、社会"三位一体"的青少年法治教育格局。"四五"普法期间，政府和企业相继建立了法律顾问制度，学校设立了法制副校长；各类大专院校普遍开设了法学基础课程；95%以上的城镇中小学校、81%以上的农村中小学校配备了兼职法制副校长协助学校开展法制教育，初步形成了学校、家庭、社会"三位一体"的青少年法治教育格局。

广东省按照普法要求，积极创新法治教育形式，形成独特的"岭南模式"。

第一，广东省在中小学开设国家课程"道德与法治"的基础上，印发《广东省中小学地方综合课程指导纲要（试行）》，增设了法治教育专题地方课程，同时组织编写了《法制教育·小学（四至六年级）》《广州市中小学生法律读本》《法制教育（初中全一册）》等地方教材，结合国情、省情、市情、学情有针对性地开展法治教育，充分发挥课堂教学在法治教育中的主渠道作用。

第二，广东省积极建设青少年学生法治教育实践基地，将法治教育和法治实践结合起来。从2017年起，广东省省级普法专项经费由400万元提升到2 500万元，推动各地市、县（区）建立至少一个省级标准法治文化主题公园、青少年法治教育实践基地，为青少年学生和人民群众走近宪法、学习宪法提供平台。省教育厅与省司法厅、省普法办联合开展"青少年法治教育实践基地"创建活动，推动全省各地市、县（区）建立1个以上多功能青少年学生法治教育实践基地，到2020年将建成100个省级基地。广州市普法办联合广州市教育局、市综治办、团市委共同建造了广州市青少年法治教育基地，于2003年11月13日正式投入使用，这是全省第一所青少年法治教育基地，也是目前全省面积最大、功能最多、最齐全的青少年法治教育基地之一。广州市青少年法治教育基地以"尊法学法守法用法"为宗旨，组建了法治教研组，采取面授、音像、多媒体、模拟操作等教育形式，让学生在实践、互动、体验中学习法律知识，逐步提高法律素养。按照广州市教育局的年度教学计划和司法局的普法计划，该基地安排了有组织、有计划的法治教育活动，每年接待参加学习的高中约40所、初中约100所，共计约7万名学生。

第三，广东探索建立学校、家庭、社会"三位一体"协同发力的法治教育联动机制。在学校教育上，抓好法治教育内容、课时、师资培训和考试考核落实。全省中心镇以上中小学校100%聘请法制副校长，各地中小学校按照计划、教材、课时、师资、考核"五落实"抓好青少年学生法治教育。在家庭教育上，利用家长学校开展法治教育，开展"一帮一"互助和"大手牵小手"普法宣传活动，切实维护青少年学生合法权益；在社会层面上，抓好青少年学生法治教育基地建设，各地依托法院少年庭、青少年文化宫、中小学普法活动中心等有效载体，举办少年模拟法庭、青少年趣味普法、法制图片展等，积极开展丰富多彩的青少年法治宣传教育活动。广东省普法办联合省教育厅开展青少年法制知识竞赛和全省中小学百场法制讲座，联合团省委组织全省青少年参加"全国青少年法律知识大赛"，联合依法治省办、省教育厅等有关部门举办广东省大学生法制文艺晚会。广东省教育厅与团省委联合开展全省青少年"我身边的法律故事"主题征文比赛；与省司法厅、团省委联合开展"千名青年律师千场学生法律服务"活动；与省检察院、省林业厅开展"法治进校园"巡讲活动及"野生动物保护法进校园"活动；与省税务部门举办"青少年税收课堂"，开展"税法第一课·南粤时政学堂"及税法进校园系列活动；与公安消防、交管、综治等部门建立法治宣传教育常态长效机制。

国家机关是国家法律的制定和执行主体，同时也是普法的主体，在青少年法治教育中具有不可替代的作用。2017年5月，中共中央办公厅、国务院办公厅印发了《关于实行国家机关"谁执法谁普法"普法责任制的意见》，要求各地区各部门结合实际认真贯彻落实。广东省教育厅围绕立德树人根本任务，制定了《广东省教育系统法治宣传教育第七个五年普法规划（2016—2020年）》，坚持"谁执法谁普法、谁服务谁普法、谁主管谁负责"的原则，印发了《广东省教育厅关于"谁执法谁普法"普法责任制的实施意见》《广东省教育厅普法责任制清单》，明确划定普法责任主体范围，制定普法责任清单，确保普法任务落地生根。这是普法工作理念和机制的大胆尝试和创新，有利于强化国家机关普法的责任约束，增强普法的针对性和实效性，形成分工负责、各司其职、齐抓共管的"大普法"格局。

青少年法治教育不只是学校的事情,家庭和社会也要共同承担责任。只有学校、家庭、社会协同发力,形成教育合力,才能切实提高法治教育的质量和实效。"三位一体"法治教育联动机制,有效地降低了青少年违法犯罪率,绝大多数地方在校学生犯罪率为零,普法成为青少年学生远离犯罪的"隔离墙",使学生在尊法守法学法用法中树立起法治信仰。

第七章
中华民族精神教育的历史与经验

　　文化是民族的血脉，是人民的精神家园。中华民族精神是中华民族在历史发展过程中积淀下来的、与其他民族相区别的、使自己成为自己，并持续维持自身存在的特有精神，对弘扬中华民族优秀精神、服务社会主义建设事业、促进人的全面发展具有重要意义。中华民族精神是广东精神的文化母体，广东精神是中华民族精神在广东这一特定区域在历史演化过程中形成的特定区域精神文化，广东精神是中华民族精神与时代精神融合、演化的成果。广东作为中国改革开放的"窗口"和排头兵，改革开放40多年来，面对"文化大革命"的破坏和世界多元外来文化的冲击，广东各级党和政府、各级各类学校以高度的文化自觉积极传承中华民族精神和传统文化，并结合地方特点，将民族精神与广东精神结合起来，将文化传承与文化创新结合起来，形成富有广东特色的精神文化。

　　中华传统文化和民族精神作为中华民族的文化基因，不像人的生理基因一样可以自然继承，因此需要依靠教育系统去传承、创新和发展。改革开放40多年来，广东各级各类学校围绕立德树人根本任务，遵循学生认知规律和教育教学规律，按照一体化、分学段、有序推进的原则，把中华优秀传统文化全方位融入思想道德教育、文化知识教育、艺术体育教育、社会实践教育各环节，贯穿于启蒙教育、基础教育、职业教育、高等教育、继续教育各领域，探索出了一条具有广东特色的民族精神和传统文化教育路子。

第一节　中小学阶段的中华民族精神教育

一、中小学阶段中华民族精神教育的内容

1. 中华民族精神的内涵

习近平总书记指出:"中国人民在长期奋斗中培育、继承、发展起来的伟大民族精神,为中国发展和人类文明进步提供了强大精神动力。"改革开放以来,不同主体在不同历史时期,对中华民族精神都有过很精辟的论述,其内涵表述和侧重各有差异,体现了不同时期的特点,也体现了对中华民族精神认识的不断深化。

早在党的十六大报告就指出:"在五千多年的发展中,中华民族形成了以爱国主义为核心的团结统一、爱好和平、勤劳勇敢、自强不息的伟大民族精神。"江泽民同志指出:"面对世界范围各种思想文化的相互激荡,必须把弘扬和培育民族精神作为文化建设极为重要的任务,纳入国民教育全过程,纳入精神文明建设全过程,使全体人民始终保持昂扬向上的精神状态。"

迈进新时代,习近平总书记为中华民族精神给出了权威定义:伟大创造精神、伟大奋斗精神、伟大团结精神、伟大梦想精神。

伟大创造精神,是"辛勤劳作,发明创造",体现在群星闪耀的诸子百家,体现在影响世界的四大发明,体现在风雅颂、诗词曲,体现在有形的无形的文化遗存。

伟大奋斗精神,是"革故鼎新,自强不息",体现在辽阔秀丽的大好河山,体现在物产丰富的广袤良田,体现在中国人民千百年来的生产生活。

伟大团结精神,是"团结一心、同舟共济",体现在 56 个民族多元一体、交织相融,体现在中华民族大家庭同心同德、守望相助。

伟大梦想精神,是"心怀梦想、不懈追求",体现在小康的理念、大同的情怀,体现在勇于追求和实现梦想的执着精神。

中华民族精神是中华文化的核心。习近平指出,中华文明有着 5000 多

年的悠久历史，是中华民族自强不息、发展壮大的强大精神力量。我们的同胞无论生活在哪里，身上都有鲜明的中华文化烙印，中华文化是中华儿女共同的精神基因。习近平同志强调实现中国梦必须弘扬中国精神，他指出："经过几千年的沧桑岁月，把我国56个民族、13亿多人紧紧凝聚在一起的，是我们共同经历的非凡奋斗，是我们共同创造的美好家园，是我们共同培育的民族精神，而贯穿其中的、更重要的是我们共同坚守的理想信念。"始终发扬伟大民族精神，正是实现中华民族伟大复兴最坚实的底气、最强大的动力。

2. 中小学加强中华民族精神教育的意义

民族精神是一个民族赖以生存和发展的精神支撑，中小学阶段正是世界观、人生观、价值观形成的重要时期，这一阶段也是一个人萌生民族意识、爱国情怀的重要时期。新时期，广东省在中小学加强中华民族精神教育具有重要的现实意义。

一是加强民族精神教育是应对世界多极化和经济全球化的要求。一方面，随着经济的全球化，世界范围内各种思想文化相互激荡，为不同民族、不同思想文化之间的交流与借鉴提供了有利条件；另一方面，国际敌对势力利用各种途径对我国青少年实行思想文化渗透，某些腐朽没落的生活方式严重影响青少年健康成长。应对世界多极化和经济全球化的挑战，必须在中小学开展弘扬和培育民族精神教育。

二是加强民族精神教育是实现全面建设小康社会的奋斗目标的需要。广东实施建设经济强省的同时努力建设文化大省的战略，加快步伐率先基本实现社会主义现代化，中华民族精神是强大的精神动力。广东精神的传承与弘扬，能助力全面提升广东人的素质。当代的中小学生是在改革开放和社会主义市场经济深入发展的环境下成长的，他们是广东率先基本实现社会主义现代化的生力军，在中小学开展弘扬和培育民族精神教育，是建设文化大省的基础性工程。

三是加强民族精神教育是促进中小学成长成才的需要。科学发展观的本质和核心是坚持以人为本，促进人的全面发展。落实党的教育方针，全面推进素质教育，首先要教育学生学会做人。中华民族精神能滋养青少年的精神，对他们的伦理素养、文化基础、人格熏陶、习惯养成等都能起到不可估量的作用。坚持以人为本的科学发展观，必须在中小学开展弘扬和培育民族精神教育。

综上所述，在中小学大力开展弘扬和培育民族精神教育是党中央在新时期新阶段对教育工作提出的新要求，是当前和今后一个时期青少年学生思想道德建设和德育工作的一项重大而又紧迫的任务，也是加强和改进学校德育工作的一个极好的战略抓手。必须从对党的事业、国家的前途和民族的命运极端负责的高度，充分认识在中小学生中开展弘扬和培育民族精神教育的重要性和迫切性，增强责任感、使命感和紧迫感，坚持求真务实，采取措施，抓实抓好抓出成效。

3. 中小学阶段中华民族精神教育的重点

教育要遵循学生学习和成长的规律，循序渐进。因此，针对不同学龄阶段的学生，加强民族精神教育，要有所侧重。在小学低年级，以培育学生对中华优秀传统文化的亲切感为重点，开展启蒙教育，培养学生热爱中华优秀传统文化的感情。在小学高年级，以提高学生对中华优秀传统文化的感受力为重点，开展认知教育，了解中华优秀传统文化的丰富多彩。在初中阶段，以增强学生对中华优秀传统文化的理解力为重点，提高对中华优秀传统文化的认同度，引导学生认识我国统一多民族国家的文化传统和基本国情。在高中阶段，以增强学生对中华优秀传统文化的理性认识为重点，引导学生感悟中华优秀传统文化的精神内涵，增强学生对中华优秀传统文化的自信心。广东是教育大省，处于改革开放前沿，抓好青少年学生中华民族精神教育意义重大。

2004年，中共广东省委宣传部、广东省教育厅印发的《关于在中小学开展弘扬和培育民族精神教育的实施意见》（以下简称《意见》）对中小学弘扬和培育民族精神教育进行了全面安排。

《意见》明确中小学弘扬和培育民族精神教育的任务是：以爱国主义教育为核心，以中华传统美德和革命传统教育为重点，坚持育人为本，重在实践，引导和帮助广大青少年学生了解民族文化，领会民族精神的实质，增强民族自尊心、自信心和自豪感，维护祖国的尊严和利益，树立建设中国特色社会主义的共同理想和信念,始终保持昂扬向上、为中华民族的伟大复兴而努力学习的精神状态。

《意见》强调弘扬和培育民族精神,要贯穿于学生品德形成的全过程,落实到学生学习、生活和社会实践的各个环节。要根据学生不同成长阶段的身心特点、知识水平和接受能力,分阶段、分层次、有针对性地实施。

《意见》指出,小学低年级学生要初步了解中华民族是一个伟大的民族。培养学生孝敬父母、尊敬师长、友爱同学、自信、诚实、勇敢、爱学习、爱生活、爱集体、爱家乡、爱祖国的良好品质。小学中高年级学生要了解中华民族的伟大成就,培养民族自豪感。培养学生自尊自信、友爱宽容、诚实守信、勇敢、勤奋好学、勤俭节约、爱集体、爱家乡、爱祖国的良好品质。初中阶段学生要了解中华民族的历史与文化,增强学生的民族自豪感,初步确立民族自尊心和自信心。培养学生自尊自信、乐观向上、勇敢坚强、宽厚待人、乐群好学、求真务实、积极进取、勇于探索、热爱和平、维护统一的良好品质。

(1)爱国主义教育是核心。《意见》指出,弘扬和培育民族精神要从增强爱国情感做起,抓好中国近现代史、国情教育、时事政策教育,让青少年学生感受改革开放以来我国取得的巨大成就,感受广东在改革开放中经济社会的飞跃发展,了解全面建设小康社会的奋斗目标及其途径,激发学生热爱祖国、热爱广东的情感,增强使命感和社会责任感,为广东加快基本实现社会主义现代化而奋发学习。

(2)加强中华传统美德教育和革命传统教育是重点。《意见》要求,要引导青少年学生从优秀的民族文化和革命传统中吸取力量,热爱生活、参与社会、健全人格、学习做人。引导青少年学生学习和执行《中小学生守则》《小学生日常行为规范》和《中学生日常行为规范》,从规范行为习惯做起,培养良好的道德品质和文明的行为习惯,形成基本的道德观、价值观和初步的道德判断能力,在遵守基本行为准则的基础上,追求更高的思想道德目标。

(3)加强诚信教育是中小学民族精神教育的重要抓手。《意见》对广东全省中小学开展诚信教育进行了部署。全省中小学开展了"创建诚信校园、培育诚信师生"活动,学校以诚信教育、诚信管理、诚信服务取信于学生和家长,取信于社会;教师廉洁从教,以身示范,教人求真;学生诚实学习,诚实做事,学做真人。开展"诚信、成人、成才""诚信在我身边"等以诚信教育为主题的系列活动,营造以守信为荣、失信为耻的校园文化氛围,引导师生从身边小事做起,提高诚信素养,诚信育人,诚信立人。

(4)学习实践新时期广东人精神是民族精神教育的具体化。在中小学校中培育和倡导"敢为人先,务实进取,开放兼容,敬业奉献"的新时期广东人精神,让学生知道广东文化底蕴深厚,广东是岭南文化的发源地,是中国近现代革命的发源地之一,广东改革开放创造了奇迹性的成就,广东人民铸就了伟大的抗"非典"精神,引导青少年学生为"我是广东人"感到自信自豪,实践广东人精神,传承弘扬广东人精神,丰富发展岭南文化。

在《意见》的指引下,全省中小学结合广东省情和各自校情,将中华民族精神教育作为素质教育的重要内容,纳入人才培养全过程和各方面,通过丰富多彩的活动形式,开展了中华民族精神教育活动,取得了丰硕的成果。

二、中小学阶段中华民族精神教育的历史

历时十年的"文化大革命",对中华传统文化和中华民族精神教育和传承造成了严重阻断和伤害。改革开放的43年是中华民族精神重振和复兴的43年。处于中国改革开放前沿的广东更是承担着重要使命,以高度的文化自觉主动担当起中华民族精神的传承和培育工作,为广东改革开放注入了源源不断的精神动力,也保证了广东发展的方向和底色。

1. 改革开放以来,中央不断加强民族精神的弘扬和培育

自20世纪90年代以来,党中央高度重视、反复强调民族精神的弘扬和培育。20世纪80年代中后期的中西方文化论战,以及由此引发的1989年春夏之交的政治风波,给中国人民敲响了警钟。中国的有识之士,包括中央领导和专家学者开始关注和强调加强中华民族精神教育对青少年健康成长的重要意义。

1990年3月，江泽民同志与北京大学部分学生在中南海怀仁堂座谈时强调：民族精神很重要，任何一个民族都要有精神力量。中华民族有五千年文明史，特别是具有团结一心、艰苦奋斗、不屈服外侮的光荣传统。……要有一种民族自豪感，要有一种民族志气，要有一种民族气节。

1994年8月，中共中央颁布了《爱国主义教育实施纲要》和《中共中央关于进一步加强和改进学校德育工作的若干意见》，两个文件都强调了对青少年学生的中华民族传统美德教育。

1995年，由李岚清同志主持，罗国杰教授主编的《中国传统道德》一书正式出版。这是新中国成立以来第一次集中国内一流学者，对中华民族传统道德资源进行的大规模开发。

跨入21世纪，面对世情、国情、党情，中央更加重视对青少年进行中华民族精神和传统文化的教育。

2001年，中共中央印发了《公民道德建设实施纲要》（中发〔2001〕15号），强调要坚持继承优良传统与弘扬时代精神相结合。《公民道德建设实施纲要》指出，爱祖国、爱人民、爱劳动、爱科学、爱社会主义作为公民道德建设的基本要求，要引导人们发扬爱国主义精神，提高民族自尊心、自信心和自豪感，以热爱祖国、报效人民为最大光荣，以损害祖国利益、民族尊严为最大耻辱，提倡学习科学知识、科学思想、科学精神、科学方法，艰苦创业、勤奋工作，反对封建迷信、好逸恶劳，积极投身于建设有中国特色社会主义的伟大事业。

2003年10月9日，中共中央宣传部、中央文明办、共青团中央、教育部、全国少工委发出通知，要求深入学习贯彻党的十六大精神，在少年儿童中开展"民族精神代代传"教育活动。这一活动要以弘扬和培育民族精神为主题，以丰富多彩的活动为载体，教育引导少年儿童了解民族精神的丰富内容，感受民族精神的伟大力量，体验民族精神的时代内涵，使其逐步树立民族自尊心和民族自豪感，从小立志为实现中华民族的伟大复兴做好全面准备。

2002年11月，党的十六大召开，江泽民同志在十六大报告中指出："在五千多年的发展中，中华民族形成了以爱国主义为核心的团结统一、爱好和平、勤劳勇敢、自强不息的伟大民族精神。"江泽民同志还指出："必须把弘扬和培育民族精神作为文化建设极为重要的任务,纳入国民教育全过程,纳入精神文明建设全过程,使全体人民始终保持昂扬向上的精神状态。"

2004年2月,《中共中央 国务院关于进一步加强和改进未成年人思想道德建设的若干意见》(中发〔2004〕8号)(以下简称"中央8号文件")提出将民族精神教育作为未成年人思想道德建设的主要任务之一,强调"从增强爱国情感做起,弘扬和培育以爱国主义为核心的伟大民族精神"。

为深入贯彻"中央8号文件",落实中宣部、教育部《中小学开展弘扬和培育民族精神教育实施纲要》的要求,弘扬和培育伟大民族精神,从2004年开始,中宣部办公厅、教育部办公厅连续多年每年组织开展"中小学弘扬和培育民族精神月"活动。每年突出主题,因地制宜,各地、各校从实际出发,挖掘具有地方特色的教育资源,开展了多种教育实践活动,形成了一批具有鲜明特色的、长期的、具有一定影响力的品牌活动。

迈进新时代,党中央、国务院更加从战略高度全面推进中华民族精神和中华优秀传统文化的传承。

2014年,教育部印发的《完善中华优秀传统文化教育指导纲要》(教社科〔2014〕3号)提出,加强中华优秀传统文化教育,必须坚持以邓小平理论、"三个代表"重要思想、科学发展观为指导,深入贯彻落实党的十八大精神和习近平总书记系列重要讲话精神,全面贯彻党的教育方针,积极培育和践行社会主义核心价值观,围绕立德树人根本任务,以弘扬爱国主义为核心的团结统一、爱好和平、勤劳勇敢、自强不息的民族精神为主线,以推进大中小学中华优秀传统文化教育一体化为重点,整体规划、分层设计、有机衔接、系统推进,促进青少年学生全面发展,培养富有民族自信心和爱国主义精神的社会主义事业建设者和接班人。

2015年9月,国务院办公厅印发的《关于全面加强和改进学校美育工作的意见》,强调把培育和践行社会主义核心价值观融入学校美育全过程,根植中华优秀传统文化深厚土壤,汲取人类文明优秀成果,引领学生树立正确的审美观念、陶冶高尚的道德情操、培育深厚的民族情感、激发想象力和创新意识、拥有开阔的眼光和宽广的胸怀，培养造就德智体美全面发展的社会主义建设者和接班人。

2017年1月，中共中央办公厅、国务院办公厅印发的《关于实施中华优秀传统文化传承发展工程的意见》指出，要紧紧围绕实现中华民族伟大复兴的中国梦，深入贯彻新发展理念，坚持以人民为中心的工作导向，坚持以社会主义核心价值观为引领，坚持创造性转化、创新性发展，坚守中华文化立场、传承中华文化基因，不忘本来、吸收外来、面向未来，汲取中国智慧、弘扬中国精神、传播中国价值，不断增强中华优秀传统文化的生命力和影响力，创造中华文化新辉煌。

党的十九大报告指出："要深入挖掘中华优秀传统文化蕴含的思想观念、人文精神、道德规范，结合时代要求继承创新，让中华文化展现出永久魅力和时代风采。""广泛开展理想信念教育，深化中国特色社会主义和中国梦宣传教育，弘扬民族精神和时代精神，加强爱国主义、集体主义、社会主义教育，引导人们树立正确的历史观、民族观、国家观、文化观。"

党中央不同时期关于中华民族精神的论断都充分体现了传承与创新的精神，是中华民族精神不断加深认识，不断时代化、实践化的成果，对指导各地、各级各类学校开展中华民族精神教育具有重要的指导意义。

2. 身处改革开放前沿，广东全面推进中小学阶段民族精神教育

广东作为改革开放前沿，以高度的文化自觉和使命担当，结合广东实际全面推进中华民族精神和优秀传统文化的教育。尤其是十六大以后，在教育系统全面推进了民族精神的教育活动，取得了比较显著的成效。

党的十六大要求弘扬和培育民族精神必须纳入国民教育的全过程，弘扬和培育民族精神是中小学校长期的教育工作，必须常抓不懈。我省各级教育行政部门和中小学校按照广东省委宣传部与广东省教育厅印发的《关于在中小学开展弘扬和培育民族精神教育的实施意见》，扎扎实实地开展弘扬和培育民族精神教育。

为落实"中央8号文件"提出的任务，从2004年9月起，广东省在全省中小学校组织开展"弘扬和培育民族精神月"活动，以集中学习的方式推进中小学民族精神教育，主要做法如下。

一是及时动员部署,教育活动开局良好。为使我省中小学弘扬和培育民族精神教育有良好的开局,2004年8月,广东省教育厅举办全省加强未成年人思想道德建设教育局长培训班,对2004年全省第一个"中小学弘扬和培育民族精神月"活动进行了动员部署,要求各地教育行政部门和中小学校充分认识开展"弘扬和培育民族精神月"的重要意义,抓住教育契机,开展教育。与此同时,广东省教育厅发出了《关于组织开展"弘扬和培育民族精神月"活动的通知》(粤教思〔2004〕41号),要求把开展"弘扬和培育民族精神月"活动作为落实"中央8号文件"的具体行动,突出主题,举行启动仪式,开展系列教育实践活动,营造声势浩大、感染力强的教育氛围。

二是突出教育主题,开展系列教育实践活动。2004年第一个"弘扬和培育民族精神月"活动,根据全省加强和改进未成年人思想道德建设工作会议的精神,主题为"传承文明、培育新人"。围绕主题,全省各地中小学校利用当地的德育资源,结合《中小学生守则》《小学生日常行为规范》和《中学生日常行为规范》的重新颁布实践,组织开展"民族精神代代传""弘扬培育广东人精神""践行守则规范从我做起"等系列活动。

三是举行启动仪式,形成全省上下联动态势。2004年9月1日,新学年开学的第一天,广东省教育厅与省文明办联合在广州市举行"传承文明、培育新人——广东省学校弘扬和培育民族精神月"启动仪式。时任省委常委、宣传部部长朱小丹在启动仪式上讲话。他指出,启动"传承文明、培育新人"主题教育实践活动,是扎实推进我省未成年人思想道德建设的具体行动,要求各级教育行政部门和中小学校要切实把弘扬和培育民族精神、培养爱国主义情操、践行公民道德规范和养成文明行为习惯的要求寓于各项教育教学活动之中。启动仪式上,我省德育工作实验学校广州市第十六中学、广州市小北路小学向全省的中小学生发出倡议。启动仪式后,广州市第十六中学举办了"诚信与成功"大家谈、"做一个文明的中学生"演讲比赛,中华传统道德格言书画、宣传画现场创作等活动。

随着广东省学校弘扬和培育民族精神月启动仪式的举行,省内各地根据自身计划随后陆续举行启动仪式,形成全省上下联动的态势。

2004年9月1日,珠海市举行以"践行守则规范从我做起"为主题的

《中学生守则》《小学生日常行为规范》《中学生日常行为规范》首发仪式，启动弘扬和培育民族精神月活动。珠海市教育局和市文明办组织了"学生与文明行为"问卷调查，"两代人的道德观"征文比赛活动等，引起全社会关注未成年人思想道德教育。

9月20日，公民道德宣传日，深圳市举行中小学生思想道德先进事迹报告会暨弘扬和培育民族精神月教育活动。深圳市罗湖中学郭楚瑜、育才二小张楚生、华南中英文学校李治、桂园中学杨绿野4位同学在会上做先进事迹介绍，优秀学生和先进事迹感动着每一个人。深圳市教育局通过举办中小学生思想道德先进事迹报告会，让全市中小学生学习身边自强不息、助人为乐的典型，引导学生从身边榜样学起，从身边事情做起，从身边人关爱起，逐步实现道德境界的升华。

9月20日，肇庆市举行"奥运冠军冼东妹事迹报告会暨肇庆市弘扬和培育民族精神月"教育活动。会上肇庆籍奥运冠军冼东妹做了感人的事迹报告，肇庆市中小学生宣誓，表示向冼东妹学习，弘扬民族精神，刻苦学习，奋发成才。

四是在中小学校开展"学习实践新时期广东人精神"主题教育系列活动。2004年第一个"中小学弘扬和培育民族精神月"活动，广东省教育厅在全省中小学校启动"学习实践新时期广东人精神"教育系列活动。活动的宗旨，在中小学校中培育和倡导"敢为人先、务实进取、开放兼容、敬业奉献"的新时期广东人精神。活动的内容包括："学习实践新时期广东人精神"知识竞赛活动、"彩色岭南"校园数码普及活动暨数码摄影比赛、"我爱我家"网页设计大赛。活动的时间为2004年9月至2005年7月。广东省教育厅发出《广东省中小学校"学习实践新时期广东人精神"主题教育系列活动方案》后，各地教育行政部门和中小学校热烈响应，积极组织中小学生参加系列活动。

2014年以来，根据教育部《完善中华优秀传统文化教育指导纲要》和中共中央、国务院《关于实施中华优秀传统文化传承发展工程的意见》等文件精神，广东省中小学校紧紧围绕立德树人根本任务，以弘扬爱国主义为核心的团结统一、爱好和平、勤劳勇敢、自强不息的民族精神为主线，以推进大中小学中华优秀传统文化教育一体化为重点，结合广东实践开展了丰富多彩的教育活动。

根据国务院办公厅印发的《关于全面加强和改进学校美育工作的意见》，2017年6月，教育部与广东省人民政府签署《学校美育改革发展备忘录》（以下简称《备忘录》）。《备忘录》指出，要突出岭南文化特色，以相关项目建设为支撑，传承中华传统文化。根据《备忘录》确定的工作任务，广东省教育厅全面开展了农村学校艺术教育实验县、中华优秀传统文化艺术传统学校和基地建设等工作，将民族精神和传统文化教育融入美育工作，并取得了良好效果。

三、中小学阶段中华民族精神教育的经验

1. 充分发挥课堂教学弘扬和培育民族精神主渠道的作用，积极推进弘扬和培育民族精神教育进课堂、进教材、进学生头脑

广东省中小学校在实施基础教育课程改革中，按照新课程的培养目标，不断加强弘扬和培育民族精神的教育，使学生获得基础知识与基本技能的过程同时也是学习和实践民族精神的过程。注重民族精神教育进课程，要在中小学德育课程和语文、历史等人文社会科学课程教学中注意加强融入民族精神教育。在数学、物理、化学、生物、科学等理科课程教学中有机结合进行民族精神教育。在艺术、体育等课程教学中适量增加民族精神的教育内容。弘扬和培育民族精神，要列入研究性学习的研究课题，作为综合实践课的重要内容。全省中小学校在校本课程建设中，注重结合省情、地情和校情，结合当地民族精神教育资源的开发和利用，结合岭南文化中潮汕文化、客家文化、广府文化等丰富而各具特色的地方文化开展中华民族精神教育，形成了广东民族精神教育的品牌和特色。

2. 发挥专题教育和社会实践活动弘扬和培育民族精神重要渠道的作用，以弘扬和培育民族精神为主题开展教育活动和社会实践活动

广东近十余年来坚持每年开展中小学主题教育活动，每年根据当年党的宣传思想工作要求，结合学校实际和学生特点，设计鲜明突出的活动主题，以鲜明正确的价值导向引导学生，以积极向上的力量激励学生，培养

学生正确的世界观、人生观和价值观。组织学生开展反映中华传统美德、革命传统和优秀文化的诗词、格言和名篇佳作的诵读活动，使学生了解中华民族文化。组织学生开展"访英模、学精神"的社会实践考察活动，使学生从英雄模范人物身上感受民族精神的力量。组织学生参加"手拉手""志愿者""扶残助困"等社会公益活动和社区服务。利用节庆日、纪念日和重大事件时间节点，举行庆祝纪念活动，进行民族精神教育。在全省创建一大批爱国主义、党员教育、革命传统教育基地，组织学生参观爱国主义教育基地，参观改革开放成就和祖国风景胜地，激发学生热爱祖国、建设家乡的热情。开展弘扬和培育民族精神教育实践活动，突出思想内涵，强化道德要求，加强针对性，提高实效性。注重学生的真实感情、真实体验和真实的思想收获。

3. 建设弘扬和培育民族精神的校园文化

积极推进中华优秀传统文化、高雅艺术进校园，开展学生艺术展演、百歌颂中华、戏曲进校园、中国南粤古驿道首届文化创意大赛等丰富多样的校园艺术文化活动。创建农村学校艺术教育实验县、中小学艺术教育特色学校、中华优秀文化艺术传承学校等活动，打造起具有广东特色的校园文化品牌活动，在全国产生积极影响。

4. 善于通过弘扬广东精神优化中华民族精神的培养

地方精神是中华民族精神的具体化和生动体现。广东是中国近现代革命的发源地之一，广东是改革开放的先行区和经济建设的排头兵，广东在不同历史时期形成了具有区域特色的广东精神。例如，在改革开放初期形成的"敢为人先，务实进取，开放兼容，敬业奉献"的广东精神，以及新时期"厚于德、诚于信、敏于行"的新时期广东精神。广东教育系统都将学习宣传和践行广东精神作为中华民族精神教育的深化和具体化，通过开展各项主题教育活动，引导青少年学生为"我是广东人"自信、自豪，实践广东人精神，发扬光大广东人精神，丰富发展岭南文化，取得了比较好的实践成果。

第二节　高等教育阶段的中华民族精神教育

一、高等教育阶段中华民族精神教育的内容

《完善中华优秀传统文化教育指导纲要》指出，在大学阶段，要以提高学生对中华优秀传统文化的自主学习和探究能力为重点，培养学生的文化创新意识，增强学生传承弘扬中华优秀传统文化的责任感和使命感。迈进新时代，习近平总书记对中华民族精神提出了"四个伟大"的论断，即伟大创造精神、伟大奋斗精神、伟大团结精神、伟大梦想精神，对高校开展中华民族精神教育具有重要指导意义。

习近平总书记将"伟大创造精神"作为中华民族精神的首要内容，尤其值得高校关注。高等教育阶段除了前面所讲的需要强调的爱国主义精神、中华传统美德和革命传统教育等内容之外，还特别要注重加强创新创造精神的培育。特别是在新时代，作为承担着文化传承与创新职能的现代大学，更加要弘扬中华民族优秀传统中的创新创造精神，引导大学生积极融入新时代，承担新使命，以建设者和接班人的姿态投入改革建设发展大潮中。要帮助学生理解创新是民族进步的灵魂，是一个国家兴旺发达的不竭动力，弘扬和培育民族精神既要继承优秀传统，又要体现时代进步的要求，从时代和社会发展进步中汲取营养，不断丰富和发展民族精神的内涵。引导学生积极探索，开拓进取，勇于创新。

二、高等教育阶段中华民族精神教育的历史

2002年以来，广东省教育厅在全省范围内开展了以"加强'三风'建设　优化育人环境"为主题的系列教育活动。2003年，为全面贯彻落实党的十六大精神，进一步兴起学习实践"三个代表"重要思想的新高潮，大力弘扬和培育广大学生的民族精神，进一步增强学校思想道德建设的针对性和实效性，有效地推动学校精神文明建设，全省大中小学校开展了主题为"弘扬培育民族精神　加强理想信念教育"的系列教育活动，内容包括：

在普通高校开展"民族魂"主题大学生摄影比赛、"爱我中华"主题歌曲演唱比赛、"人生导航计划"主题网上征文比赛，在高校和中学中开展"芳华园"主题班级网页设计比赛，在中小学校开展"我为弘扬民族精神献格言"活动、"访英模、学精神"社会实践考察活动。整个主题系列活动历时7个多月，教育活动内容丰富多彩，形式活泼多样，取得了良好的教育成效。

2004年10月，中共中央、国务院印发了《关于进一步加强和改进大学生思想政治教育的意见》（中发〔2004〕16号）（以下简称"中央16号文"）提出，以爱国主义教育为重点，深入进行弘扬和培育民族精神教育。深入开展中华民族优良传统和中国革命传统教育，开展各民族平等团结教育，培养团结统一、爱好和平、勤劳勇敢、自强不息的精神，树立民族自尊心、自信心和自豪感。要把以爱国主义为核心的民族精神教育与以改革创新为核心的时代精神教育结合起来，引导大学生在中国特色社会主义事业的伟大实践中，在时代和社会的发展进步中汲取营养，培养爱国情怀、改革精神和创新能力，始终保持艰苦奋斗的作风和昂扬向上的精神状态。

2004年，时任中共中央政治局委员、省委书记张德江在对广东省部分高校的专题调研中，提出了当代大学生思想政治教育要立足于"立志·修身·博学·报国"这一主题。全省高校围绕这一主题，在大学生中广泛开展了形式多样的活动，取得了明显的效果。

为了进一步贯彻落实张德江书记的指示精神，在时任省委常委、常务副省长钟阳胜的主持下，省委教育工委、省教育纪工委和广东人民出版社组织专家学者编写并出版了《立志　修身　博学　报国——中华传统名言精选》一书，作为广东省加强大学生思想政治教育，特别是民族精神和传统文化建设的重要读本。书中收录了从先秦至清末160多名圣人、哲人、名人的诗词文赋、笔记、小说、家书中有关立志、修身、博学、报国的名言警句总计387条，这些名言警句集中反映了中华文化典籍中优秀的思想精髓。全书内涵丰富，主题突出，体式完善，易读易懂，便于当代大学生阅读和理解，有利于大学生在学习中回味，在回味中思考，在思考中升华，从而树立起崇高的精神支柱。该书的出版为大学生树立雄心壮志，提高品德修养，继承和发展传统中华民族精神和传统文化具有重要意义。

2005年，为贯彻落实党的十六大，十六届三中、四中全会和省委五次、六次全会精神，深入学习、宣传、贯彻中共中央、国务院发出《关于加强和改进大学生思想政治教育的意见》精神，把"爱国、守法、诚信、知礼"现代公民教育活动引向深入，进一步激发大学生的民族自豪感，帮助他们树立民族自尊心和自信心，切实提高大学生的思想道德素质，广东省委教育工委、省教育厅决定，2005年在全省普通高校开展以"弘扬培育民族精神，加强爱国主义教育"为主题的系列教育活动。2005年全省普通高校主题系列教育活动，结合贯彻落实省委宣传部、省文明办、省文化厅等九个部门联合组织在"全省举办'星海之声'万众歌会"的通知精神，广泛在校园开展了以"弘扬培育民族精神，加强爱国主义教育"为主要内容的群众性歌咏合唱活动。各高校通过举办合唱节、合唱比赛、合唱会演等喜闻乐见的形式，深入开展群众性主题合唱活动，促进高校"爱国、守法、诚信、知礼"现代公民教育活动深入开展，使主题突出、品味高雅、积极健康向上的主流思想文化进一步占领高校校园文化阵地。开展主题系列教育活动，使伟大的民族精神在广大青年学生中不断发扬光大，爱国主义情感进一步增强，思想道德水平逐步提高，为培养有理想、有道德、有文化、有纪律的社会主义现代公民，全面实现小康社会的宏伟目标提供了强有力的人才和智力支持，达到了预期效果。

2007年开始，广东省侨办与省教育厅共同实施华文教育"十百千万"工程，其中，决定每年在省内以学校、人文景观、历史名胜、文化团体等为对象确立10个以上中华文化传承基地，即是这个工程中的一项重要内容。

2007年12月，广东省首批中华文化传承基地授牌暨揭牌仪式在广东省外语艺术职业学院隆重举行，该活动由广东省人民政府侨务办公室、广东省教育厅、广东省文化厅、广东省旅游局联合主办，首批确定37家单位为广东省中华文化传承基地。确立中华文化传承基地的目的是将基地建设成为面向海外华侨华人"传授民族语言，传播中华文化，体验民俗风情，展现建设成就"综合性服务基地的组成单位，从而更好地适应海外华侨华人的文化需求，进一步扩大了岭南文化在海外的知名度和影响力，通过华裔新生代促进中外文化交流，更好地为建设文化大省服务。具有浓厚岭南文化底蕴的广东民间工艺博物馆、佛山祖庙、南海黄飞鸿狮艺馆、开平碉楼与村落、南雄珠玑巷及拥有雄厚师资、对外教学经验丰富的华南师范大学国际文化学院、广东舞蹈学校、广东粤剧学校、广东省外语艺术职业学院等 37 家单位都成功入选首批中华文化传承基地。

2014 年 4 月，教育部印发了《完善中华优秀传统文化教育指导纲要》。该纲要强调，要分学段有序推进中华优秀传统文化教育，把中华优秀传统文化教育系统融入课程和教材体系，全面提升中华优秀传统文化教育的师资队伍水平，着力增强中华优秀传统文化教育的多元支撑。2018 年，为深入贯彻落实党的十九大精神，大力推进中华优秀传统文化全方位融入高校教育，不断创新新时代高校传承中华优秀传统文化的理念、形式与方法，充分发挥高校文化传承创新的优势与作用，着力提高中华优秀传统文化传承发展的质量和水平，根据教育部《关于开展中华优秀传统文化传承基地建设的通知》（教体艺函〔2018〕5 号）的要求和部署，广东省教育厅印发了《关于开展中华优秀传统文化传承基地建设的通知》，决定在全省普通高校开展中华优秀传统文化传承基地建设工作，支持高校围绕民族民间音乐、民族民间美术、民族民间舞蹈、戏剧、戏曲、曲艺、传统手工技艺和民族传统体育等传统文化项目建设传承基地，通过中华优秀传统文化传承基地、学校、项目建设，推进中华民族精神在新时期的广东再结硕果。

三、高等教育阶段中华民族精神教育的经验

1. 注重民族精神、传统文化研究和学科建设

广东高等教育资源丰富，在中华民族精神教育过程中，广东十分注意发挥高校在人才培养、科技研发、社会服务与文化传承创新和国际交流合作等方面的综合职能，将中华民族精神教育融入人才培养全过程。依托高校相应研究机构或创建专门研究中心，加强以传承项目为重点的中华优秀传统文化教育研究，理清中华优秀传统文化传承创新的价值与内涵，探索中华优秀传统文化传承创新的理念与路径。注重培养和造就一批中华优秀传统文化教学名师和学科领军人才，重视在师范院校开设中华优秀传统文化课程，注意加强面向全体教师的中华优秀传统文化教育培训，不断提升

教育系统师资的传统文化素养。

2. 坚持十余年打造大学生"立志·修身·博学·报国"主题教育品牌活动

大学生"立志·修身·博学·报国"主题教育活动开始于2005年，由时任广东省委书记张德江同志倡导开展，活动主题至今未变，十几年来教育活动从未中断，累计近千万大学生参与其中。近年来，主动适应形势发展和学生需求，把中国梦、社会主义核心价值观等内容和网络新媒体等形式融入其中，主题教育活动常办常新，对大学生的感召力和吸引力持续保持、从未减弱。"立志·修身·博学·报国"主题教育活动作为体验式活动，通过各种形式多样、生动活泼的活动，如演讲比赛、职业生涯规划大赛、社会调查、志愿服务工艺类主题教育活动、经典诵读、主题摄影等引导大学生践行社会主义核心价值观、弘扬青春正能量，用青年人的视角去展现青年人的风采，实现中华民族传统文化的生动传承。主题教育活动现已成为广东省非常具有影响力的品牌活动，受到广东高校师生的喜爱与好评。

3. 注重民族精神教育的国际交流与传承辐射

广东毗邻港澳，是改革开放的窗口和前沿，国际交流与合作密切。改革开放40多年来，广东充分发挥在文化上的展示、辐射作用，不断加强港澳台中华文化普及和交流，积极举办以中华文化为主题的青少年夏令营、冬令营以及诵读和书写中华经典等交流活动，鼓励港澳台艺术家参与我国在海外举办的感知中国、中国文化年（节）、欢乐春节等品牌活动，增强国家认同、民族认同、文化认同。由广东省人民政府侨务办公室、广东省教育厅、广东省文化厅、广东省旅游局等多部门协同推进的"中华文化传承基地"建设，就是充分挖掘广东各方面文化资源，更好地适应了海外华侨华人的文化需求，通过华裔新生代促进中外文化交流，进一步扩大了岭南文化在海外的知名度和影响力。

中华民族精神是一个抽象概念，但是每一个民族不管是在语言、文字、文学、艺术、风俗还是习惯等实践行为方面，都能够展现自身独有的民族特性。中华民族精神是在几千年漫长历史进程中所形成的具有自身民族特色的精神特质，广东在开展中华民族精神教育的历史过程中，一直善于正确处理好本来、外来与未来三者之间的关系。不忘本来，扎根中华优秀传统文化与广东传统文化深厚的土壤；吸收外来，充分发挥兼容并蓄、海纳百川的品格，吸收外来民族的优秀精神文化资源；面向未来，能用未来的眼光不断发展民族精神，使之更能适应国家与民族未来的发展，使中华民族能更好地屹立于世界民族之林。

我们应继续总结提炼中华民族精神教育的历史与经验，利用好中华民族精神的物质文化资源、精神文化资源，借由多种表达载体与表现方式培育、传承、发展伟大的中华民族精神，继续为中国发展和中华民族伟大复兴提供强大的精神动力。

第八章 时代精神教育的历史与经验

"人无精神则不立,国无精神则不强。精神是一个民族赖以长久生存的灵魂,唯有精神上达到一定的高度,这个民族才能在历史的洪流中屹立不倒、奋勇向前。"[①] 中华民族之所以能够在5000多年的历史长河中生生不息、薪火相传,离不开伟大的中国精神。以爱国主义为核心的民族精神和以改革创新为核心的时代精神,构成了中国精神的基本内容。大力弘扬中国精神,培育中华民族共同的精神家园,既需要大力弘扬和培育以爱国主义为核心的民族精神,也需要大力弘扬和培育以改革创新为核心的时代精神。

第一节 时代精神概述

一、时代精神的基本内涵

所谓时代精神,是指一个社会在最新的创造性实践中孕育和激发出来的,反映社会进步的发展方向,引领时代进步潮流,为社会成员普遍认可和接受的思想观念、道德规范、价值取向和行为方式,是一个社会最新的

---

① 习近平. 习近平谈治国理政:第二卷[M]. 北京:外文出版社,2017:47-48.

精神气质、精神风貌和社会时尚的综合体现。时代精神和民族精神是有机统一的，时代精神是民族精神的时代性体现，民族精神则是时代精神形成的重要基础和依托。"任何一个时代都有属于本时代的时代精神，也都需要铸造一种能够反映那个时代主题和要求的时代精神。"① 中国共产党历来重视培育时代精神并积极发挥其对于社会和人自身发展的动力作用。革命战争时期，面对20世纪上半叶革命风暴此起彼伏的时代背景，毛泽东同志分析中国的国内外环境，确立了战争与革命的时代主题，在领导新民主主义革命的伟大实践中，孕育和形成了井冈山精神、长征精神、延安精神、西柏坡精神等伟大的革命精神。社会主义改造和建设时期，时代主题由革命与战争向和平与发展转换，中国共产党率领全国人民继续发扬革命战争时期的革命精神，继承自力更生、艰苦创业的优良传统，积极投身建设，把一个积贫积弱、一穷二白的旧中国建设成为初步繁荣的新中国，培育了抗美援朝精神、大庆精神、"两弹一星"精神、雷锋精神、焦裕禄精神等以社会主义为核心、以革命精神为主导和以集体主义为原则的时代精神。② 1978年，党的十一届三中全会召开，党和国家将工作重点从"以阶级斗争为纲"转向"以经济建设为中心"，做出了实施改革开放的重大战略决策。从此，改革开放的春风使中华大地再次焕发活力，党和国家踏上了实现社会主义现代化的伟大征程。在这个过程中，党带领人民在继承和弘扬伟大民族精神的基础上，立足新的时代条件，赋予中华民族精神以新的时代内涵，形成了以改革创新为核心的时代精神。

二、以改革创新为核心的时代精神的演变历程

以改革创新为核心的时代精神是党领导中国人民在改革开放伟大实践中形成和发展起来的精神品格，产生于改革开放时期。

改革开放伊始，邓小平通过分析和研判世界格局，将"和平与发展"概括为我们这个时代的主题，这为党及时调整思想路线、实行改革开放解

---

① 田运隆，夏强. 校长与学校德育 [M]. 保定：河北大学出版社，2012：114.
② 赵绪生，等. 传统文化与时代精神 [M]. 西安：陕西师范大学出版总社有限公司，2015：133.

决了时代背景问题,并为孕育以改革创新为核心的时代精神创造了条件。解放思想是改革开放的出发点,也是改革创新的必然要求和思想前提。新时期就是从打破僵化思维,从解放思想开始的,真理标准问题的讨论实质上就是一场思想解放的运动。在邓小平看来,社会主义现代化建设是全新的事业,需要敢闯、敢"冒"的改革,需要激发全民族创新活力,因为"没有一点闯的精神,没有一点'冒'的精神,没有一股气呀、劲呀,就走不出一条好路,走不出一条新路,就干不出新的事业"①。从"家庭联产承包责任制"开始的经济体制改革,到建立"经济特区"的改革试验,再到"一国两制"的成功实践,都是敢闯、敢"冒"精神大力弘扬的成果,以改革创新为核心的时代精神初步形成。

十三届四中全会以来,以江泽民同志为核心的党的第三代中央领导集体直面严峻的国内外形势,与时俱进地以改革创新精神加强党的建设。在党的十四大报告中,江泽民提出要在"全党大力提倡解放思想、改革创新的精神,尊重科学、真抓实干的精神,顾全大局、团结协作的精神,谦虚谨慎、崇尚先进的精神,艰苦奋斗、无私奉献的精神"②。1993年八届全国人大一次会议上,江泽民又提出要坚持推进以"解放思想、实事求是,积极探索、勇于创新,艰苦奋斗、知难而进,学习外国、自强不息,谦虚谨慎、不骄不躁,同心同德、顾全大局,勤俭节约、清正廉洁,励精图治、无私奉献"③为主要内容的六十四字创业精神。2001年,在全国宣传部部长会议上的讲话中,江泽民号召大力宣传和弘扬"解放思想、实事求是;紧跟时代、勇于创新;知难而进、一往无前;艰苦奋斗、务求实效;淡泊名利、无私奉献"④的"五种精神"。2001年10月,中共中央发出《公民道德建设实施纲要》,将新时期的时代精神概括为:"解放思想、实事求是,与时俱进、勇于创新,知难而进、一往无前,艰苦奋斗、务求实效,淡泊

---

① 邓小平. 邓小平文选:第三卷[M]. 北京:人民出版社,1993:372.
② 江泽民. 江泽民文选:第一卷[M]. 北京:人民出版社,2006:250.
③ 江泽民. 江泽民论有中国特色社会主义(专题摘编)[M]. 北京:中央文献出版社,2002:394.
④ 江泽民. 江泽民文选:第三卷[M]. 北京:人民出版社,2006:244.

名利、无私奉献。"① 这是中国共产党在领导全国人民奋斗历程中所形成的多种崇高精神的概括和提炼，也是中华民族精神在新时期的提炼和升华。

党的十六大以来，以胡锦涛同志为总书记的党中央坚持以改革创新为核心的时代精神来调整社会主义事业总体布局，提出了贯彻落实科学发展观、构建社会主义核心价值体系等重大战略思想。面对新世纪、新形势，胡锦涛总结了"特别能吃苦、特别能战斗、特别能攻关、特别能奉献"②的载人航天精神、"为国争光的爱国精神、艰苦奋斗的奉献精神、精益求精的敬业精神、永攀高峰的创新精神、团结协作的团队精神"③的奥运精神、"万众一心、众志成城、不畏艰险、百折不挠，以人为本、尊重科学"④的伟大抗震救灾精神。这些精神是每一个具体的历史时代所铸就的时代精神的体现。把改革创新作为时代精神核心的表述第一次出现于2004年8月中共中央、国务院发出的《关于进一步加强和改进大学生思想政治教育的意见》。第十六届四中全会则明确提出："加强理想信念教育，弘扬以爱国主义为核心的民族精神和以改革创新为核心的时代精神。"⑤ 在十六届六中全会上，以改革创新为核心的时代精神与以爱国主义为核心的民族精神一道被确立为社会主义核心价值体系的基本内容。

党的十八大以来，以习近平同志为核心的党中央围绕实现中华民族伟大复兴中国梦这一发展目标，深刻回答了新形势下党和国家事业发展的一系列重大理论和现实问题，提出了许多富有创见的新思想、新观点、新论断。2012年11月29日，习近平带领新一届中央领导集体参观中国国家博物馆"复兴之路"展览时，首次提出实现中华民族伟大复兴的中国梦。中国梦的本质就是实现国家富强、民族振兴和人民幸福。实现中国梦必须走中国道路、必须弘扬中国精神、必须凝聚中国力量。习近平高度重视中国精神在实现中华民族伟大复兴中国梦中的作用，在第十二届全国人民代表

---

① 中共中央文献研究室. 十五大以来重要文献选编：下 [M]. 北京：人民出版社，2003：1982.
② 胡锦涛. 胡锦涛文选：第二卷 [M]. 北京：人民出版社，2016：385.
③ 胡锦涛. 胡锦涛文选：第三卷 [M]. 北京：人民出版社，2016：110.
④ 胡锦涛. 胡锦涛文选：第三卷 [M]. 北京：人民出版社，2016：126.
⑤ 胡锦涛. 胡锦涛文选：第二卷 [M]. 北京：人民出版社，2016：290.

大会第一次会议的讲话中对中国精神做了充分阐释："实现中国梦必须弘扬中国精神。这就是以爱国主义为核心的民族精神，以改革创新为核心的时代精神。这种精神是凝心聚力的兴国之魂、强国之魂。"中国梦既是彰显爱国主义精神的梦，也是呼唤改革创新精神的梦，实现民族复兴不能墨守成规，不能静待花开，只能改革创新，必须弘扬以改革创新为核心的时代精神。

三、时代精神的基本内容

改革开放以来，党中央提出了一系列精神，在不同历史时期具体体现为小岗精神、特区精神、女排精神、抗洪精神、载人航天精神、抗震救灾精神、奥运精神、英模精神、工匠精神、企业家精神和科学家精神等。这些精神提出的时间、观察的角度和针对的问题都是不同的，它们在表达上既有共性，也有个性，它们共同构成了时代精神丰富的内涵。概而论之，在波澜壮阔的改革开放历程中，中国共产党培育形成了以改革创新为核心的解放思想、求真务实、开拓进取、开放包容、以人为本、尊重科学等时代精神，它们是中国人民在改革开放的伟大实践中体现出来的精神风貌和精神品格，是建设中国特色社会主义、实现中华民族伟大复兴中国梦的强大精神动力。①

少年强、青年强则中国强。一代青年有一代青年的历史际遇，中国特色社会主义进入新时代便是当代青年的历史际遇。成长于网络时代、全球化时代和市场经济时代的青少年学生是新时代推动社会前进的主力军，是国家的未来和民族的希望。要成为能够担当起民族复兴大任的时代新人，青少年学生必须"要有敢为人先的锐气，勇于解放思想、与时俱进，敢于上下求索、开拓进取"②，"要有探索真知、求真务实的态度"③，更要有勇于创新创造的时代精神。

---

① 吴潜涛，等. 中国精神教育读本［M］. 北京：人民出版社，2014：19.
② 习近平. 习近平谈治国理政：第一卷［M］. 2版. 北京：外文出版社，2018：105.
③ 习近平. 习近平谈治国理政：第一卷［M］. 2版. 北京：外文出版社，2018：52.

1. 改革创新

改革创新精神是时代精神的核心，贯穿于改革开放的全部实践，体现在时代精神的各个方面。改革是社会发展的动力，创新是民族进步的灵魂。所谓改革创新精神，就是锐意改革、创新进取的精神，主要表现为一种突破陈规、大胆探索、勇于创造的思想观念，一种不甘落后、奋勇争先、追求进步的责任感和使命感，一种坚忍不拔、自强不息、锐意进取的精神状态。① 改革创新精神是中华民族革故鼎新优良传统的延伸继承。中华民族是一个勇于创新、开拓进取的民族，无论哪个历史时期，革故鼎新精神从未消失。商汤古盘上就刻有"苟日新，日日新，又日新"的铭文，"变则通，通则久"的理念早已深入人心。商鞅变法、王安石变法、戊戌变法……正是在这种励精图治、求变图强、富于改革创新的思想传统推动下，中华民族才能在5000多年的历史进程中生生不息、发展壮大。改革创新精神更是当代中国人民不断创造崭新成果的力量源泉。改革开放以来，党带领人民破除阻碍发展的思想观念、体制机制，取得举世瞩目的巨大成就，靠的就是这种不断改革创新的进取精神。作为当代中国最鲜明的时代特征，改革创新精神顺应当今世界大势和时代潮流，为中国特色社会主义伟大事业提供了强大的精神动力，它激励着中华儿女锐意进取，不断进行理论创新、制度创新、科技创新、文化创新以及其他方面的创新。

2. 解放思想

所谓解放思想，就是要敢于冲破习惯势力和主观偏见的束缚，善于从实际出发的一种积极进取的精神状态。解放思想是改革开放的思想前提，没有解放思想，就没有改革开放。回望42年改革开放历程，解放思想是一条贯穿始终的主线，改革开放的历史，实际上就是一部不断解放思想的发展史，其间主要经历了四次思想解放运动。第一次解放思想是以1978年的"真理标准大讨论"和十一届三中全会胜利召开为标志，主要是把我们的思想从"两个凡是"的思想束缚中解放出来，实现了全党和全国工作重心向经济建设为中心的正确轨道转变。第二次解放思想是以1992年邓小平"南

---

① 孙来斌. 民族精神 时代精神 共同理想：中国特色社会主义共同理想[M]. 武汉：武汉大学出版社，2014：111.

方谈话"和党的十四大召开为标志,主要是结束了长期困扰我们的市场经济姓"社"姓"资"的争论,确立了社会主义市场经济体制,实现了由计划经济向社会主义市场经济的历史性转变。第三次解放思想以党的十七大召开为标志,确立了科学发展观的重大战略思想,使中国特色社会主义走上了全面、协调、可持续发展的道路。第四次解放思想以党的十九大召开为标志,主要是重新定位了我国发展的历史方位,指出中国特色社会主义进入了新时代,系统回答了新时代坚持和发展什么样的中国特色社会主义、怎样坚持发展中国特色社会主义这个重大的时代课题,创立了习近平新时代中国特色社会主义思想。

历届中央领导集体都非常重视解放思想的作用。早在改革开放初期邓小平就提出:"解放思想,开动脑筋,实事求是,团结一致向前看,首先是解放思想。"① 胡锦涛在党的十七大报告中指出:"解放思想是发展中国特色社会主义的一大法宝。"在党的十八大报告中他又强调:"解放思想,改革开放,凝聚力量,攻坚克难。"② 习近平更是多次强调解放思想的重要性,他指出:"没有思想大解放,就不会有改革大突破。"③ "解放思想是前提,是解放和发展社会生产力、解放和增强社会活力的总开关。"④ "冲破思想观念的障碍、突破利益固化的藩篱,解放思想是首要的。"⑤ 正是始终坚持解放思想、实事求是,我们的改革开放事业才能取得如此巨大的成就,进入新时代、踏上新征程,新时代全面推进改革开放更加离不开解放思想。正如习近平总书记所说的:"实践发展永无止境,解放思想永无止境,改革开

---

① 邓小平. 邓小平文选:第二卷 [M]. 2 版. 北京:人民出版社,1994:141.
② 胡锦涛. 胡锦涛文选:第三卷 [M]. 北京:人民出版社,2016:612.
③ 习近平. 在庆祝海南建省办经济特区 30 周年大会上的讲话 [M]. 北京:人民出版社,2018:13.
④ 习近平. 习近平谈治国理政:第一卷 [M]. 2 版. 北京:外文出版社,2018:92.
⑤ 中共中央文献研究室. 十八大以来重要文献选编:上 [M]. 北京:中央文献出版社,2014:509.

放也永无止境,停顿和倒退没有出路,改革开放只有进行时、没有完成时。"①

3. 求真务实

"求真务实,是辩证唯物主义和历史唯物主义一以贯之的科学精神,是我们党的思想路线的核心内容,也是党的优良传统和共产党人应该具备的政治品格。"②求真务实就是正确把握规律,脚踏实地,务求实效。所谓"求真",就是追求真理、遵循规律、崇尚科学;所谓"务实",就是尊重实际、注重实干、讲求实效。"求真"与"务实"是密不可分的,"求真"是为了认识事物本质,把握客观规律,是"务实"的前提和基础;"求真"是为了"务实","务实"才能"求真"。"求真务实"说到底是一种品格、一种境界、一种风范、一种追求,是我们事业成功的重要保证,只有"求真",明事理,才能把事情做实;只有"务实",重实干,才能把事情做好。42 年的改革开放实践证明,求真务实是党科学执政的力量源泉,也是党和人民事业兴旺发达的关键所在。邓小平指出:"世界上的事情都是干出来的,不干,半点马克思主义都没有。"③胡锦涛在 2004 年中央纪律检查委员会第三次全体会议上向全党郑重发出"大力弘扬求真务实精神、大兴求真务实之风"的号召;习近平同样强调"培育和弘扬遵循规律、崇尚科学的'求真'精神"以及"真抓实干、讲求实效的'务实'精神"。④当前,我国改革和发展正处于关键时期,面对错综复杂的国内外形势和严峻的改革任务,只有大力弘扬求真务实精神、大兴求真务实之风,才能取得改革开放和现代化建设事业的新胜利。

4. 开拓进取

开拓进取就是奋发进取、勇敢拓荒,在尊重科学的基础上,不畏艰险,不盲目迷信,不因循守旧,不因袭照搬,敢想、敢说、敢干;就是要有敢

---

① 中共中央文献研究室. 十八大以来重要文献选编:上 [M]. 北京:中央文献出版社,2014:494.

②③ 中共中央文献研究室. 十六大以来重要文献选编:上 [M]. 北京:中央文献出版社,2005:724 - 725.

④ 习近平. 干在实处 走在前列:推进浙江新发展的思考与实践 [M]. 北京:中共中央党校出版社,2006:320.

为天下先的胆略和气魄,敢说前人没有说过的话,敢走前人没有走过的路,敢创前人没有开创的新事业。中华民族自古以来就是一个勇于开拓、积极进取的民族。然而,在新的历史条件下,一些人却安于现状、不思进取、得过且过,思想上故步自封,工作上庸碌无为。他们看不到形势的变化和发展的态势,对工作因循守旧、敷衍了事、缺乏创新,这种状态必须纠正。42年改革开放实践充分证明,坚持开拓进取、攻坚克难的精神是党和人民事业大踏步赶上时代的重要法宝,是党和国家保持生机与活力的关键,是当代中国最鲜明的特色,也是当代中国共产党人最鲜明的品格①。改革开放只有进行时没有完成时,当下的改革开放"已进入深水区,可以说,容易的、皆大欢喜的改革已经完成了,好吃的肉都吃掉了,剩下的都是难啃的硬骨头"②。面对各种难啃的硬骨头,破解发展中面临的难题,除了继续深化改革,别无他途。我们必须一鼓作气、坚定不移,坚持开拓进取、攻坚克难的时代精神,敢于啃硬骨头,敢于涉险滩,敢于向积存多年的顽瘴痼疾开刀,坚决打好全面深化改革的攻坚战。

5. 开放包容

开放包容就是以世界眼光和战略思维兼收并蓄、博采众长。弘扬开放包容的精神,不仅要"开眼看世界",还要主动"走出去"融入世界,更要承认不同地域、不同种族在文化习俗、发展道路等方面的不同选择,进而实现共同发展繁荣。中国自古以来就是一个兼容并包的文明国度,中华文明之所以能在5000多年的历史进程中无断代传承,关键在于其具有开放包容的精神内核。从汉代张骞出使西域,唐代玄奘西行取经,明代郑和七下西洋到如今推动"一带一路"建设,中国始终以开放的视野面对多元化的世界,以包容的胸怀吸收和借鉴其他文明的优秀成果。

在当今时代,无论是国家、社会还是个人的发展,都不可能孤立于世界之外,都应该有一种世界眼光和全球意识。"对外开放"是我国的一项基本国策。在过去42年,我们牢牢抓住经济全球化的战略机遇,对外开放取

---

① 佘双好. 中国梦之中国精神[M]. 武汉:武汉大学出版社,2015:164.
② 习近平. 习近平谈治国理政:第一卷[M]. 2版. 北京:外文出版社,2018:101.

得举世瞩目的成就。对于今天的中国来说，改革不会停顿，开放更不会止步，中国越发展，就越开放，中国开放的大门不可能关闭。习近平总书记明确指出："人类的历史就是在开放中发展的。任何一个民族的发展都不能只靠本民族的力量。只有处于开放交流之中，经常与外界保持经济文化的吐纳关系，才能得到发展，这是历史的规律。"① "对待不同文明，我们需要比天空更宽阔的胸怀。我们应该推动不同文明相互尊重、和谐共处。"② 文明因交流而多彩，因互鉴而丰富。在各国日益成为命运共同体的 21 世纪，在党的十九大报告中，习近平总书记更是将开放包容的中国精神融入构建人类命运共同体的伟大进程当中，呼吁世界各国遵循开放包容的精神，创造人类美好未来。

第二节　改革开放以来广东学校时代精神教育的基本历程

一、广东高校的时代精神教育

1. 初步探索阶段（1978—1991 年）

（1）时代精神教育在德育政策中的体现。

1978—1985 年是学校德育的恢复发展阶段。在这一时期，恢复了"文革"期间一度停滞的学校德育，经过纠错整顿，高校思想政治教育工作逐步走向正轨，大学生时代精神教育也逐步得到恢复。1978 年 4 月 22 日，全国教育工作会议在北京召开，邓小平强调了新中国建立后确立的以"五爱"（爱祖国、爱人民、爱劳动、爱科学、爱护公共财物）为核心的德育要求，重申了毛泽东同志关于德、智、体全面发展，培育具有社会主义觉悟的有文化的劳动者的教育方针，为高校德育工作的展开提供了思想和政策的保障。1978 年 12 月 18 日，党的十一届三中全会确立了"解放思想，实事求

---

① 习近平. 摆脱贫困 [M]. 福州：福建人民出版社，1992：81.
② 习近平. 习近平谈治国理政：第一卷 [M]. 2 版. 北京：外文出版社，2018：262.

是"的指导思想,阐发了对外开放和重视科学、教育的方针。高校积极学习贯彻会议精神,纠正"左"的思想,重新确立为社会主义事业培养具有改革开放精神、"又红又专"的"四有新人"的基本德育目标。在这个阶段,广东一方面恢复"文革"期间一度停滞的学校德育,努力恢复高校德育的必要秩序,于1979年召开了全省高等教育工作会议,对高等教育战线进行了拨乱反正;另一方面致力于以探索开放、倡导科学为主题的新德育体系,即从突出政治斗争到强调经济建设,从单一灌输政治信条到注重开放引导教育,从单纯说教到注重生活养成的德育,并以此为指导对学校德育目标、内容、方法和形式等进行了积极的探索。①

（2）时代精神教育在德育课程改革中的体现。

1978—1991年是高校德育课程重建与探索的阶段。高校德育课程承担着对大学生进行系统的马克思主义理论教育的任务,是对大学生系统进行思想政治教育的主渠道。改革开放前,高校的德育课程等同于马克思主义理论课,马列主义课程就是大学主要的德育课程。"文化大革命"期间,林彪、"四人帮"进行了长达十年的反革命大破坏,全国学校遭受了一场浩劫,马列主义、毛泽东思想被糟蹋得面目全非,马列主义课的声誉被严重破坏。粉碎"四人帮"以后,全国学校恢复了正常秩序,高校马列主义课程得以正本清源,逐渐恢复它的本来面目。1980年,教育部印发了《改进和加强高等学校马列主义课的试行办法》,从教学方针、课程设置、教学方法、科学研究和教师队伍建设等方面提出了改进和加强的方法。1982年,教育部发出了《关于在高等学校逐步开设共产主义思想品德课程的通知》,标志着高校开始正式设置思想品德课,高校思想政治教育"两课"体系的形成迈出了第一步。广东高校认真贯彻落实文件精神,在大学开设了"马克思主义基本理论"课和"思想品德"课。

（3）广东的具体实施情况。

1985—1991年是广东学校德育积极变革,谋求去旧立新的阶段。1985年,中共中央发出《关于改革学校思想品德和政治理论课程教学的通知》。

---

① 钟明华,冯增俊,等. 教育现代化的伟大实践:广东教育发展30年［M］广州:广东人民出版社,2008:210.

这个通知是改革开放以后第一个中央层面上对小学、中学和大学德育课程改革的全面指导性文件，它不仅开启了中小学德育的改革，也开启了大学德育的改革。① 该通知对高校政治理论课的主要内容、教学方法、教材建设、师资队伍建设、组织领导提出了要求。提出要改变注入式的教学方法，尽量实行启发式的教学方法，启发式教学方法可以激发学生的创新意识和问题意识，培养团队协作精神，这是时代精神教育在课堂教学中的体现。1987年，中共中央颁布了《关于改进和加强高等学校思想政治工作的决定》，这是改革开放后关于大学德育全面改革的第一个指导性文件。该决定明确提出了高校思想政治教育目标：大学生"应当热心于改革和开放，有艰苦奋斗的精神……应当勤奋学习，努力掌握现代科学文化知识"②。该决定结合改革开放实践，明确了高校需培养大学生改革开放精神和艰苦奋斗精神的目标。1989年春夏之交的政治风波过后，学校德育中的民族教育被强化，爱国主义教育凸显其重要价值。在此背景下，广东省各级各类学校将爱国爱校爱家爱乡教育相统一，把国情教育和改革开放教育，把激发民族情感和培养民族精神结合起来，实行了全面的道德教育策略，把德育渗透到各科教学当中。

2. 全面建设阶段（1992—2003年）

（1）时代精神教育在德育政策中的体现。

以邓小平同志1992年"南方谈话"和党的第十四次代表大会召开为标志，我国改革开放和社会主义现代化建设事业进入了一个新的发展阶段。在这个新的阶段，高校思想政治教育工作在总结经验的基础上不断探索前进，大学生时代精神教育也进入了全面建设的阶段。1993年2月13日，《中国教育改革和发展纲要》出台，明确指出要对青少年加强党的基本路线教育，近代史、现代史教育和国情教育，有效拓展了时代精神培育的路径。3月，八届全国人大一次会议召开，江泽民提出了六十四字创业精神，随之，全国开展了热烈的学习创业精神，树立创业精神，发扬创业精神的活

---

① 李学农. 中国教育改革大系：德育卷［M］武汉：湖北教育出版社，2016：53.

② 教育部思想政治工作司. 加强和改进大学生思想政治教育重要文献选编（1978—2014）［M］. 北京：知识产权出版社，2015：70.

动。8月13日，中共中央组织部、宣传部、国家教育委员会印发了《关于新形势下加强和改进高等学校党的建设和思想政治工作的若干意见》，特别强调了要对大学生进行新时期伟大创业精神的教育。1994年8月31日，中共中央颁布了《关于进一步加强和改进学校德育工作的若干意见》，指出"要增强适应时代发展、社会进步，以及建立社会主义市场经济体制的新要求和迫切需要的素质教育"，"要重视培养学生开拓进取、自强自立、艰苦创业"的时代精神①。1996年10月7日，党的十四届六中全会召开，通过了《关于加强社会主义精神文明建设若干重要问题的决议》，决议认为"在全民族树立艰苦创业精神，是实现社会主义现代化的重要思想保证"②。1999年9月29日，中共中央颁布了《关于加强和改进思想政治工作的若干意见》，提出要深入扎实地进行思想政治教育，继续进行艰苦创业精神的教育，继续宣传伟大的抗洪精神，激励干部群众艰苦奋斗、开拓进取，大力提倡科学精神，努力在全社会形成爱科学、学科学、用科学的风尚。③2001年10月，中共中央发布《公民道德建设实施纲要》，明确提出要弘扬时代精神，并将新时期的时代精神概括为"解放思想、实事求是，与时俱进、勇于创新，知难而进、一往无前，艰苦奋斗、务求实效，淡泊名利、无私奉献"④。2003年，我国首次载人航天飞行取得圆满成功，实现了中华民族探索太空的千年梦想，教育部颁布了《关于在教育战线深入开展以弘扬载人航天精神为主题的爱国主义、民族精神和科学精神学习教育活动的通知》，这是对时代精神教育的高度重视。

（2）时代精神教育在德育课程改革中的体现。

1992—2003年是高校"两课"体系建立与发展的阶段。1993年8月13

---

① 教育部思想政治工作司. 加强和改进大学生思想政治教育重要文献选编（1978—2014）[M]. 北京：知识产权出版社，2015：144-147.

② 教育部思想政治工作司. 加强和改进大学生思想政治教育重要文献选编（1978—2014）[M]. 北京：知识产权出版社，2015：168.

③ 教育部思想政治工作司. 加强和改进大学生思想政治教育重要文献选编（1978—2014）[M]. 北京：知识产权出版社，2015：197.

④ 中共中央文献研究室. 十五大以来重要文献选编：下[M]. 北京：人民出版社，2003：1982.

日,中共中央组织部、中共中央宣传部、国家教育委员会印发了《关于新形势下加强和改进高等学校党的建设和思想政治工作的若干意见》,指出:"马克思主义理论课和思想政治教育课是学生思想政治教育的主渠道,是社会主义学校的本质特征之一。加强和改进'两课'教育是摆在我们面前的一项紧迫任务。"① 思想政治理论课的"两课"(包括马克思主义基本理论课和思想品德课)名称正式见诸文件。1995年10月24日,高教委印发了《关于高校马克思主义理论课和思想品德课教学改革的若干通知》,该通知标志着"两课"开始作为一个完整的高校思想政治理论课体系进行规范。该通知要求"两课"教学必须"使学生树立高尚的理想情操和培养良好的思想品德,树立体现中华民族和时代精神的价值标准和道德规范"②。1998年6月10日,中共中央宣传部、教育部印发了《关于普通高等学校"两课"课程设置的规定及其实施工作的意见的通知》,提出了高校思想政治理论课"98方案"。"98方案"的制定与实施,正式构建了高校"两课"体系,并使"两课"逐渐成为高校思想政治教育的主渠道。

(3)广东的具体实施情况。

为适应改革开放新形势的需要,培养与社会主义市场经济相适应的人才,广东学校德育在内容方面非常注重培养学生的开放精神、进取精神和市场精神。1995年,广东省开展了"爱国、诚信、守法、知礼"的现代公民教育和《新三字经》教育活动。通过赋予《三字经》新的时代精神和爱国主义、集体主义和社会主义的思想内容,《新三字经》把中华民族的传统美德、社会主义道德规范和现代文明修养熔于一炉,把思想性、教育性、知识性、可读性结合起来,发挥了很好的民族精神和时代精神教育的作用。③ 这一举措对全国产生了重大影响,各地纷纷加以引进并不断效仿。1997年香港回归,1999年澳门回归,广东学校德育抓住港澳回归这一契机,

---

① 教育部思想政治工作司. 加强和改进大学生思想政治教育重要文献选编(1978—2014)[M]. 北京:知识产权出版社,2015:131.

② 教育部思想政治工作司. 加强和改进大学生思想政治教育重要文献选编(1978—2014)[M]. 北京:知识产权出版社,2015:152.

③ 钟明华,冯增俊,等. 教育现代化的伟大实践:广东教育发展30年[M]. 广州:广东人民出版社,2008:213.

在全省范围内开展了关心祖国统一、关心港澳发展,增强民族自豪感和提高民族凝聚力的爱国主义教育。同时积极借鉴香港学校德育中的渗透法,把德育内容渗透到课程教学、校园文化、学校管理以及社会活动中去,发挥隐性德育的功效,丰富和拓展了学校德育的内容和领域,这对时代精神教育也是一种富有成效的新探索。

3. 改革创新阶段(2004—2018 年)

(1)时代精神教育在德育政策中的体现。

2004 年 8 月,党中央、国务院颁发了 16 号文件《关于进一步加强和改进大学生思想政治教育的意见》(以下简称《意见》),将大学生思想政治教育工作提到了重要的战略地位。该意见从大学德育的战略意义、基本原则、主要任务、途径、队伍建设和领导责任六大方面对大学德育进行整体规划。《意见》提出德育的主要任务要以爱国主义教育为重点,并指出弘扬和培育民族精神要"与以改革创新为核心的时代精神教育结合起来,引导大学生在中国特色社会主义事业的伟大实践中,在时代和社会的发展进步中汲取营养,培养爱国情怀、改革精神和创新能力,始终保持艰苦奋斗的作风和昂扬向上的精神状态"①。2007 年"五四"青年节,胡锦涛向中国青年群英会致信,对全国团员和各族青年人委以重任,希望他们能够"自觉担负起时代的重任,以英雄模范为榜样,努力成为理想远大、信念坚定的新一代,视野开阔、知识丰富的新一代,开拓进取、艰苦创业的新一代"。表达了中国共产党鼓励年轻人志存高远、开拓进取、勇于创新、兼容开放、艰苦创业,为建设中国特色社会主义事业而奋斗的希望。党的十八大以来,以习近平同志为核心的党中央把高校思想政治工作摆在突出位置,做出一系列重大决策部署,2016 年 12 月 7—8 日,全国高校思想政治工作会议在北京召开,习近平总书记出席会议并发表了重要讲话。2017 年,中共中央、国务院印发了《关于加强和改进新形势下高校思想政治工作的意见》(中发〔2017〕31 号),这是新时代加强和改进大学生思想政治教育的纲领性文件,该意见凸显了时代精神教育的重要性,明确指出,加强和改进高校思想政

---

① 教育部思想政治工作司. 加强和改进大学生思想政治教育重要文献选编(1978—2014)[M]. 北京:知识产权出版社,2015:265 - 270.

治工作基本原则的第五条是"坚持改革创新",也就是要"推进理念思路、内容形式、方法手段创新,增强工作时代感和实效性"。该意见还指出,加强和改进高校思想政治工作要"利用我国改革发展的伟大成就、重大历史事件纪念活动、爱国主义教育基地、国家公祭仪式等组织开展主题教育,弘扬以爱国主义为核心的民族精神和以改革创新为核心的时代精神"。2019年3月18日,习近平总书记主持召开了学校思想政治理论课教师座谈会并发表重要讲话,强调要"用新时代中国特色社会主义思想铸魂育人,贯彻党的教育方针落实立德树人根本任务"。为贯彻落实重要讲话精神,2019年8月14日,中共中央办公厅、国务院办公厅印发了《关于深化新时代学校思想政治理论课改革创新的若干意见》。

(2)时代精神教育在德育课程改革中的体现。

2004—2018年是高校思想政治理论课快速发展、创新发展的阶段。2005年2月7日,中宣部、教育部联合下发了《关于进一步加强和改进高等学校思想政治理论课的意见》(以下简称《意见》),提出了高校思想政治理论课的"05方案"。《意见》对从充分认识新形势下加强和改进高等学校思想政治理论课的重要性到全面把握加强和改进高等学校思想政治理论课的指导思想和总体要求做出要求。《意见》将"两课"包括在"高等学校思想政治理论课"之中,对课程做出新的规定:本科课程设置"马克思主义基本原理""毛泽东思想、邓小平理论和'三个代表'重要思想概论""中国近现代史纲要""思想道德修养与法律基础"共计四门必修课。另外,开设"当代世界经济与政治"等选修课。"05方案"同样凸显时代精神教育的重要性,要求"引导学生树立高尚的道德情操和养成良好的道德品质,树立体现中华民族优秀传统和时代精神的价值标准和行为规范"[①]。

党的十八大以来,以习近平同志为核心的党中央全面深化改革,中国特色社会主义进入新时代,高校思想政治理论课也进入了新的历史发展阶段。为有效解决高校思想政治理论课存在的问题,教育部于2014年3月印发了《关于全面深化课程改革落实立德树人根本任务的意见》,该意见非常

---

① 教育部思想政治工作司. 加强和改进大学生思想政治教育重要文献选编(1978—2014)[M]. 北京:知识产权出版社,2015:294.

注重学生家国情怀、国际视野、自主发展、合作参与等核心素养的培养。为全面推动习近平新时代中国特色社会主义思想进教材、进课堂、进学生头脑，培养担当民族复兴大任的时代新人，2018年4月12日，教育部印发了《新时代高校思想政治理论课教学工作基本要求》。从指导思想、基本原则、学分落实、教研室建设、备课组织、教学方法、考核方式等方面对高校思想理论课教学工作提出了基本要求。总之，在习近平新时代中国特色社会主义思想的指引下，在全国高校思想政治工作会议以及《中共中央国务院关于加强和改进新形势下高校思想政治工作的意见》的指导下，我国高校思想政治理论课坚持以立德树人为根本任务，正不断向着深化改革、创新发展的方向迈进。

（3）广东的具体实施情况。

2004—2018年，广东高校思想政治教育工作以及时代精神教育的指导思想和政策理论依据，主要是2004年8月《中共中央　国务院关于进一步加强和改进大学生思想政治教育的意见》和2017年《中共中央　国务院关于加强和改进新形势下高校思想政治工作的意见》。为深入贯彻落实文件精神，广东省委、省政府于2005年7月28日召开了全省加强和改进大学生思想政治教育工作会议，并于2005年8月14日正式颁发了《中共广东省委　广东省人民政府关于进一步加强和改进大学生思想政治教育的实施意见》（粤发〔2005〕12号）；2017年7月21日召开了全省加强和改进高校思想政治工作会议，广东省委书记胡春华主持会议并讲话，强调要坚决落实中央有关决策部署，奋力开创全省高校思想政治工作新局面，并于同年8月14日正式颁发了《中共广东省委　广东省人民政府关于加强和改进新形势下高校思想政治工作的实施意见》。

根据这些政策文件的精神以及大学生思想变化和自身发展的需要，广东高校对大学生的时代精神教育开展了多样的创新工作，不断提高其教育的科学化水平。一是深化教学改革，充分发挥课堂教学在大学生时代精神教育中的主导作用。主要表现为更新教学理念，用科学的教学理论指导教学活动；在教学内容上既保持思想政治理论课各门课程内容的专门性，又在选材和结构上渗透弘扬和培育时代精神的教育；充分尊重学生在教学活动中的主体地位，调动学生的学习积极性；优化课堂教学模式，教学中采用包含读（原著）、听（专题报告）、讲（系统讲授）、谈（讨论交流）、看（录像）、走（社会实践）、写（调查报告、读书心得、学术论文）等多种教学要素的、以人为本的多样化、个性化的教学模式。① 二是凸显时代特征和学校特色，发挥校园文化的时代精神教育功能。主要表现为：开展"立志·修身·博学·报国"主题教育活动、"爱国、守法、诚信、知礼"公民道德教育活动；举办"学习雷锋精神，赋予时代内涵，志愿服务进社区"DV大赛、"凝练核心价值，创建精神家园，大学生优秀社区文化"PPT大赛和"展示伟大成就，体现时代精神"微视频大赛等比赛项目；实施"广东省大学生全面素质教育工程"，加强大学生人文素质和科学精神教育的必修课和选修课建设，逐步建立起内容覆盖课堂教学、课外活动和社会实践的人文素质和科学精神教育体系；精心组织"挑战杯"大学生系列科技竞赛活动、学科专业课程竞赛和大学生校园歌手大赛、大学生电影节等校园文化品牌活动，教育和引导大学生形成正确的科技思想、伦理精神、信息意识和开放意识；充分利用校报校刊、广播电视和校园网络等宣传阵地，开展学习时代楷模活动；全面实施"高校校园文化建设示范工程"，坚持用马克思主义占领高校思想阵地，唱响主旋律，培育崇尚科学、严谨求实、善于创造的良好校园风气。② 三是加强社会实践教育，拓展校外时代精神教育途径。主要表现为：其一，把社会实践纳入学校教学总体安排和课程管理体系，要求每一门思想政治理论课都要包含实践教学环节；其二，加强大学生社会实践基地的建设，帮助大学生深入社会、了解国情、了解省情、体察民情、增长才干、锻炼毅力、培养品格；其三，注重社会实践活动的时效性，活动主题具有鲜明的时代感。如近年来广东高校普遍开展的"粤志愿粤幸福"学雷锋志愿活动以及"中国梦·我的梦"主题教育实践活动等，既契合了当今社会时代发展需求，又符合当代大学生展示自我、奉献

---

① 广东省教育厅. 广东省教育政策法规文件选编（2006年）[M]. 广州：广东高等教育出版社，2008：249-250.

② 罗伟其. 广东教育改革发展30年纪事[M]. 广州：广东高等教育出版社，2008：498-499.

社会、报效祖国的时代特点。

二、广东中小学的时代精神教育

1. 齐抓共管阶段（1978—1991年）

（1）时代精神教育在德育政策中的体现。

改革开放以来，根据德育实践的需要，党和国家制定了一系列德育政策文件，而在中国共产党领导层面上对中小学德育政策进行制定则是始于1985年。1985年5月15—19日，中共中央、国务院在北京召开全国教育工作会议。会议讨论了《中共中央关于教育体制改革的决定（草案）》，国务院副总理万里代表党中央和国务院在讲话中指出："教育体制改革的根本目的是提高民族素质，多出人才，出好人才。"所谓"好人才"，就是"新时代需要的人才"。改革开放以后，我国进入社会主义现代化建设时期，建立一个高度文明、高度民主的社会主义强国需要按照新时代的要求培养人才。这个新时代需要的人才，应该"有理想、有道德、有文化、守纪律，热爱社会主义祖国和社会主义事业，具有为国家富强和人民富裕而艰苦奋斗的献身精神，应该不断追求新知，具有实事求是、独立思考、勇于创造的科学精神"①。同年8月1日，中共中央发出《关于改革学校思想品德和政治理论课程教学的通知》（以下简称《通知》）。《通知》系统地规定了中小学德育课程的主要内容、要求并蕴含着时代精神教育的内容和要求，提出在小学阶段要"指导学生从小培育良好的思想品德，各种正确的行为习惯，包括在真理面前和人格上人人平等的观念，勤俭、节能和守时的习惯"②，在中学阶段要对学生进行道德、民主、法制和纪律教育，对中学毕业生要专门进行艰苦创业、坚守信誉、奉公守法、团结合作等时代精神教育。随着改革开放的逐步深入，我国社会面貌发生了深刻的变化，社会发展对德育提出了新的要求。1988年12月25日，中共中央发出《关于改革和加强

---

① 冯刚，沈壮海. 中华人民共和国学校德育编年史［M］. 北京：中国人民大学出版社，2010：516.

② 教育部思想政治工作司. 加强和改进大学生思想政治教育重要文献选编（1978—2014）［M］. 北京：知识产权出版社，2015：38-39.

中小学德育工作的通知》。该通知从全面深化改革社会背景出发，主要回答了改革开放和发展商品经济的过程中面临的许多德育课题，赋予德育具有时代气息的新内容和新方法，注重培养学生具备"适应改革开放和发展社会主义商品经济的社会环境"的能力素质。该通知明确指出，中小学教育"必须注意培养学生的改革开放意识，使他们从小养成讲求质量和效率，勇于进取，忠于职守等同发展现代化大生产相适应的观念"①。这些都是是中小学时代精神教育的主要内容。

（2）时代精神教育在德育课程改革中的体现。

1978年，教育部颁发了《全日制十年制中小学教育计划（试行草案）》。这个教育计划规定，从小学四年级起开设政治课，课程的任务是对学生进行马列主义、毛泽东思想基本观点的教育。从课程设置的任务可以看出，改革开放之初的中小学德育课程是作为政治课程来开设的。1980年，教育部印发了《关于改进和加强中学政治课的意见》。该意见明确了中学政治课的地位和任务，提出了课程设置方案：初中一年级开设"青少年修养"，初中二年级开设"政治常识"，初中三年级开设"社会发展简史"，高中一年级开设"政治经济学常识"，高中二年级开设"辩证唯物主义常识"。该意见的颁布，标志着中学政治课经过"拨乱反正"走上了正常轨道。1982年，教育部正式颁布了《全日制五年制小学思想品德课教学大纲（试行草案）》，小学政治课改为思想品德课，小学生德育也开始走向规范化。该草案试行3年多以后，国家教委在总结试行经验和广泛征求意见的基础上，于1986年正式颁布了《全日制小学思想品德课教学大纲》和《中学政治课改革试验教学大纲（初稿）》。小学"86大纲""进一步明确了小学思想品德课的性质、地位和作用；强调了对小学生进行爱国主义教育、革命传统教育、集体主义教育、劳动教育和共产主义理想的启蒙教育"②，强调了小学生思想品德教育的"启蒙性"。中学"86大纲"规定了中学思想政

---

① 教育部基础教育司. 中小学德育工作文献规章要览[M]. 北京：人民教育出版社，1998：22.

② 课程教材研究所. 20世纪中国中小学课程标准·教学大纲汇编：思想政治卷[M]. 北京：人民教育出版社，2001：56.

治课的目标是"在马克思主义指导下对学生进行思想品德和社会科学基础知识教育"①，提出了新的课程设置方案：初中一年级设"公民"，初中二年级设"社会发展简史"，初中三年级设"我国社会主义革命和建设"，高中一年级设"共产主义人生观"（1988年改为"科学人生观"），高中二年级设"经济常识"，高中三年级设"政治常识"。该时期的中学政治课走向追求知识的规范化、系统化、科学化，突出了各学科的知识逻辑，知识传递多于道德教化。

（3）广东的具体实施情况。

改革开放初期，广东中小学德育经历了从政治化德育走向多元开放德育，继而形成齐抓共管合力德育的发展历程，主要分为三个阶段：第一阶段（1978—1985年），社会价值观念与学校德育的失范无序与逐渐适应期；第二阶段（1985—1989年），学校德育从被动应对到积极引导时期；第三阶段（1989—1991年），多元开放德育模式建立和形成齐抓共管合力德育格局时期②。所谓"齐抓共管"合力德育，就是党政、学校、家庭和全社会多面联手的社会德育新模式，这种模式起源于广东走向全国的"潮州经验"。1988年9月，广东省委、省政府在潮州市召开全省中小学德育工作现场会，总结、推广潮州市党政重视、齐抓共管、合力培育"四有新人"的德育经验。这一经验在全国反响强烈，引起国家教委和中央领导同志的高度重视和肯定。1988年12月13日的《中国教育报》发表《全社会重视青少年成长的好典型》评论员文章，号召全国城乡学习潮州市德育工作经验。1991年3月5—7日，国家教委在潮州市召开全国中小学德育工作座谈会。1992年5月，潮州市被评为"全国中小学德育工作先进市"。潮州市的德育经验在全国产生了广泛而深远的影响，"齐抓共管"成为影响全国精神文明建设和中小学德育（包括时代精神教育）的基本模式。

---

① 课程教材研究所. 20世纪中国中小学课程标准·教学大纲汇编：思想政治卷[M] 北京：人民教育出版社，2001：271.

② 卢晓中. 广东教育改革发展40年[M]. 广州：中山大学出版社，2018：241.

2. 素质化建设阶段（1992—2003年）

（1）时代精神教育在德育政策中的体现。

新旧世纪交会时期是社会转型和教育转型的重要时期，也是广东中小学德育从系统化走向素质化发展的关键时期。1993年2月，中共中央、国务院发布的《中国教育改革和发展纲要》（以下简称《纲要》）指出："中小学要由'应试教育'转向全面提高国民素质的轨道。"[①] 1993年3月，国家教委颁发了《小学德育大纲》。《纲要》指出要对小学生进行热爱科学、反对迷信的教育，培养学生尊重科学、相信科学的精神，要求学校和教师要重视与劳动模范、科学家、企业家等建立联系，发挥他们对学生的榜样教育作用。1994年8月31日，中共中央颁布了《关于进一步加强和改进学校德育工作的若干意见》。1995年2月，国家教委又颁发了《中学德育大纲》。该大纲中明确指出中学阶段的德育目标应包括培养中学生具有崇尚科学、开拓进取、不畏艰险等具有时代特征的精神品质。1997年10月，国家教委颁发的《关于当前积极推进中小学实施素质教育的若干意见》指出："素质教育要使学生学会做人、学会求知、学会劳动、学会生活、学会健体和学会审美，为培养他们成为有理想、有道德、有文化、有纪律的社会主义公民奠定基础。"[②] 2000年12月，中共中央办公厅、国务院办公厅颁布了《关于适应新形势进一步加强和改进中小学德育工作的意见》。该意见确定了深化教育改革，全面推进素质教育的战略任务，对中小学德育工作提出了新的要求；突出了国情教育的重要性，强调了对学生团结协作、坚忍不拔以及甘于奉献等时代精神的培育。

（2）时代精神教育在德育课程改革中的体现。

1992年初，以邓小平同志"南方谈话"和党的十四大为标志，我国改革开放和社会主义现代化建设事业进入了一个新阶段。为适应这一新变化，国家教委于1992年颁发了《九年义务教育全日制小学思想品德教学大纲

[①] 聂阳阳. 青少年发展政策选编及评析：下［M］. 北京：北京理工大学出版社，2012：100.

[②] 欧少亭. 教育政策法规文件汇编：第三卷［M］. 延吉：延边人民出版社，2001：2896.

(试用)》，该大纲指出小学思想品德课的教学目的是要"为培养社会主义现代化建设的各级各类人才和各行各业的劳动者奠定初步的良好的思想道德基础"①，而这种建设者和接班人必须具有"良好的学习习惯和独立思考、勇于创造的精神"②，这是时代的需求，也是小学思想品德课的基本教学内容。1993 年，国家教委又颁发了《九年义务教育全日制初级中学思想政治课教学大纲（试用）》和《全日制高级中学思想政治课教学大纲（试用）》，中学政治课的课程名称统一调整为"思想政治课"，凸显了其在社会转型过程中服务社会需求的功能。在顺应形势、持续不断的中小学德育课程改革过程中，1996 年又是一个重要的转变节点。这一年，国家教委颁布实行了《全日制普通高级中学思想政治课课程标准（试行）》，第一次在中学政治课程改革中用课程标准代替教学大纲来指导教学，课程重点由教师教学转向了学生发展，由重视知识掌握转向了重视思想素质的提高。1997 年，国家教委又编订了《九年义务教育小学思想品德课和初中思想政治课课程标准（试行）》，这个课程标准在小学思想品德课程和初中思想政治课课程发展过程中，同样是一个重要的发展成果，这标志着德育课程教学科学化、规范化进入了一个新的阶段。

进入 21 世纪以后，我国推进素质教育，德育成为推进素质教育的首要工作，课程改革则作为基础教育推进素质教育的重要突破口，于是教育部对《九年义务教育小学思想品德课和初中思想政治课课程标准（试行）》进行了修订。此次修订的基本原则如下："……转变教育观念，适应中小学生的身心发展规律，突出创新精神和时代精神，淡化学科理论体系，增强教学的实践环节，加强思想品德教育的针对性、实效性和主动性。"③ 2001 年，教育部印发的《基础教育课程改革纲要（试行）》对九年义务教育课程设置

---

① 课程教材研究所. 20 世纪中国中小学课程标准·教学大纲汇编：思想政治卷[M] 北京：人民教育出版社，2001：69.

② 课程教材研究所. 20 世纪中国中小学课程标准·教学大纲汇编：思想政治卷[M] 北京：人民教育出版社，2001：70.

③ 教育部关于印发《九年义务教育小学思想品德课和初中思想政治课课程标准（试行）》的通知[EB/OL]. [2001 - 10 - 17]. http://www.moe.gov.cn/jyb_xxgk/gk_gbgg/moe_0/moe_8/moe_21/tnull_5443.html.

规定，改小学思想品德课为：小学低年级设"品德与生活"，小学中高年级设"品德与社会"。① 2002 年，教育部印发了《全日制义务教育品德与生活课程标准（实验稿）》和《全日制义务教育品德与社会课程标准（实验稿）》，小学德育课程由此发生了重大变化，凸显了小学生品德发展与生活和社会的关系。2003 年，教育部印发了《全日制义务教育思想品德课程标准（实验稿）》，将初中"思想政治课"改成了"思想品德课"。2004 年，教育部接着印发了《普通高中思想政治课程标准（实验）》，这个标准对高中思想政治课进行了全新的改革，规定了新课程结构由固定化转为模块化与选择性，还在开设必修课的同时，提供具有拓展性和应用性的选修课，实行学分管理。

（3）广东的具体实施情况。

这一时期，广东中小学德育改革发展主要围绕党中央国务院和国家教委的一系列方针政策和文件精神，分别制定了相关的"实施意见"，并结合广东实际贯彻落实。1994 年 11 月，广东省召开教育工作会议和德育工作会议。1995 年，广东省中小学德育建设现场会在深圳召开。广州市和深圳市非常重视德育，分别推出了《广州市德育系统设计方案》和《深圳市大中小学德育一体化方案》，从德育目标、内容、途径、管理、评价五个方面对社会转型时期的学校德育进行了全方位对策性研究，并实施推行。为贯彻落实《中共中央办公厅 国务院办公厅关于适应新形势进一步加强和改进中小学德育工作的意见》，2001 年 5 月 14 日，中共广东省委办公厅、广东省人民政府办公厅颁布了《关于进一步加强和改进中小学德育工作的意见》。该意见提出要切实提高中小学德育工作的针对性和实效性，要求"每周安排一课时对学生进行基本国情、基本省情、时事政策和相关的专题教育；引导学生崇尚科学，反对迷信，提高辨别是非的能力，自觉抵御消极腐朽思想文化的侵蚀"②。5 月 23 日，广东省教育厅发出了《关于今年秋季

---

① 李学农. 中国教育改革大系：德育卷［M］武汉：湖北教育出版社，2016：155.

② 广东省教育厅. 广东省教育政策法规文件选编（2001 年）［M］. 广州：广东高等教育出版社，2002：29.

起使用经修订的"广东省中学生德育考核表"的通知》①，明确要求"要将参加社会实践活动的表现作为评估学生的一项重要内容"。事实上，广东省中小学的实践活动基地建设起步很早，早在1994年全省中小学德育工作会议上，广东省委、省政府就明确提出要确立100所示范性的德育基地供全省中小学生使用，这就为评估活动的开展提供了现实基础。另外，修订后的中学生德育考核项目内容相较于1990年的考核表增加了"崇尚科学、反对邪教和封建迷信"，"学习刻苦、勤奋、多思、敢问，基本掌握科学的学习方法"，"培养实践能力和创新精神"，"有团结协作精神"，"自尊自爱，积极进取，诚实正直，惜时守信，敢于面对挫折"等社会发展对青少年学生的时代要求。

3. 改革创新阶段（2004—2018年）

（1）时代精神教育在德育政策中的体现。

进入21世纪，我国对外开放进一步扩大，社会主义市场经济深入发展，为适应国际国内形势的深刻变化，适应中国特色社会主义建设面临的新世纪新时期的要求，2004年2月26日，中共中央、国务院印发了《关于进一步加强和改进未成年人思想道德建设的若干意见》（中发〔2004〕8号）（以下简称"中央8号文件"）。"中央8号文件"从基础性要求提出了未成年人思想道德建设的主要任务，归纳为"四个做起"，分别是"从增强爱国情感做起""从确立远大志向做起""从规范行为习惯做起"和"从提高基本素质做起"。在新的时代条件下，"中央8号文件"提出应努力培育未成年人的"劳动意识、创造意识、效率意识、环境意识和进取精神、科学精神以及民主法治观念"，"激励他们勤奋学习、大胆实践、勇于创造，使他们的思想道德素质、科学文化素质和健康素质得到全面提高"。② 为贯彻落实"中央8号文件"精神，中共广东省委、广东省人民政府于2004年11月30颁发了《关于进一步加强和改进未成年人思想道德建设的意见》（粤发

---

① 广东省教育厅. 广东省教育政策法规文件选编（2001年）[M]. 广州：广东高等教育出版社，2002：458.

② 国务院法制办公室. 中华人民共和国教育法典[M]. 北京：中国法制出版社，2016：140.

〔2005〕12号),《意见》将弘扬新时期广东人精神作为加强和改进未成年人思想道德建设的主要任务,指出要"坚持以人为本,坚持继承与创新相结合,弘扬以爱国主义为核心的中华民族精神和'新时期广东人精神',使广大未成年人树立建设中国特色社会主义的理想信念,增强现代公民意识,养成文明行为习惯"[①]。

党的十八大以来,以习近平同志为核心的党中央把中小学的德育工作摆在突出位置,做出一系列重大决策部署。教育部一直高度重视中小学德育工作,不断对其加强政策指导。2014年4月1日,为培育和践行社会主义核心价值观,进一步增强中小学德育的时代性、规律性和实效性,教育部发布了《关于培育和践行社会主义核心价值观进一步加强中小学德育工作的意见》(以下简称《意见》)。《意见》明确要求"各级教育部门和中小学校要深入开展中华优秀传统文化教育,弘扬以爱国主义为核心的民族精神和以改革创新为核心的时代精神,引导学生增强文化自信和价值观自信"[②]。2015年8月20日,根据学生发展的新特点,教育部制定了《中小学生守则》(2015年修订),突出了崇尚科学、乐于奉献、守信担当等具有时代性的精神品质的重要性。2017年8月22日,为大力促进德育工作专业化、规范化、实效化,努力形成全员育人、全程育人、全方位育人的德育工作格局,教育部制定了《中小学德育工作指南》(以下简称《指南》)。《指南》进一步明确了中小学德育工作的指导思想和基本原则,将理想信念教育、社会主义核心价值观教育、中华优秀传统文化教育等作为中小学德育工作的重要内容,提出了学段衔接的德育目标,细化了德育工作实施途径和要求,着力构建方向正确、内容完善、学段衔接、载体丰富、常态开展的德育工作体系。

(2)时代精神教育在德育课程改革中的体现。

为适应社会发展和学生成长需要,教育部分别在2011年和2013年对中

---

① 广东省教育厅. 广东省教育政策法规文件选编(2004年)[M]. 广州:广东高等教育出版社,2006:11.

② 《中国校外教育工作年鉴》编辑委员会. 中国校外教育工作年鉴(2014—2015)[M]. 武汉:武汉大学出版社,2015:68.

第八章 时代精神教育的历史与经验

小学德育课程标准进行了修订。2011年,教育部印发了《全日制义务教育品德与生活课程标准》《全日制义务教育品德与社会课程标准》和《全日制义务教育思想品德课程标准》三个新的课程标准。相较于2003年的课程标准,基于我国构建社会主义和谐社会,加快建设创新型国家战略目标的需要,2011年的课程标准更加凸显时代精神教育的理念,重视"培养良好的公民素质、创新精神和实践能力"。如思想品德课程力求引导和帮助学生"形成崇尚科学、自立自主、善于合作、勇于创新的个性品质","具备全球意识和国家视野",这些精神品质都是当下时代精神教育的主要内容。2013年,教育部正式印发了《全日制普通高中思想政治新课程标准》。这个课程标准凸显了对时代精神教育的重视,尤其是对学生创新创业能力培养的重视。在课程总目标的规定中,明确提出学生要"具备即将成人的青年在现代社会中生活应有的自主、自立、自强的能力和态度"。在分类目标中则明确提出:"着眼于未来的创业生活,培养自主学习、选择、探究的能力,学习、生活有计划性、创造性、超前性","思考怎样才能对社会发展起到促进作用,作为未来成功人士,在中学阶段就必须具备哪些优秀品质","对宇宙和一切未知世界具有好奇心,尊重科学,追求真理,注意观察生活,培养科学态度和创新精神"等。

随着经济、科技的迅猛发展和社会生活的深刻变化,面对新时代社会主要矛盾的转化,面对新时代对提高全体国民素质和人才培养质量的新要求,为适应新时代社会发展和中小学学生成长的需要,增强思想政治教育的针对性、实效性和主动性,2016年,教育部办公厅发布了《关于2016年中小学教学用书有关事项的通知》(以下简称《通知》),《通知》指出:"为贯彻落实党的十八届四中全会关于在中小学设立法治知识课程的要求,从2016年起,将义务教育小学和初中起始年级《品德与生活》《思想品德》教材名称统一更改为《道德与法治》。"2017年,教育部印发了《小学道德与法治课程标准》《普通高中思想政治课程标准(2017年版)》。这个标准明确了普通高中的培养目标是"进一步提升学生综合素质,着力发展核心素养,使学生具有理想信念和社会责任感,具有科学文化素养和终身学习能力,具有自主发展能力和沟通合作能力"。思想政治学科核心素养主要包括政治认同、科学精神、法治意识和公共参与。

（3）广东的具体实施情况。

2004—2018年是广东中小学德育深化改革、积极创新和长足发展的时期。2004年2月"中央8号文件"印发和5月全国未成年人思想道德建设工作会议召开后，广东省教育系统迅速行动起来，围绕贯彻落实文件和会议精神，召开全省中小学德育工作会、开展教育思想大讨论活动、联合和配合有关部门组织一系列调研，形成了新时期推进学校德育工作的新部署新措施，其中有几个重要节点值得关注：2004年在深圳召开广东省中小学德育工作会议，动员部署贯彻落实"中央8号文件"，切实加强新时期学校德育；2007年在中山市召开广东省加强未成年人思想道德建设工作经验交流现场会，总结推广中山市"营造和谐人文环境，合力联动教化育人"工作经验；2008年在广州市召开"全省创新发展未成年人思想道德建设现场会"，会议以"合力联动文化育人——创新发展未成年人思想道德建设"为主题，紧紧围绕新时期创新发展未成年人思想道德建设工作模式，加强德育工作的针对性和实效性等核心问题做了深入交流和研讨；2013年，中共广东省委教育工委景李虎副书记分"高校思政课""中小学德育""高校学生工作"三个专题主持召开了"群众路线大家谈"学校德育工作系列座谈会，座谈会围绕进一步确立立德树人的理念、全面实施协同创新等问题进行了深入研讨。2015年，广东省人民政府颁发了《关于深化教育领域综合改革的实施意见》（粤府〔2015〕20号），系统谋划了当前和今后一段时期广东省深化教育领域综合改革的总体思路、时间表和路线图，确立了以立德树人为根本任务，强化"道德、诚信、守法"教育理念，重视培养学生的社会责任感、创新精神和实践能力。

根据以上这些会议、政策文件的精神以及中小学生思想变化和自身发展的需要，广东学校对中小学生的时代精神教育同样开展了多样的创新工作：一是加强和改进德育课程，提高针对性和实效性。主要表现为：结合实际，充实德育教学内容，既保持各门德育课程内容的专门性，又在选材和结构上渗透弘扬和培育时代精神尤其是新时期广东精神的教育；将时代精神教育渗透到相关的学科之中，贯穿于教学和管理的各个环节，拓宽教育的渠道；注重开发利用具有当地和本校特色的德育资源建设地方课程和校本德育课程，充分利用广东省优秀历史文化、改革开放的巨大成就等资源进行时代精神教育；举办德育课程优秀教学成果展示活动以及德育课教学大赛，加强教学经验的总结交流。

二是坚持开展学生主题教育品牌活动。2004年以来，广东省教育厅在全省中小学校相继开展了与时代精神教育相关的各种主题教育活动。2004年，在全省中小学校组织开展"学习实践广东人精神"主题教育系列活动。2008年，为纪念改革开放30周年，宣传党的十七大精神，组织开展了"感受建设成就，感悟时代精神"中小学主题教育系列活动。主要内容与形式包括：①"走进形势教育大课堂"，也就是组织中小学生上好"生活新变化""社会新气象""农村新面貌""科学新发展""国际新形象""未来新蓝图"六课，向中小学生生动形象地宣传党的十七大精神。②组织开展"小眼睛看大变化"社会实践活动，也就是引导中小学生了解改革开放历史，感受学校、家庭和社会的新变化，感受广东和祖国改革开放的辉煌成就，感悟改革开放的时代精神。2009年，广东省教育厅组织全省中小学围绕庆祝新中国成立60周年深入开展了"我爱我的祖国"主题教育活动，其中有一项活动强调对学生时代精神的培育。活动以"感受伟大成就，感悟时代精神"为主题，运用宣传图片、多媒体等形式，向广大学生展示新中国成立60周年特别是改革开放30年来全国和广东经济社会以及教育事业发生的巨大变化，引导广大学生感受祖国建设发展取得的伟大成就，感悟改革开放的时代精神，激发学生的责任意识和民族自豪感。2010年，为培育学生热爱祖国、建设广东、奉献社会的志愿服务精神，组织开展了"争当信使喜迎亚运——广东欢迎您"中小学书信活动、"迎接亚运会、当好东道主、创造新生活"亚运志愿精神百校行教育系列活动。

三是加强德育工作队伍建设。着力抓好学校德育管理者、班主任和德育课教师三支队伍建设。①加强学校德育管理队伍建设。举办全省教育行政部门德育工作新任负责人培训班，成立广东省中小学德育指导委员会，加强行政管理工作的专家力量支撑。②加强班主任队伍建设。启动"名班主任"培养工程,组建"广东省中小学班主任讲师团",举办广东省中小学班主任工作论坛和班主任专业能力大赛。③加强德育课教师队伍建设。加强德育课教师的培训工作,开展德育说课比赛,为德育课教师搭建交流学习和能力展示的良好平台。

第三节 广东学校时代精神教育的主要经验

通过全面梳理改革开放以来广东学校时代精神教育的实践探索,可以看出,改革开放42年来,广东学校对时代精神教育的探索是一个在继承已有经验基础上根据社会环境的变化而不断创新发展的动态过程。改革开放以来,在中国共产党的领导下,广东学校时代精神教育不仅取得了令人瞩目的教育成果,也积累起了丰富的经验,主要有以下几方面。

一、激活南粤历史文化资源,构筑育人协作机制

广东地方历史文化资源丰富,它既是近现代革命的策源地,改革开放的前沿地,还是最大的华侨之乡和名副其实的海洋大省。深入开发、挖掘和彰显广东地方历史尤其是改革开放历史文化资源的教育功能,本身就是广东学校时代精神教育教学的题中之义。

1. 广东具有丰富的改革开放历史文化资源

广东作为我国改革开放的前沿地,一直是我国改革开放的缩影和窗口。改革开放42年来,在中国共产党的领导下,广东不辱使命,敢为天下先,率先改革开放,勇于进取,开拓创新,努力探索发展中国特色社会主义,勇当排头兵、先行地、试验区,为我国全面实施改革开放提供了许多有益的经验借鉴。广东各地在改革开放以来的社会实践中留下了大量改革开放的地标性建筑、各种类型的改革基地,如深圳蛇口工业区、改革开放新地标深圳前海和珠海横琴片区等。除了地标和基地,各种改革开放主题展览则让学生的认同感更为深刻。2018年11月1日,作为全面反映广东改革开放40年发展历程和伟大成就的展览,"大潮起珠江——广东改革开放40周年展览"在深圳改革开放展览馆举行首个媒体开放日,通过照片、文献、

影像、实物、美术创作等多种丰富展品,再通过场景还原、互动体验、模型沙盘等多种展陈手段,生动地再现了这段波澜壮阔的历史。丰富的内容和先进的技术带来引人入胜的展览效果,既有利于生动地再现广东改革开放40年的峥嵘岁月,也有利于吸引更多年轻的观众走进展厅,更有利于引导青少年学生培养勇于拼搏、敢于创新的时代精神。面对这些看得见、摸得着、感受得到的巨大成就,青少年学生容易联想起自己儿时的见闻、家中保留下的老照片、长辈的回忆,从而油然而生对于广东作为改革开放先行者的自豪感。积极将广东地区这些独特的改革开放历史文化资源转化为教学资源,这对于加强学校时代精神教育有着积极的意义。

2. 广东拥有极为丰富的海外侨务资源

广东是海外华侨华人最多的省份。"据统计,改革开放40年来,在全球6 000多万海外华侨华人中,粤籍华人数量为3 000万~4 000万,占全球海外华侨华人总数的一半以上,分布在全球160个以上的国家和地区。"① 在历史上,海外华侨华人为中国的革命和建设事业做出了巨大贡献,浓墨重彩地彰显了中华民族伟大的爱国主义精神;在改革开放新时期,海外华侨华人更是成为中国改革开放的强大动力和重要资源,书写了华侨华人气吞山河的不朽诗篇。"广东的改革开放,可以说是源于侨,兴于侨,也成于侨",主要表现在三方面:一是大规模地来粤投资兴业,推动了广东经济的大发展。"改革开放以来,中国吸收的外国直接投资(FDI)60%以上来自包括粤华侨华商在内的广大华侨华人及港澳同胞,其中在广东投资兴业的侨商企业超过6.18万家,占全省外资企业总数的六成以上,累计投资2 600多亿美元,占全省实际利用外资总额的70%。"② 二是华裔高端人才致力于振兴中国的科技事业。海外华侨华人是广东引进高层次人才的主要来源,他们携带高新技术和先进的管理知识报效祖国,早已成为推动中国科技事业的一支重要力量。"截至2015年,广东引进的11 277名国家'千人计划'

---

① 张小欣. 海外华侨华人与广东改革开放40年[M]. 广州:中山大学出版社,2018:2.

② 张小欣. 海外华侨华人与广东改革开放40年[M]. 广州:中山大学出版社,2018:3.

人才中，华侨华人人数占 90% 以上；全省引进的 5 117 个省级创新科研团队中，华侨华人团队占 80% 以上；全省引进的 5 批 89 名省级领军人才中，华侨华人约占 80%。"① 三是造福桑梓、兴办各种公益事业，推动侨乡的发展。"改革开放包括粤籍华侨华商在内的广大华侨华人及港澳同胞累积捐赠内地公益事业款物总额超过 900 亿元人民币。"② 其中绝大部分用于文教、基础设施建设、救灾等领域。华侨华人和港澳同胞对家乡的捐助可谓倾心倾力，如香港著名企业家李嘉诚在家乡捐资参与创办了汕头大学，迄今为止捐款数额已超过 33 亿港元；香港爱国实业家、香港潮属社团总会创会会长陈伟南数十年来捐资数千万元推动家乡教育事业的发展，在潮州市沙溪镇建立宝山中学，修建母校韩山师范学院，设立潮汕"星河奖"基金会等。

海外华侨华人在祖国、在家乡投资兴业，热心公益，扶贫济困，捐赠社会，成为广东改革开放和现代化建设的重要力量，并形成了伟大的"粤侨精神"。"粤侨精神"是对海外粤籍乡亲移民史、奋斗史和贡献史的深刻总结，主要内涵为"念祖爱乡、重信名义、敢为人先、团结包容"③。无论何时何地，海外华侨华人的这种爱国主义精神、艰苦奋斗精神和改革创新精神，都是广东学校时代精神教育不可或缺的最好教育资源之一，是时代精神教育与地方特色文化相结合的典型教材之一。

二、加强校园文化建设，营造良好的育人氛围

"校园文化是指以学生为主体、教师为主导，在特定的校园中创造的与社会和时代密切相关且具有校园特色的人文氛围、校园精神和生活环境。"④ 校园文化是学校日积月累积淀而成的一种特殊文化，是学校自身发展历史文化的凝练，是校风教风学风的缩影，是社会主义先进文化的重要组成部分。良好的校园文化能够以鲜明的导向引导、鼓舞学生，以内在的力量凝

---

①② 张小欣. 海外华侨华人与广东改革开放 40 年［M］. 广州：中山大学出版社，2018：3.

③ 张小欣. 海外华侨华人与广东改革开放 40 年［M］. 广州：中山大学出版社，2018：150.

④ 单春晓，马其南. 与时代同行：民族精神与高等教育［M］. 北京：中国社会科学出版社，2015：74.

聚、激励学生，以独特的氛围影响、规范学生，是青少年学生时代精神教育的重要载体。大力加强大中小学校园文化建设，将时代精神教育融入校园文化活动中，以校园文化为载体，能够使学生积极地参与其中，自觉地将时代精神内化为自身素质，增强时代精神教育的实效性。

广东学校非常重视校园文化对学生时代精神教育的重要载体作用，致力于建设以培育时代精神为重要目标的校园文化。第一，努力营造健康向上的、有助于时代精神教育的校园文化环境。校园文化环境是学生时代精神教育的隐性课堂，学校要充分挖掘和利用当地和本校的教育资源建设校园文化环境。如张贴英雄人物、劳动模范、科学家、艺术家等杰出人物的画像和格言，制作、设计介绍地方自然风光、风土人情、建设成就的图片和文字，绘制卡通人物形象等，进行特色文化的设计和展示，形成一种体现时代精神的环境文化；学校要充分利用校报校刊、校园文化长廊、校园广播电视等舆论主阵地开辟文化专栏或专题宣传时代精神，渲染校园文化氛围；学校要积极开展校园网络建设，用社会主义先进文化尤其是反映时代精神的气息与素材抢占大学生的思想阵地。第二，积极开展丰富多彩的校园文化活动，培育时代精神。校园文化活动是校园文化建设中最活跃、最丰富、最多样化的部分，也是校园文化建设的表现载体。通过举办以时代精神为主题的班会、党团日活动、学科竞赛和科技竞赛、社团活动、文化讲座、歌手大赛、演讲比赛、辩论赛等一系列活动，将时代精神渗透其中，潜移默化地进行时代精神教育，达到润物细无声的效果；充分利用我国改革开放发展的伟大成就、重大历史事件纪念活动、爱国主义教育基地等精心设计和组织开展内容丰富、形式新颖、吸引力强的主题系列教育活动（详见上文历史梳理中广东具体实施情况的相关阐述）。第三，强化校园文化建设合力，以培育大学生时代精神。校园文化建设是一项综合系统工程，需要调动整所学校的积极性一起来抓，才能形成校园文化建设的合力。学校领导思想上的高度重视和工作中的大力支持是校园文化建设的重要推动力和保障，相关学生工作管理部门及学生社团是校园文化建设落实的主要执行者，广大师生员工是校园文化活动的直接参与者，教师是育人的主体，在校园文化建设中发挥着主导作用，广大学生则是校园文化建设的生力军，更是出发点和重要归宿。这三股力量的合力强化，是推进学生时代精神教育的重要保证。

三、加强社会实践教育，拓展校外教育途径

社会实践活动是学校人才培养的重要组成部分，是全面贯彻党的教育方针，推进学生素质教育的重大措施和不可缺少的环节，也是学校时代精神教育的重要形式和途径。所谓社会实践，就是青少年学生按照学校培养目标的要求，有计划、有组织地参与学校和社会的政治、经济、文化生活的教育活动。为了有效地在社会实践活动中开展时代精神教育，广东学校把社会实践活动作为弘扬和培育时代精神重要途径列入了教育计划，在组织、管理、经费等方面予以保证。

第一，加强学生社会实践基地的建设。建立学生社会实践基地，使社会实践经常化、制度化、规范化是对学生进行时代精神教育的一种有效形式和途径。社会实践基地是实践育人、综合实践活动的平台，对于促进学生深入社会，了解国情、了解省情、体察民情、增长才干、锻炼毅力、培养品格具有不可替代的作用。学校应有计划地建立一批教育资源丰富、比较稳定的社会实践基地。2007 年，为深入推进省中小学德育基地建设，促进德育基地管理规范化，广东省教育厅发布了《关于进一步办好德育基地强化学生实践教育的意见》，从办好德育基地的重要性和必要性、加强德育基地建设的内容体系、规范德育基地管理以及建立健全协作制度等六方面对广东德育基地的建设和发展提出了具体的意见。广东一直以来不遗余力地加强学生实践基地的建设，从 1995 年起，广东省在教育事业经费中设立德育基地的建设专项经费；从 1994 年起，多次举行德育基地建设现场会；从 2009 年起，组织开展省级示范德育基地评选工作等。广东省积极推动全省公共文化设施免费向未成年人开放，省教育厅还在全省总结推广广州市中小学免费参观爱国主义教育基地打卡制度，力求提高学生参观爱国主义教育基地的实效性。

第二，深入基层，提升学校实践育人成效。了解世情、国情、民情是学生健康成长成才，履行好党和国家赋予的历史使命最基本的前提和要求。

由于学生长期在学校学习，缺乏对社会的直接接触，对世情、国情、民情的了解只是停留在浅层，缺乏广度和深度的认识。学生通过实地观察和亲身体验，感悟我国的国情、党情、民情和乡情，能够更加客观真实地认识中国的历史发展，更加充分地体验改革开放以来社会主义建设取得的举世瞩目的伟大成就以及城市乡村所发生的翻天覆地的巨大变化，认识到国家的发展道路必须符合国情，中国特色社会主义现代化事业应从本国实际出发，继而从情感上、心理上升华为对中国共产党的领导的信心和走中国特色社会主义道路的决心。广东学校的学生社会实践活动内容丰富，形式多样，主要包括教学实践、社会调查、专业实习、生产劳动、志愿服务、公益活动、科技发明、勤工助学和参观访问等各种途径和形式。广东学校通过有计划地组织学生到各种教育基地、工厂车间、城镇社区、乡村田野等基层一线进行参观、考察、服务和调研，在对社会主义新农村、工厂车间、城镇社区的参观、考察、服务和调研中感受到改革开放的新成就、新面貌，亲身体验到祖国好、改革开放好和社会主义好，从而在心底自发产生爱党爱国爱社会主义的认同感和归属感，并把这种对国家、社会、民众的浓厚感情升华为民族精神和时代精神，激励自己不断进步和完善，在社会主义的伟大实践中践行民族精神和时代精神。

第三，注重形成社会实践育人合力。实践育人是一项系统工程，需要各地区各部门的大力支持，需要学校的积极努力。教育部门要加大对学校实践育人工作的指导和支持力度，财政部门要积极支持学校育人工作，宣传文化等部门要为学生参观各种教育基地、文化艺术场所提供优惠条件，部队要支持学校开展军事训练，企事业单位要支付给学生相关的实习报酬，共青团要发挥好动员和组织学生参加社会实践活动的作用等。总而言之，当代学生社会实践活动必须精心组织、周密安排、相互协调、同心协力，进一步系统化、制度化和规范化，才能真正达到社会实践育人的深度和效度。

第九章
社会主义理想信念教育的历史与经验

理想、信念问题是党一贯重视的问题,在长期的革命和建设过程中我们逐步形成了理想信念这一中国特色的综合性概念。社会主义理想信念教育是广东先进文化教育的重要议题,这个过程中广东不仅始终重视社会主义理想信念教育,而且社会主义理想信念教育成果丰硕。广东社会主义理想信念教育始终紧扣党和国家发展大局,始终立足于广东区位特点进行社会主义理想信念教育。因此,广东社会主义理想信念教育具有一般性和特殊性,是一般性与特殊性的辩证统一。

第一节 社会主义理想信念教育的发展历程

列宁在《论国家》一文指出,在社会科学问题上一种最可靠的方法"是不要忘记基本的历史联系,考察每个问题都要看某种现象在历史上怎样产生,在发展中经过了哪些主要阶段,并根据它的这种发展去考察这一事物现在是怎样的"①。广东社会主义理想信念教育的发展经历了不断发展完善的过程,这个过程在宏观上看同时代主题和党的工作重心的转换是同向

---

① 中共中央马克思恩格斯列宁斯大林著作编译局. 列宁选集:第四卷[M]. 3版. 北京:人民出版社,1995:26.

第九章 社会主义理想信念教育的历史与经验

同行的,同广东改革开放进程和经济社会发展的步调是相协同的。

一、新中国成立初期理想信念教育

在改革开放以前,"理想""信念"仍然作为两个词单独使用,其指向主要为革命理想和革命信念;而且理想的使用频率较高。早在1920年的《中国共产党宣言》中就明确提出了"共产主义者的理想"及其对政治、经济和社会方面的要求与主张。这一时期,虽然对"信念"也有提及,但使用得不是太多,尤其在革命战争年代提得更少。在毛泽东的著作中明确谈到"信念"的文章是《论持久战》,文章指出:"我们从事战争的信念,便建立在这个争取永久和平和永久光明的新中国和新世界的上面。"① 可见,这里的信念其实是建立在"新中国和新世界"的革命理想基础之上的。在1962年邓小平《在扩大的中央工作会议上的讲话》中提出:"我们党还有一个传统,就是有理想,有志气,不怕'鬼'。"② 这里的"有志气"即指出不仅要有奋斗目标,而且要有与这相应的精神状态(信念),但并没有明确使用"信念"这一词。

虽然对理想、信念分立使用且频率也不平衡,但两者实际上是相辅相成的;同样,理想、信念蕴含的各层含义也不是分立的,都根源于一个共同的指向——共产主义,在以后的革命与建设中中国共产党使用理想或信念时基本上也都是指向于这个美好的、崇高的远大目标。

中国共产党人继承了马克思主义经典作家的宝贵财富,并与中国实践实际、时代发展相结合,为了实现共产主义美好的理想带领中国人民走上了长期的革命斗争和艰难的现代化建设过程。归纳起来,理想信念教育内容主要有如下方面:第一,社会主义和共产主义理想。自建党之初提出这个远大理想以来,这是在不同的时代背景和形势下始终蕴含的中心内涵。在抗日战争时期,强调"共产党人决不抛弃其社会主义和共产主义的理想,他们将经过资产阶级民主革命的阶段而达到社会主义和共产主义的阶段"③。

---

① 毛泽东. 毛泽东选集:第二卷[M]. 2版. 北京:人民出版社,1991:476.
② 邓小平. 邓小平文选:第一卷[M]. 2版. 北京:人民出版社,1994:299.
③ 毛泽东. 毛泽东选集:第一卷[M]. 2版. 北京:人民出版社,1991:259.

同样，在经历抗日战争后共产党的主张也是要将中国推进到社会主义社会和共产主义社会。毛泽东指出："我们的党的名称和我们的马克思主义的宇宙观，明确地指明了这个将来的、无限光明的、无限美妙的最高理想。每个共产党员入党的时候，心目中就悬着为现在的新民主主义革命而奋斗和为将来的社会主义和共产主义而奋斗这样两个明确的目标。"① 第二，民族独立及人民解放的理想。如1935年毛泽东提到的"人民共和国"②，在抗日战争期间共产党人领导下的人民解放区已经完全实现了这一理想；抗日战争结束后人民解放区逐步扩大到整个中国大陆，这样就出现了统一的中华人民共和国。又如毛泽东在纪念中国共产党成立二十八周年时说道："中国人向西方学得不少，但是行不通，理想总是不能实现。"③ 这里的理想也指中国独立富强、人民解放富裕的梦想。第三，"四个现代化"的理想。在1964年12月21日至1965年1月4日召开的第三届全国人民代表大会第一次会议上，周恩来正式、完整地向全国人民宣布了"四个现代化"的经济建设目标。报告指出："就是要在不太长的历史时期内，把中国建设成为一个具有现代农业、现代工业、现代国防和现代科学技术的社会主义强国，赶上和超过世界先进水平。"并宣布了实现"四个现代化"目标的"两步走"设想。"第一步，建立一个独立的比较完整的工业体系和国民经济体系；第二步，全面实现农业、工业、国防和科学技术的现代化。"④ 另外，在许多时候也将"理想"作为形容词使用，如"这是最理想的情况""更强烈，更有集中性，更典型，更理想，因此就更带普遍性"等。

"文化大革命"使理想信念教育出现了偏差，改革开放以后，随着我们工作重心的转移，广东理想信念教育也进入了恢复整顿发展的时期。

二、拨乱反正，社会主义理想信念教育健康发展

"文革"结束后，党在十一届三中全会上做出了从1979年起，把全党

---

① 毛泽东. 毛泽东选集：第三卷 [M]. 2版. 北京：人民出版社，1991：1059.
② 毛泽东. 毛泽东选集：第一卷 [M]. 2版. 北京：人民出版社，1991：156.
③ 毛泽东. 毛泽东选集：第四卷 [M]. 2版. 北京：人民出版社，1991：1470.
④ 周恩来. 周恩来选集：下 [M]. 北京：人民出版社，1984：439.

第九章 社会主义理想信念教育的历史与经验

工作重点转移到社会主义现代化建设上来的战略决策,"实现四个现代化的理想"在建设时期重新明确。社会主义精神文明建设的任务更为艰巨,理想、信念成为社会主义现代化进程中必须不断强调的重要因素。

理想、信念、纪律等要求日益突出。邓小平在《贯彻调整方针,保证安定团结》(1980年12月25日)中提到:"我们要建设的社会主义国家,不但要有高度的物质文明,而且要有高度的精神文明。所谓精神文明,不但是指教育、科学、文化(这是完全必要的),而且是指共产主义的思想、理想、信念、道德、纪律,革命的立场和原则,人与人的同志式关系,等等。"① 1982年在军委座谈会上的讲话(7月4日)中,邓小平又明确提出了"四有新人"的要求,指出:"第一是体制改革,目前进行机构改革。第二是搞社会主义精神文明,主要是使我们的各族人民都成为有理想、讲道德、有文化、守纪律的人民。"② 之后,邓小平在1985年3月7日全国科技工作会议上的讲话中对理想、信念及纪律又做了更为精辟的分析。讲话指出:"……教育全国人民做到有理想、有道德、有文化、有纪律。这四条里面,理想和纪律特别重要。我们一定要经常教育我们的人民,尤其是我们的青年,要有理想。为什么我们过去能在非常困难的情况下奋斗出来,战胜千难万险使革命胜利呢?就是因为我们有理想,有马克思主义信念,有共产主义信念。我们干的是社会主义事业,最终目的是实现共产主义。"③ "有了理想,还要有纪律才能实现。纪律和自由是对立统一的关系,两者是不可分的,缺一不可。我们这么大一个国家,怎样才能团结起来、组织起来呢?一靠理想,二靠纪律。组织起来就有力量。没有理想,没有纪律,就会像旧中国那样一盘散沙,那我们的革命怎么能够成功?我们的建设怎么能够成功?"④

1985年,邓小平将理想和信念合并使用,称为"信念理想"。其中提到:"我们多年奋斗就是为了共产主义,我们的信念理想就是要搞共产主

---

① 邓小平. 邓小平文选:第二卷[M]. 2版. 北京:人民出版社,1994:367.
② 邓小平. 邓小平文选:第二卷[M]. 2版. 北京:人民出版社,1994:408.
③ 邓小平. 邓小平文选:第三卷[M]. 北京:人民出版社,1993:110.
④ 邓小平. 邓小平文选:第三卷[M]. 北京:人民出版社,1993:111.

义。在我们最困难的时期，共产主义的理想是我们的精神支柱，多少人牺牲就是为了实现这个理想。共产主义是没有人剥削人的制度，产品极大丰富，各尽所能，按需分配。按需分配，没有极大丰富的物质条件是不可能的。要实现共产主义，一定要完成社会主义阶段的任务。"① 之后，在多个文献和多次领导人讲话中都将理想、信念一起使用，但并没有捆绑在一起，形成一个固定的专用术语。邓小平在1986年接受美国记者迈克·华莱士采访时提到："马克思主义，另一个词叫共产主义。我们过去干革命，打天下，建立中华人民共和国，就因为有这个信念，有这个理想。我们有理想，把马克思主义基本原则同中国实际相结合，所以我们才能取得胜利。革命胜利以后搞建设，我们也是把马克思主义的基本原则同中国实际相结合。"② 同年11月邓小平又谈道："根据我长期从事政治和军事活动的经验，我认为，最重要的是人的团结，要团结就要有共同的理想和坚定的信念。……我们共产党人的最高理想是实现共产主义，在不同历史阶段又有代表那个阶段最广大人民利益的奋斗纲领。"③ 理想、信念虽然多次合并使用，有许多时候甚至相互替代使用；但是其所指都是"共产主义"，当然"不同阶段又有代表那个阶段的最广大人民利益的奋斗纲领"。改革开放前突出"理想"，改革开放后理想、信念和纪律等并重，且最高理想和共同理想明确分层。这种转换是由"改革开放"的历史背景决定的，也是党的执政理念的重要体现。

1986年，中共中央颁发了《关于社会主义精神文明建设指导方针的决议》（以下简称《决议》），决议对我们的理想信念教育做了科学分析。第一，明确了社会主义精神文明建设的根本任务是"适应社会主义现代化建设的需要，培育有理想、有道德、有文化、有纪律的社会主义公民，提高整个中华民族的思想道德素质和科学文化素质"。第二，区分了共同理想和最高理想。指出："建设有中国特色的社会主义，把我国建设成为高度文明、高度民主的社会主义现代化国家，这就是现阶段我国各族人民的共同

---

① 邓小平. 邓小平文选：第三卷 [M]. 北京：人民出版社，1993：137.
② 邓小平. 邓小平文选：第三卷 [M]. 北京：人民出版社，1993：173.
③ 邓小平. 邓小平文选：第三卷 [M]. 北京：人民出版社，1993：190.

理想。""我们党的最高理想是建立各尽所能、按需分配的共产主义社会。无论过去、现在和将来，这个最高理想都是我们共产党人和先进分子的力量源泉和精神支柱。而建设有中国特色的社会主义，则是实现最高理想的必经阶段。对于我们共产党人来说，为建设有中国特色的社会主义而奋斗，也就是为党的最高理想而奋斗。"第三，明确提出了理想教育的要求。《决议》还提出："要善于运用建设和改革的现实成就和群众的切身经验，进行生动的理想教育。同时要采取多种形式，帮助广大干部和群众特别是青年逐步深入地理解马克思主义世界观和社会发展规律，理解我们民族的光辉历程和革命传统，理解百多年来我们民族的深重灾难和反帝反封建的英勇斗争，理解当代世界的进步、矛盾和人类的前途，以提高民族的自尊心、自信心和自豪感，把理想建立在科学基础之上。"①

在中央的统一部署下，广东迅速行动起来。从1983年年初开始，广东高校在开设政治理论课的同时，也开设了共产主义思想道德课。许多高校专门设立了德育教研室承担这门新的课程，中山大学、华南师范大学等院校还编写了专用教材，中山大学成立了广东省政治理论课教师培训中心、华南师范大学分批举办了专职辅导员培训班。② 1987年制定了《广东省社会主义精神文明建设规划》将精神文明建设列为广东各级党委、政府的重要工作。1988—1989年精神文明事业受过一些干扰，但从1989年下半年起，这种局面逐渐改变。1989年，成立了广东省精神文明建设领导小组，谢非同志担任组长。1990年，制定了《广东省"八五"期间社会主义精神文明建设规划要点》，之后颁布了《广东省社会主义精神文明建设纲要》并启动了"教育强省"建设。③ 在社会主义市场经济体制逐步建立和发展过程中，广东的社会主义理想信念教育健康发展，为改革开放的前沿广东抵御各种思想的冲击提供了重要支撑。

---

① 教育部思想政治工作司. 加强和改进大学生思想政治教育重要文献选编（1978—2008）[M]. 北京：中国人民大学出版社，2008：79－81.
② 卢晓中. 广东教育改革发展40年 [M]. 广州：中山大学出版社，2018：250－251.
③ 蒋斌，王珺. 广东改革开放40年研究总论 [M]. 广州：中山大学出版社，2018：167－171.

三、与时俱进,确立了社会主义理想信念教育的核心地位

20世纪90年代,世界格局发生了巨大变化,国内也面临着新的形势,1996年江泽民在宣传思想战线的讲话中对党员领导干部提出了要有"坚定的共产主义和社会主义的理想信念"等要求,认为"这样,我们的党组织才能增强凝聚力和战斗力,我们的党员、干部才能经得起各种风浪的考验,经得起权力、金钱、美色的考验"①。同年,在《中共中央关于加强社会主义精神文明建设若干重要问题的决议》(1996年10月10日)中又明确了这一术语和要求。其中指出加强精神文明建设首先要从严治党,搞好党风;所以"教育要联系思想实际和工作实际,着重解决理想信念和思想作风方面存在的突出问题,进一步提高认识、统一思想,增强贯彻执行党的基本理论、基本路线、基本方针的自觉性和坚定性,防止一些领导干部特别是中青年干部在日益复杂的斗争中迷失方向"②。之后,"理想信念"已成为专用术语,在许多场合使用,如"我们要把长征精神作为加强社会主义精神文明建设的重要动力,作为在全体人民特别是青少年中进行理想信念和思想道德教育的重要内容"③。又如"坚定信心、团结奋斗,就是要坚定建设有中国特色社会主义的理想信念,既要充分估计困难,又要增强必胜的信心,始终保持良好的精神状态和旺盛的革命斗志"④。再如在《中共中央关于加强和改进党的作用建设的决议》中指出:"……一些党员干部放松世界观改造,理想信念动摇,革命意志衰退,经受不住权力、金钱、美色的考验",要"加强理想信念和廉洁从政的教育"。⑤ 至此,"理想信念"成为中国共产党一个使用频率较高并且固定化的一个政治术语;同时也不断明确了"理想信念教育"的要求。如江泽民在2002年就再次指出"对干部的教

---

① 江泽民. 江泽民文选:第一卷[M]. 北京:人民出版社,2006:500-501.
② 中共中央文献研究室. 中共中央十三届四中全会以来历次全国代表大会中央全会重要文献选编[M]. 北京:中央文献出版社,2002:399.
③ 江泽民. 江泽民文选:第一卷[M]. 北京:人民出版社,2006:521.
④ 江泽民. 江泽民文选:第二卷[M]. 北京:人民出版社,2006:444.
⑤ 中共中央文献研究室. 中共中央十三届四中全会以来历次全国代表大会中央全会重要文献选编[M]. 北京:中央文献出版社,2002:619-633.

育,应该包括理想信念教育、思想政治教育、纪律作风教育、道德法制教育、科学文化教育等各方面。只有通过全面的经常的教育,真正打牢思想政治基础、筑严思想政治防线,干部队伍建设才能越搞越好。"①

随着改革开放的深入发展,理想、信念这两个独立的概念,已合并形成"理想信念"的新的概念。虽然在党中央的文件中明确提出了"理想信念"的表述并成为固定的专用术语,但是并没有形成排他性的术语。理想、信念和理想信念许多时候是并用,相互引证的。这既是我国坚持走社会主义道路的本质要求;同时也是进入20世纪90年代以来,中国改革开放进入了一个新的时期,社会利益多元化、组织多样化、就业方式多样化和人们行为多元化成为社会的常态的时代要求。在新的历史时期,坚持理想信念不仅是对全体党员干部提的要求,也是对全体人民提出的要求。2004年,中共中央、国务院发布的《关于进一步加强和改进大学生思想政治教育的意见》中明确指出:"以理想信念教育为核心,深入进行树立正确的世界观、人生观和价值观教育。……确立在中国共产党领导下走中国特色社会主义道路、实现中华民族伟大复兴的共同理想和坚定信念。同时,要积极引导大学生不断追求更高的目标,使他们中的先进分子树立共产主义的远大理想,确立马克思主义的坚定信念。"2007年,"理想信念"写进了中国共产党第十七次全国代表大会上的报告,指出:"加强党员、干部理想信念教育和思想道德建设,使广大党员、干部成为实践社会主义核心价值体系的模范,做共产主义远大理想和中国特色社会主义共同理想的坚定信仰者、科学发展观的忠实执行者、社会主义荣辱观的自觉实践者、社会和谐的积极促进者。"

面对新的发展阶段,广东社会主义理想信念建设也不断与时俱进。1996年颁布了《中共广东省委关于加强思想道德文化建设的决定》,强调要抵制价值失落等问题。1998年广东提出了"科教兴粤"战略。2000年江泽民同志视察茂名的高州等地方,提出了"三个代表"重要思想;2003年胡锦涛同志视察广东,提出了科学发展观思想。广东认真学习"三个代表"重要

---

① 江泽民. 江泽民文选:第三卷[M]. 北京:人民出版社,2006:418.

思想和科学发展观思想,通过各种举措推进各级各类学校加强"三个代表"重要思想和科学发展观思想教育,坚定社会主义理想信念。2005年颁布了《中共广东省委 广东省人民政府关于进一步加强和改进大学生思想政治教育的实施意见》,这是广东省加强和改进大学生思想政治教育的纲领性文件。同时,中小学、中职阶段的社会主义理想信念教育也稳步发展。如广东省教育厅深化改革,于2008年依托广东技术师范学院成立了"广东省中等职业学校德育研究与指导中心",促进了中职德育的健康发展。通过打通大中小学各个学段的教育链条,广东省社会主义理想信念教育很好地服务于社会主义现代化的中心工作,很好地促进青年的健康成长。

四、守正创新,新时代社会主义理想信念教育的创新发展

十八大以来党的理想信念建设,形成了以习近平总书记系列重要讲话为"魂",以一系列文件为"经",以一系列举措为"纬"的格局。

习近平从社会主义五百年的曲折发展中、近代以来中国内忧外患和积贫积弱的悲惨命运中、改革开放以来的伟大实践中明确新时代共产党人理想信念的精神内涵。新时代理想信念的精神内涵是根本内核、当代要义和重要尺度的有机统一。第一,对马克思主义的信仰、对社会主义和共产主义的信念、对党和人民的忠诚,是理想信念的根本内核。习近平指出:"我们共产党人的本,就是对马克思主义的信仰,对中国特色社会主义和共产主义的信念,对党和人民的忠诚。我们要固的本,就是坚定这份信仰、坚定这份信念、坚定这份忠诚。"① 第二,"四个自信"和"四个意识"是理想信念的当代要义。共产党人的历史方位是承前启后的,"每一代人有每一代人的长征路,每一代人都要走好自己的长征路。今天,我们这一代人的长征,就是要实现'两个一百年'奋斗目标、实现中华民族伟大复兴的中国梦"②。第三,全心全意为人民服务和弘扬党的优良作风是理想信念的重要尺度。全心全意为人民服务和弘扬党的优良作风,这是很简单的道理,但是在当前实践中有个别共产党人却忘记了为什么出发,出发干什么。

---

① 习近平. 习近平谈治国理政:第二卷 [M]. 北京:外文出版社,2017:326.
② 习近平. 习近平谈治国理政:第二卷 [M]. 北京:外文出版社,2017:48-49.

习近平指出:"在新的长征路上,全党必须牢记,为什么人、靠什么人的问题,是检验一个政党、一个政权性质的试金石。"① 习近平还指出:"作风问题本质上是党性问题。对我们共产党人来讲,能不能解决好作风问题,是衡量对马克思主义信仰、对社会主义和共产主义信念、对党和人民忠诚的一把十分重要的尺子。"② 一直以来,我们比较强调共产党人理想信念的根本内核,因为这是共产党人理想信念的灵魂。但是,对马克思主义信仰、对共产主义和社会主义信仰、对党和人民的忠诚是相对抽象的。习近平从根本内核、当代要义和重要尺度等方面系统完整地刻画了共产党人理想信念的精神内涵,实现了虚实统一,告别了理想信念的模糊化和悬空化,打破了理想信念与生活对接的"玻璃罩",有人情味、接地气,使之可敬可亲可信可行。

在新时代,理想信念不仅表现为内心确信,还表现为行为遵行,更要固化为人格。第一,"虔诚而执着、至信而深厚"是理想信念内心确信的体现。习近平指出:"要教育引导广大共产党人、干部把践行中国特色社会主义共同理想和坚定共产主义远大理想统一起来,做到虔诚而执着、至信而深厚。""虔诚而执着"意味着对马克思主义的信仰,对共产主义和社会主义信念,对党和人民的忠诚心怀敬仰并义无反顾地践行;"至信而深厚"意味着认知上准确把握、思想情感上高度认同、意志上义无反顾。信仰确信是共产党人精神皈依的内心确证,信仰誓言是共产党人内心确证的庄严承诺,最终将其转化为实践的原动力。习近平本人也在不同时期、不同场合表露出自己的内心确证,亮出共产党人的誓言。比如,"要始终把人民放在心中最高的位置,牢记责任重于泰山,时刻把人民群众的安危冷暖放在心上","要始终与人民心心相印、与人民同甘共苦、与人民团结奋斗,夙夜在公,勤勉工作,努力向历史、向人民交一份合格的答卷",等等。第二,树立起让人看得见、感受得到的理想信念标杆。2013年,习近平在纪念毛泽东同志诞辰120周年座谈会上指出,毛泽东同志不管是"倒海翻江卷巨澜",还是"雄关漫道真如铁",始终都矢志不移、执着追求,是马克思

---

① 习近平. 习近平谈治国理政:第二卷[M]. 北京:外文出版社,2017:52.
② 习近平. 习近平谈治国理政:第二卷[M]. 北京:外文出版社,2017:165.

义信仰的榜样。2014年,习近平在纪念邓小平同志诞辰110周年座谈会上指出,我们要学习邓小平同志矢志不渝为社会主义、共产主义而奋斗的执着精神。2018年,习近平在纪念周恩来同志诞辰120周年座谈会上的讲话指出,周恩来同志半个多世纪奋斗的人生历程是中国共产党不忘初心、牢记使命历史的一个生动缩影,是不忘初心、坚守信仰的杰出楷模。同时,习近平还指出,崇高信仰、坚定信念不是高不可攀的,如雷锋、焦裕禄、杨善洲、张思德、白求恩、麦思贤等,他们是历史的楷模,也是时代的楷模。他们一辈子为党和人民奋斗,是有崇高信仰的榜样。

2015年,广东出台了《广东省精神文明建设提升计划(2015—2017年)》,确保交出物质文明和精神文明建设两份好的答卷。广东省推进"理论粤军"创新工程,哲学社会科学创新工程,设立1亿元的广东省社会科学发展基金,为学校社会主义理想信念教育提供了重要的理论支撑。2015年,广东省委、省政府印发了《关于建设高水平大学的意见》,省政府不但加大经费的支持力度,而且出台了一系列的创新举措,为社会主义理想信念教育提供了新的支撑。广东省教育厅在全省高校组织开展了"我的中国梦——立志·修身·博学·报国"主题教育系列活动、中小学开展"走进新时代,共圆中国梦"主题教育活动,使社会主义理想信念教育在新时代实现新发展。

第二节 社会主义理想信念教育的重大议题

改革开放42年来,广东社会主义理想信念教育发展与时代同行。40多年来,广东经历了四次思想解放:第一次解放思想是检验真理唯一标准的讨论,解决谁是谁非问题。邓小平旗帜鲜明,于1978年11月10日,在中央召开的工作会议上发表了《解放思想,实事求是,团结一致向前看》的重要讲话,全面吹响了新时期解放思想的号角,广东向中央提出了"先行一步"的要求。第二次思想解放是1992年邓小平视察南方并发表了著名的"南方谈话",解决姓"社"姓"资"问题。当时国际上"东欧剧变",国内对改革开放也有不同声音,"南方谈话"后开始了新一轮改革发展的热潮。第三次思想解放是1997年关于"公"与"私"的争论。这是所有制问题，涉及抵制国有企业改革和股份制，广东解决了这个问题，实现了新的发展。第四次思想解放是广东率先提出要以新一轮思想大解放推动新一轮大发展。① 在改革开放不同阶段，社会主义理想信念教育有不同议题，很好地回应了时代问题与困惑，促进了广东改革开放的健康发展。

一、反"左"防右，强化建设理想的教育

十一届三中全会开辟了中国特色的社会主义道路，这也开拓了社会主义现代化建设的新时期。广东是解放思想的先行者。1978年，《光明日报》发表《实践是检验真理的唯一标准》的特约评论员文章，在全国范围内引发了真理问题的大讨论。同年6月底到7月初，广东教育工作会议在广州召开，批判了"四人帮"在教育战线上的各种流毒；8月下旬，广州市各单位陆续开展了真理标准问题的学习讨论。1979年1月广东省委召开了四届二次常委扩大会议，贯彻中央工作会议和党的十一届三中全会精神，强调真理标准问题的讨论不仅领导机关要搞，基层也要搞，要在全省范围内深入开展下去，要和深入实践统一起来，要和执行党的政策统一起来。

广东是改革开放的排头兵。党的十一届三中全会做出了实现改革开放的历史性重大决策。广东省委迅速谋划，1979年7月，中央下发《中共中央、国务院批转广东省委、福建省委关于对外经济活动实行特殊政策和灵活措施的两个报告》（中发〔1979〕50号文）。习仲勋1979年9月21日在广东省地委书记会议上的总结发言中指出，我们要全力以赴，一定要在如何把对外经济活动搞活和办好特区等方面闯出一条路子来，作为全国的参考。"1980—1985年，广东认真执行中央赋予的特殊政策和灵活措施。在全国率先进行以市场导向的经济体制改革，在市场、物价和流通三个方面渐进闯关，逐步放开生活资料和生产资料市场，合理调整物价，搞活流通环节。这不但为广东发展注入强大动力、生机和活力，也为全国突破计划经

---

① 李宗桂，等. 广东文化改革发展40年［M］. 广州：中山大学出版社，2018：101.

济的壁垒,确立社会主义市场经济体制的改革目标做出了大胆而有益的尝试。"① 当然,在发展过程中也出现了一些新情况和新问题。

广东教育战线解放思想,服务于社会主义现代化建设。一方面,中国进入了一个新的历史时期,实现了从革命理想到建设理想的转变。理想形态的转型"仅有对未来共产主义社会的向往是不够的,还必须在现实中坚持不懈地按社会主义和共产主义的价值原则行动,才能最终实现共产主义理想,才能在追求共产主义理想的途中即使遭遇挫折也仍能坚定信念而不动摇"②。另一方面,随着全党工作重点转移到以经济建设为中心上来,改革开放过程也面临着西方思潮、反华势力的挑战,面临全体人民价值观念、领导干部工作作风的重新调整。1979年7月19日,广东省委做出《关于加强青少年教育的决定》(以下简称《决定》)。《决定》指出:为促进青少年一代健康成长,从此时起到往后一段时间内,要以城镇学校、工商企业和知青较集中的地方为重点,开展加强青少年教育的活动。近期主要是进行坚持四项基本原则的教育,并结合进行革命理想和共产主义道德品质教育。10月10日,省委调整全省青少年教育领导小组,李坚真为组长。1980年12月,省委召开思想政治工作座谈会,研究如何在新长征总加强思想政治工作的问题。1981年1月,省委批转《思想工作座谈会纪要》,强调当前思想政治工作,要进一步加强三中全会以来党路线、方针、政策的宣传教育。1981年3月全省高等教育会议在广州召开,讨论了高等教育的调整和改革,加强政治思想工作等问题。1982年4月15日省政府批转《广东省中小学思想政治工作会议纪要》,对加强和改善中小学思想政治工作做了研究布置:一是正确认识和处理德智体三者的关系,加强思想政治教育工作;二是坚持不懈地反对资产阶级思想腐蚀的教育;三是整顿校风,建设校风;四是充实和提高思想政治教育工作队伍。1983年3月,全省思想政治工作会议在广州召开,研究部署了以改革开放为中心的思想政治工作的任务。1985

---

① 《广东改革开放史》课题组. 广东改革开放史(1978—2018年)[M]. 北京:社会科学文献出版社,2018:45.

② 彭绪琴. 当代大学生理想信念教育研究[M]. 北京:中共中央党校出版社,2008:2.

年，中共中央政治局委员胡乔木在广东省宣传工作会议和对外宣传工作会议上做了重要讲话，指出：要大力加强革命的宣传，社会主义建设的宣传，改革的宣传，革命事业、革命理想的宣传。1986年，省委颁发了《关于加强学习思想政治工作若干问题的决定》，强调要改进和加强思想品德课和马克思主义政治课的教学。

与此同时，广东各级各类教育高度重视社会大发展大改革时期社会主义理想信念教育问题，强调要反"左"防右，坚定社会主义方向，并且体现于具体的教学实践当中。主要主题有：第一，社会主义共同理想教育。比如1984年出版的广东省小学《思想品德》课本第一课"我爱伟大的祖国"中对改革开放新时期做了生动的描述："党的十二大提出了经济建设的宏伟目标，要在1981年到本世纪末的20年，力争使全国工业、农业的年总产值翻两番，即由七千一百亿元增加到二万八千亿元左右。这个目标得到实现，我国主要工农业产品和国民收入总额将居于世界前列，人民的物质文化生活可以达到小康水平。现在，全国人民在党中央的正确领导下，努力贯彻十二大的路线、方针和政策，决心在本世纪末把我们的祖国建设成为具有高度的物质文明、高度的精神文明和高度民主的伟大的社会主义强国。"第二，社会主义优越性教育。在这本教材中不仅对新时期社会主义美好未来做了描绘，而且在比较中阐释了社会主义制度的优越性。比如第二课的课文标题就是《还是社会主义好》，课文中描述了一名青年工人小李听说"香港挣钱容易，是个享乐的天堂"，千方百计地去了香港。但是，在香港的生活并不是如想象中的那样，感到在香港生活很难维持，于是决心回广州。小李在广州能安心工作，顺心生活，感受到"还是社会主义好"。如果用现在的眼光来看，教材中的描述有些内容可能会显陈旧，但是如果切入广东改革开放初期实际情况，教材的内容安排则是有针对性地回应了当时的思想动态和社会情况，有利于新一代接班人坚定社会主义的道路，坚信社会主义的美好未来。第三，关于个人理想的教育。比如1988年1月13日，深圳蛇口工业区举行了一场"青年教育专家与蛇口青年座谈会"。会上，蛇口青年就人生价值观念等问题，与专家展开了激烈论战。争论的焦点有：一是关于"淘金者"的争论。有一位专家在发言中提到，有个别人来深圳的目的，就是在别人创造的财富中捞一把，这就是极少数淘金者，特区不欢迎这样的淘金者。而蛇口青年认为，"淘金者"赚钱，没有触犯法律，无所谓过错，"淘金者"来蛇口的直接动机是赚钱，但客观上也为蛇口建设出了力，"淘金者"并没有什么不好。二是对个体户办公益事业的看法问题。青年教育专家认为"有许多个体户把收入的很大部分献给了国家，办了公益事业"，这种精神与做法应大力提倡。而蛇口青年则认为在"左"的阴影徘徊下的嬗变不应赞扬，在目前情况下，一些个体户这种举动并非出于自愿，而是对"左"的思想心有余悸的表示，个体户在赚钱的同时，已经为国家做了贡献。个体户只有理直气壮地将劳动所得揣入腰包，才能使更多的人相信党的政策的连续性和稳定性，而不是鼓吹无端占用他人的劳动的"左"的残余。1988年全省宣传工作会议在广州召开，强调在深入改革和进一步开放中要坚定不移地贯彻"有所引进、有所抵制"和"排污不排外"的方针。

1986年8月25日，《人民日报》发表了题为《对外开放八年 勇敢迎接挑战 广州经受三次冲击更有生气》的长篇报道，指出在广州在对外开放的8年间，经受了资本主义物质文明、西方文化和唯利是图思想的冲击。《人民日报》还就这篇报道发表了评论员文章《在波浪冲击中前进》，文章指出："对外开放使我们从一个封闭的港湾中驶出，进入了世界波涛汹涌的海洋，阵阵浪潮扑面而来，形成了一次次冲击波。在冲击面前，我们的情况怎样呢？广州是对外开放的前沿地带，可谓首当其冲。记者从那里带来的材料，应该是具有一定典型意义的。它说明：我们的国家，我们的人民是经受得住外来冲击的。社会主义制度并不是建立在沙滩上的，绝不会一冲就垮，它有足够的内在活力，来迎接一切挑战。"广东社会主义理想信念教育经受了社会主义现代化建设过程中的各种挑战，始终沿着正确的方向发展。

二、学习"南方谈话"精神，坚定社会主义理想信念

实践证明，改革开放是改变中国命运的关键一招。改革开放使我国发生了翻天覆地的巨变，同时随着改革开放进入深水区，也面临了前所未有

的挑战。20世纪90年代,"右的思潮还没有完全清除,'左'的思潮又有所抬头,两股思潮不同程度地困扰和束缚着人们的思想,严重影响了改革开放和社会主义现代化建设事业"。1990年2月,北京某报刊出长文《关于反对资产阶级自由化的斗争》,提出"改革是推行资本主义自由化的改革,还是推行社会主义的改革?"其后国内媒体陆续有相关文章发表,在社会上掀起一股谈论"社会主义"的浪潮,不同程度上都提出:改革开放"姓资还是姓社?"这场争论的出发点是"姓资还是姓社",指向则是中国改革走哪条路,改革走向何方的重大路线选择问题。①

对此,邓小平始终是旗帜鲜明的。1990年12月24日,邓小平在党的十三届七中全会召开前夕指出:"我们必须从理论上搞懂,资本主义与社会主义的区分不在于是计划还是市场这样的问题。"② 广东省委也头脑清醒地坚持:"我们广东不搞姓'资'姓'社'的争论,在办特区的初期,我们就规定了三条:只做不说,多做少说,做了再说。"③ 1992年春天,邓小平开启了他的南方之行,发表了重要讲话。邓小平认为:"改革开放胆子要大一些,敢于试验,不能像小脚女人一样。看准了的,就大胆地试,大胆地闯。深圳的重要经验就是敢闯。没有一点闯的精神,没有一点'冒'的精神,没有一股气呀、劲呀,就走不出一条好路,走不出一条新路,就干不出新的事业。"④"改革开放迈不开步子,不敢闯,说来说去就是怕资本主义的东西多了,走了资本主义道路。要害是姓'资'还是姓'社'的问题。判断的标准,应该主要看是否有利于发展社会主义社会的生产力,是否有利于增强社会主义国家的综合国力,是否有利于提高人民的生活水平。"⑤"对办特区,从一开始就有不同意见,担心是不是搞资本主义。深圳的建设成就,明确回答了那些有这样那样担心的人。特区姓'社'不姓'资'。从深圳的情况看,公有制是主体,外商投资只占四分之一,就是外资部分,我们还

---

① 《广东改革开放史》课题组. 广东改革开放史(1978—2018年)[M]. 北京:社会科学文献出版社,2018:191 - 192.
② 邓小平. 邓小平文选:第三卷[M]. 北京:人民出版社,1993:364.
③ 《广东改革开放史》课题组. 广东改革开放史(1978—2018年)[M]. 北京:社会科学文献出版社,2018:193.
④⑤ 邓小平. 邓小平文选:第三卷[M]. 北京:人民出版社,1993:372.

可以从税收、劳务等方面得到益处嘛!"①

邓小平发表"南方谈话"后,解放了思想,也进一步统一了思想,姓"资"姓"社"问题的争论画上了句号。邓小平"南方谈话"极大地鼓舞了广东改革开放的热情,同时为广东改革开放的发展指明了方向。1992年省委、省政府报送了《关于加快广东发展步伐,力争20年赶上亚洲'四小龙'的请示》,10月12日,党的十四大明确提出:"力争经过二十年的努力,使广东及其他有条件的地方成为我国基本实现现代化的地区。"广东进入了新的发展阶段,广东社会主义理想信念教育也紧紧围绕新的发展阶段的重要议题展开。

1991年,全省高校党建工作会议在广州召开。时任省委书记谢非指出,高校党组织应把坚定社会主义信念作为思想建设的一项重要任务来抓;高校党组织应成为坚强有力的政治核心;高校必须发挥党员的先锋模范作用,增强党组织的影响力、凝聚力和战斗力。1993年省委常委举行会议,部署全省学习《邓小平文选》第三卷的工作,并向各市、县发出"关于认真贯彻《中共中央关于学习〈邓小平文选〉第三卷的决定》的通知"。1996年11月,中共广东省委员会第七届五次全体会议审议通过了《中共广东省委关于加强思想道德文化建设的决定》,强调要用邓小平建设有中国特色社会主义理论指导思想道德文化建设。1998年,广东省提出:"必须把精神文明建设提到更加突出的地位,努力建设与社会主义初级阶段和社会主义市场经济要求相适应的思想道德文化,形成促进社会主义文化建设的共同理想、精神动力、舆论环境和文化氛围"。"精神文明建设重在道德风尚建设。首先是抓好理想信念教育,把树立共同理想、培育精神支柱作为首要任务,做好用马克思主义、毛泽东思想、邓小平理论教育人民的工作。"②

紧紧贯彻中央和省委的精神,结合广东实际情况,将社会主义理想信念教育落实到各级各类学校教育教学实践中。第一,关于确立正确人生理想的教育。1993年,广州市完成了24所中学开展《广州市中学德育系统设

---

① 邓小平. 邓小平文选:第三卷 [M]. 北京:人民出版社,1993:372.
② 《广东改革开放史》课题组. 广东改革开放史(1978—2018年)[M]. 北京:社会科学文献出版社,2018:476-480.

计方案》试验的总结。对学生着重进行人生价值、人生理想教育，以及法制教育和文明行为教育。① 第二，坚定社会主义共同理想的教育。1994年出版的教材《中国社会主义建设教程》，编者的话明确讲到："本《教程》力求从各个方面阐述了邓小平建设有中国特色社会主义理论，帮助大学生系统地把握这个当代马克思主义的理论体系。这对于提高大学生的政治素质，帮助他们树立科学的世界观、人生观、价值观，使他们知国情，明国运，懂国策，坚定社会主义信念，明确奋斗方向。"② 2002年出版的小学《思想品德》（第12册）教科书中的第12课为"改革开放的总设计师"。课文以1992年邓小平"南方谈话"过程为主线，围绕我国基本实现现代化的"三步走"规划目标、深圳和珠海特区的巨大变化和伟大成就等方面展开，最后强调"实践证明，改革开放使中国求强求富的光明大道。只要沿着这条道路继续前进，到21世纪中叶，我国人民就一定能够实现第三步的宏伟目标——在我国基本实现社会主义现代化"。第三，正确认识姓"资"姓"社"、姓"公"姓"私"的教育。

2004年，中共中央、国务院发布的《关于进一步加强和改进大学生思想政治教育的意见》中明确指出：以理想信念教育为核心，引导青年树立共同理想，追求远大理想。2005年广东省颁布《中共广东省委 广东省人民政府关于进一步加强和改进大学生思想政治教育的实施意见》，针对理想信念教育提出了一系列针对性的举措，开创了大学生思想政治教育的新局面。

三、坚定"四个自信"，培养担当民族复兴大任的时代新人

党的十八大以来，以习近平同志为核心的党中央以巨大的政治勇气和强烈的责任担当，提出一系列的新理念、新思想、新战略，出台一系列重大方针政策，推出一系列重大举措，推进一系列重大工作，推动了党和国家事业取得全方位、开创性的历史性成就。经过长期努力，中国特色社会

---

① 卢晓中. 广东教育改革发展40年[M]. 广州：中山大学出版社，2018：391.
② 叶煜荣，王富初. 中国社会主义建设教程[M]. 广州：广东高等教育出版社，1994：1.

主义进入了新时代，这是我国发展新的历史方位。

中国特色社会主义进入新时代，意味着近代以来久经磨难的中华民族迎来了从站起来、富起来到强起来的伟大飞跃，迎来了实现中华民族伟大复兴的光明前景；意味着科学社会主义在21世纪的中国焕发出强大生机活力，在世界上高高举起了中国特色社会主义伟大旗帜；意味着中国特色社会主义道路、理论、制度、文化不断发展，拓展了发展中国家走向现代化的途径，给世界上那些既希望加快发展又希望保持自身独立性的国家和民族提供了全新选择，为解决人类问题贡献了中国智慧和中国方案。中国特色社会主义进入新时代，我国社会主要矛盾已经转化为人民日益增长的美好生活需要和不平衡不充分的发展之间的矛盾。我国社会主要矛盾的变化是关系全局的历史性变化，对党和国家工作提出了许多新要求。

时代是思想之母，实践是理论之源。习近平新时代中国特色社会主义思想，是在新的时代背景和实践条件下创立并不断发展的。习近平新时代中国特色社会主义思想，是对马克思列宁主义、毛泽东思想、邓小平理论、"三个代表"重要思想、科学发展观的继承和发展，是马克思主义中国化的最新成果，是党和人民实践经验和集体智慧的结晶，是中国特色社会主义理论体系的重要组成部分，是全党全国人民为实现中华民族伟大复兴而奋斗的行动指南，必须长期坚持并不断发展。新时代中国特色社会主义思想，明确坚持和发展中国特色社会主义，总任务是实现社会主义现代化和中华民族伟大复兴，在全面建成小康社会的基础上，分两步走在本世纪中叶建成富强民主文明和谐美丽的社会主义现代化强国；明确新时代我国社会主要矛盾是人民日益增长的美好生活需要和不平衡不充分的发展之间的矛盾，必须坚持以人民为中心的发展思想，不断促进人的全面发展、全体人民共同富裕；明确中国特色社会主义事业总体布局是"五位一体"、战略布局是"四个全面"，强调坚定道路自信、理论自信、制度自信、文化自信；明确全面深化改革总目标是完善和发展中国特色社会主义制度、推进国家治理体系和治理能力现代化；明确全面推进依法治国总目标是建设中国特色社会主义法治体系、建设社会主义法治国家；明确党在新时代的强军目标是建设一支听党指挥、能打胜仗、作风优良的人民军队，把人民军队建设成为世界一流军队；明确中国特色大国外交要推动构建新型国际关系，推动构建人类命运共同体；明确中国特色社会主义最本质的特征是中国共产党领导，中国特色社会主义制度的最大优势是中国共产党领导，党是最高政治领导力量，提出新时代党的建设总要求，突出政治建设在党的建设中的重要地位。

习近平总书记始终关注广东、关心广东。2012年年末，习近平总书记在视察广东时做出了"三个定位、两个率先"的指示，要求广东努力成为发展中国特色社会主义的排头兵、深化改革开放的先行地、探索科学发展的试验区，为率先全面建成小康社会、率先基本实现社会主义现代化而奋斗。2017年4月，习近平总书记又对广东工作做出重要批示，希望广东坚持党的领导、坚持中国特色社会主义、坚持新发展理念、坚持改革开放，为全国推进供给侧结构性改革、实施创新驱动发展战略、构建开放型经济新体制提供支撑，努力在全面建成小康社会、加快建设社会主义现代化新征程上走在前列。2018年10月，习近平总书记亲临广东视察指导并发表重要讲话，对广东提出了深化改革开放、推动高质量发展、提高发展平衡性和协调性、加强党的领导和党建设等方面的工作要求。广东认真贯彻落实习近平总书记重要讲话精神和对广东工作的系列重要批示精神，开启改革开放和社会主义现代化建设的新征程。广东紧紧围绕习近平总书记的系列重要讲话精神，紧紧围绕习近平总书记对广东的期许和希望，加强新时代各级各类学校教育工作，努力培养担当民族复兴大任的时代新人。

2013年省政府颁发了《广东省人民政府关于推进我省教育"创强争先建高地"的意见》，2014年省委通过了《广东省委贯彻落实〈中共中央关于全面深化改革若干重大问题的决定〉的意见》，为广东教育新发展提供了指南。2015年4月出台了《广东省精神文明建设提升计划（2015—2017年）》（以下简称《计划》），详细指明了广东省精神文明建设的目标、任务、措施和时间表，明确提出要扎实开展理想信念、核心价值观践行等八大提升行动。《计划》明确了到2017年年底，我省精神文明建设在重要领域和关键环节上取得重大提升，共同的理想信念进一步坚定，社会主义核心价值体系建设扎实推进，中华优秀传统文化得到大力弘扬，全社会法治观念有效增强,群众性精神文明创建深入开展,公民思想道德文化素质和社会文明程度明显提升。

中华民族伟大复兴中国梦教育。各级各类教育始终贯穿习近平中国特色社会主义理论精神,在拔节孕穗期加强对青年学生进行社会主义理想信念教育,给青年扣好人生的第一粒扣子。比如高校思想政治理论课都始终贯穿了马克思主义信仰和社会主义共同理想的内容。2018年版《思想道德修养与法律基础》中第二章就是"坚定理想信念",在教材中明确指出:"加强思想修养、提高精神境界,必须牢牢把握理想信念这个核心。要实现国家的繁荣富强、民族的伟大复兴、人民的美好生活,离不开崇高理想信念的有力支撑。新时代大学生应当确立马克思主义的科学信仰,树立共产主义的远大理想和中国特色社会主义共同理想。"教材系统阐述了理想信念的内涵、崇高的理想信念和个人理想与社会理想的关系等问题。2013年1月,中共广东省委教育工委景李虎副书记分"高校思政课""中小学德育""高校学生工作"三个专题主持召开"群众路线大家谈"学校德育工作系列座谈会。成立广东省高校思想政治理论课教学指导委员会,坚持举办全省高校马克思主义基本原理概论、毛泽东思想与中国特色社会主义理论体系概论、中国近现代史纲要、思想道德修养与法律基础课教师高级培训班。2015年12月8日成立广东省马克思主义学院协同创新联盟,发挥区域协作优势和联盟单位优秀成果的示范辐射作用。

教育青年学生树牢"四个意识"、坚定"四个自信"、坚决做到"两个维护"。"四个意识"是政治意识、大局意识、核心意识和看齐意识。增强政治意识要坚定政治信仰,坚持社会主义初级阶段的基本路线,尊崇党章;增强大局意识要认识大局,服从大局,维护大局;增强核心意识要同心聚力跟党走,思想上认同核心、在政治上围绕核心、在组织上服从核心、在行动上维护核心;增强看齐意识要向忠诚老实、公道正派、实事求是、清正廉洁等价值观看齐,要向党中央看齐。"四个意识"是一个意蕴深刻的有机整体,体现了根本的政治方向、政治立场、政治要求,是对党和人民忠诚的生动体现。"四个自信"是道路自信、理论自信、制度自信和文化自信。坚定"四个自信"就坚定了要举什么旗、走什么路,明确了中国特色社会主义的方向和遵循。坚定"四个自信"就是对共产主义的信仰,对中国特色社会主义伟大事业的信念,对中国共产党的信任,对创造人民美好生活的决心,对探索更好社会制度提供中国方案的信心。"两个维护"是指坚决维护习近平总书记在党中央和全党的核心地位;坚决维护党中央权威和集中统一领导。

　　加强广东"青年马克思主义者培养工程"(以下简称"青马工程")建设。我们党始终重视青年,培养高校青年大学生成为坚定的青年马克思主义者始终被作为战略性工程开展。2007年,我省在团中央启动实施"青年马克思主义者培养工程"后,同步启动实施了"青年马克思主义者培养工程"。我省青马工程建设大略经历了三个阶段的发展过程:一是探索发展阶段。我们党始终重视青年和青年工作,这也是广东一直以来的优良传统。新中国成立以来,尤其是改革开放以来,作为意识形态工作的前沿,团省委始终通过各种平台、载体和形式,促进青年健康成长。以2007年《"青年马克思主义者培养工程"实施纲要》颁布为标志,广东对党的后备力量培养进入一个新的发展阶段,从2007年开始到现在,广东大学生骨干培养已经开展了17期省级"青马工程"培训班。二是创新发展阶段。在每年举办一期"青马工程"省级集训班的基础上,选取中山大学、华南理工大学等12所高校作为省级创新实施大学生"青马工程"示范院校,并于2011年完成了示范试点全部的初期指标和效果。在试点的基础上,"青马工程"建设的体制机制不断发展,形成了"理论+实践"的课程培训体系,形成了省—校—院(系)三级培养机制。三是完善发展阶段。截至2013年,广东省已探索出一套较为成熟的校级"青马工程"培养机制和模式。党的十八大以来,团省委坚决贯彻团中央的决策部署,不断推动"青马工程"完善发展。2014年以来,广东团省委着重推进"青马工程"进院系工作推广和共享广东"青马工程"教学资源,确保高校开设"青马工程"的二级院系数量占本校二级院系总数的比例达到30%以上,院(系)级每年培养人数不低于本院(系)团员数的10%,校级骨干班每年培养人数不低于100人。2018年,为深入学习贯彻习近平新时代中国特色社会主义思想和党的十九大精神,贯彻落实习近平总书记在北京大学师生座谈会和纪念马克思诞辰200周年大会上的重要讲话精神，深化中学共青团改革，创新中学生思想政治引领，引领广大青少年学生坚定跟党走中国特色社会主义道路，团省委决定在普通高中试点开展"青年马克思主义者培养工程"。

另外，广东坚决反对和批判各种错误思潮。举旗亮剑，旗帜鲜明地批判历史虚无主义、共产主义"渺茫论"等各种错误思潮，守好意识形态南大门。

第三节　社会主义理想信念教育的基本经验

改革开放以来，广东高度重视社会主义精神文明建设，学校高度重视社会主义先进文化教育。社会主义理想信念是社会主义先进文化的核心内容。广东各级各类学校在紧紧植根于时代，紧紧围绕党和国家在不同时期的工作中心，紧紧围绕广东在改革开放不同时期的具体特点和主要议题，进行社会主义理想信念教育的方面，积累了丰富的成功经验。

一、始终坚定正确的政治立场

理想、信念都是一种通用的词语。"理想"之义自古有之，《尚书》中有"射之有志"之句，"志"就是目标、理想的意思。"信念"一词同样在哲学、伦理学、心理学等多学科中被使用并从不同角度进行解释。不仅如此，理想信念、理想、信念与价值、信仰也有密切关系。理想、信念都是一种通用的词语，而且马克思主义经典作家开始也将之作为两个独立概念来使用，但随着改革开放的深入，经历了由改革开放前突出"理想"逐渐到"理想和信念"并用，再到融合提炼出"理想信念"这一术语的过程。"理想信念"概念的发展经历上述三个阶段的逻辑演变，契合实践和实际，契合革命和建设过程中重心转换的要求。首先，共产主义理想是人类美好生活的向往和追求，是崇高的、科学的，正是共产主义这一个理想激励着共产党人克服一个又一个困难，也正是这一理想将全体中国人民紧密团结起来。所以，我们在过去在非常困难的情况下强调远大理想，以战胜千难万险使革命取得胜利。其次，崇高的、科学的共产主义又是一个远大的理想，不仅要完成社会主义革命，而且要经历漫长的建设之路后才能实现这远大的目标。在社会主义建设过程中不仅要树立远大的、崇高的理想及实现这一理想的信念，也要（甚至更为重要）将这种远大的理想、信念转化为具体的行动，转化为抵制"权力、金钱、美色考验"的力量，转化为正确认识社会主义挫折和光明前途的科学态度。因此，中国共产党人丰富、提炼了自己的信仰体系。在实践中要避免理想信念教育中泛化、僵化的使用，而应嵌入到历史的发展轨迹中辩证地理解。

二、始终坚持远大理想与共同理想的辩证统一

理想信念的融合统一契合时代主题和党的工作重心转移的客观要求。在革命年代我们突出理想，强调理想对现存世界的超越以克服重重困难；在建设年代面对现代化建设过程中现代性的挑战同样必须强调理想的引领和信念的支撑，但过去犯的"急性病"错误又警示我们必须关注当前实践中的共同理想和基本信条。因此，"理想信念"是中国革命和建设的理论升华，具有独特的地位及内涵：首先，"理想信念"是一个中国式概念，具有突出的中国特色，这一中国语境表明，"理想信念"是马克思主义中国化在价值领域的生动诠释，是中国特色社会主义价值体系建设进入新阶段的体现。其次，"理想信念"一般特指社会主义—共产主义的正确、崇高的信仰体系，但不完全局限于"政治信念"或等同于"社会理想"而具有丰富的内涵。横向涵纳了个体自身、个体与社会、个体与自然的不同向度，是包括社会、道德、生活和个人等方面的价值追求的统一体；纵向涵纳了中国特色社会主义的共同理想信念和共产主义的远大理想信仰，就是说既包括共产主义、社会主义现想信念，也包含坚持中国共产党领导信任、现代化建设的信心、为人民服务和成为有责任感公民等信条。最后，对主体的理想信念要求具有层次性和动态性。党员、干部要成为"共产主义远大理想和中国特色社会主义共同理想的坚定信仰者"，成为社会主义价值原则的忠实实践者。广大群众、学生要树立"在中国共产党领导下走中国特色社会主义道路、实现中华民族伟大复兴"的中国特色社会主义共同理想信念，在此基础上引导他们确立马克思主义的坚定信念和共产主义的远大理想。

首先，党的理想信念建设是理想和信念的统一。党的理想信念建设过程中曾经出现希望共产党主义一蹴而就或者共产主义渺茫不可及的误区。究其原因很大程度上是将内涵极其丰富的共产主义理想信念体系简单地归结为共产主义理想，进而把共产主义理想问题归结为共产主义理想的实现问题。其次，党的理想信念建设是终极性和阶段性的统一。共产党主义理想的实现需要经过若干中间站的过程，通过不同的阶段性理想最终达到终极理想。在新民主主义革命时期中国共产党人将世界性的理想信念实现了民族化，在社会主义革命和建设时期、改革开放新时期又实现了由革命信念向建设信念转换。这样共产主义理想转化为全体党员能理解与触及的阶段性理想，成为贯穿于日常生活和学习工作中的行为准则与实践方式。习近平总书记指出："每一代人有每一代人的长征路，每一代人都要走好自己的长征路。今天，我们这一代人的长征，就是要实现'两个一百年'奋斗目标、实现中华民族伟大复兴的中国梦。"再次，党的理想信念是思想与话语的统一。思想是话语的底色，话语是思想的外衣。理想信念要以富有中国民族特色的语言形式和信仰仪式进行表达，打破信仰与生活对接的"玻璃罩"。习近平以"浅出"的话语阐释了"深入"的内容。他形象地指出理想信念就是共产党人精神上的"钙"，没有理想信念，理想信念不坚定，精神上就会"缺钙"，就会得"软骨病"。继"精神之钙"之后，"总开关""纽扣""赶考""不忘初心，继续前进"等表述同样形象生动。这些表述给人以真的体味、善的启迪、美的享受。

三、始终不断完善理想信念教育的方式方法

认真审视理想信念建设的整体性。理想信念建设不能单兵作战，必须与其他支持要素相互衔接、相互补充、环环相扣。纵观党的理想信念建设历程，信仰生态优化促进理想信念建设，信仰生态恶化阻碍理想信念建设。一要正确处理理想信念与经济政治的关系。信仰要切中现实，要和我国的具体情况结合；信仰需要现实的验证，业务工作是信仰建设的重要支撑。从"打土豪分田地"，到"以经济建设为中心"，中国新民主主义革命的胜利与毛泽东思想的真诚信仰是相互支持的，中国特色社会主义建设的伟大

实践与中国特色社会主义理论体系的信仰是相互支撑的。在实现"两个一百年"和推进"四个全面"战略征程中，我们要紧紧围绕经济社会生态、政治生态、文化生态等问题，强调为人民服务的宗旨不能变，聚焦民心民意，改善民生，不断优化理想信念建设的社会生态。二要正确处理理想信念的组织形态和个体形态的生态关系。在矛盾复杂和斗争激烈的环境下，要重视理想信念建设与组织建设、作风建设、制度建设之间的互动，处理好理想信念建设与领袖权威的健康关系。在新时代，党进行伟大斗争、建设伟大工程、推进伟大事业、实现伟大梦想，更加需要一个坚强的领导核心和中央领导集体，要坚决维护以习近平同志为核心的党中央权威和集中统一领导。

创新完善理想信念教育的工作格局。在理想信念建设过程中，党始终重视理想信念融入日常生活当中，体现在日常生计、日常交往和日常观念当中，从而成为一种难以被轻易格式化的日常文化。在实现中华民族伟大复兴的过程中，绝不能让理想信念成为仅供官方珍藏的熠熠生辉的"玻璃罩"，而是要融入全体党员生活，才能激活马克思主义的生命力，产生磅礴的建设力量。对此，党的理想信念教育要全员育人、全面育人、全程育人，要因事而化、因时而化、因势而化，始终倡导理论联系实际的学风，触摸主体的精神世界；要始终注重以理服人、以学养人、以情感人、以实育人；要始终重视显性教育和隐性陶冶相结合。同时，理想信念是在同各种思潮的斗争和比较中壮大起来的，要坚持慢半拍的防御反击和提前半拍的主动引领相结合，要坚持"秋风扫落叶式"的批判错误与"和风细雨式"的释疑解惑相结合。

第十章 广东高校社会主义先进文化教育发展趋势

党的十八大以来,中国特色社会主义实践不断取得伟大成就。理论与实践同步发展,理论教育同理论发展也同步进行。广东学校以改革开放前沿和意识形态斗争前沿的地缘优势和实践优势,积极探索先进文化教育的实践方略。

第一节 用习近平新时代中国特色社会主义思想铸魂育人

当代中国处于世界百年未有之大变局之中,国内社会主要矛盾的新变化,国际政治、经济格局也面临着新的调整。习近平新时代中国特色社会主义思想回答了坚持和发展什么样的中国特色社会主义与怎样坚持和发展中国特色社会主义这个重大时代课题,是对当代中国特色社会主义实践的新的理论概括,是当代中国马克思主义、21世纪马克思主义。用习近平新时代中国特色社会主义思想铸魂育人是我国教育的新使命。

一、马克思主义理论教育是新时代教育的重要任务

习近平在全国高校思想政治工作会议讲话中强调:"我们的高校是党领导下的高校,是中国特色社会主义高校。办好我们的高校,必须坚持以马

克思主义为指导,全面贯彻党的教育方针。要坚持不懈传播马克思主义科学理论,抓好马克思主义理论教育,为学生一生成长奠定科学的思想基础。"① 马克思主义理论教育是新时代培育时代新人的重要职责。党的十八大以来,党和国家将学校教育的根本和中心定位在立德树人上,进一步明确了教育的根本是培养什么样的人、如何培养人以及为谁培养人。这是对党的教育方针的进一步完善。在全国教育大会讲话中,习近平进一步强调指出:"我国是中国共产党领导的社会主义国家,这就决定了我们的教育必须把培养社会主义建设者和接班人作为根本任务,培养一代又一代拥护中国共产党领导和我国社会主义制度、立志为中国特色社会主义奋斗终身的有用人才。我们的教育绝不能培养社会主义破坏者和掘墓人,绝不能培养出一些'长着中国脸,不是中国心,没有中国情,缺少中国味'的人!那将是教育的失败。教育的失败是一种根本性失败。我们决不能犯这种历史性错误!这是推进教育现代化、建设教育强国必须把握的大是大非问题,没有什么可隐晦、可商榷、可含糊的。"② 认识立德树人根本任务,把握立德树人中心环节是社会进步和人的发展的综合结果。

其一,实现中华民族伟大复兴的中国梦,归根结底依赖于人的素质。马克思主义认为人民群众创造了历史,是社会进步的根本动力。马克思在《哲学的贫困》中批判蒲鲁东时指出:"难道探讨这一切问题不就是研究每个世纪中人们的现实的、世俗的历史,不就是把这些人既当成他们本身的历史剧的剧作者又当成剧中人物吗?但是,只要你们把人们当成他们本身历史的剧中人物和剧作者,你们就是迂回曲折地回到真正的出发点,因为你们抛弃了最初作为出发点的永恒的原理。"③ 人既是历史的剧中人,也是历史的剧作者。人是生产力中最活跃的因素,也是决定生产力水平的关键

---

① 习近平. 习近平谈治国理政:第二卷 [M]. 北京:外文出版社,2017:377.

② 中共中央党史和文献研究院. 十九大以来重要文献选编:上 [M]. 北京:中央文献出版社,2019:647.

③ 中共中央马克思恩格斯列宁斯大林著作编译局. 马克思恩格斯文集:第一卷 [M]. 北京:人民出版社,2009:608.

因素，人的素质决定了社会进步的状况。改革开放以来，我国经历了从人口大国到人才大国的转变，确立了发展是第一要务，人才是第一资源，创新是第一动力的新观念。创新驱动的保证是人才素质。在人才素质中，思想政治素质是首要素质。常言道：无德无才是"废品"，有德无才是"半成品"，有才无德是"危险品"，有德有才是"精品"。德才兼备才是人才的基本素质。只有树立马克思主义信仰，坚定中国特色社会主义共同理想，实现中华民族伟大复兴的中国梦才有保障。

其二，理论上清醒是政治上坚定的前提。在庆祝中国共产党成立95周年大会上的讲话中，习近平指出："理论上清醒，政治上才能坚定。"[①] 这是党的建设理论的重要认识论基础，也是社会主义建设者和接班人培养的认识论基础。政治上坚定指的是理想信念的状况，即是否具有坚定的共产主义远大理想和中国特色社会主义共同理想。这种境界也就是做政治坚定的明白人。习近平在中央党校县委书记研修班学员座谈会上的讲话中强调："怎样才能当好县委书记？有的同志在发言中谈到了，要做政治坚定的明白人、绿色发展的铺路石、体察民情的大脚掌、地方团队的领头雁、作风建设的打铁匠，归纳得很好。"[②] "理想因其远大而为理想，信念因其执着而为信念。我们要把理想信念教育作为思想建设的战略任务，保持全党在理想追求上的政治定力，自觉做共产主义远大理想和中国特色社会主义共同理想的坚定信仰者、忠实实践者，在全面建成小康社会、实现中华民族伟大复兴中国梦的历史进程中充分发挥先锋模范作用。"[③]坚定的理想信念决定了政治定力，政治定力来源于理论上的清醒。

这里所说的"理论"指的是马克思主义理论。马克思主义是科学的世界观和方法论，是对自然界、人类社会和人的思维一般规律的概括和总结。规律性即必然性，相当于汉语的"道"。道最初的意思是道路，即人所走的路。在这个意义上而言，认识和把握了规律，也是认识了道路。知道路在

[①③] 习近平. 习近平谈治国理政：第二卷 [M]. 北京：外文出版社，2017：35.
[②] 习近平. 习近平谈治国理政：第二卷 [M]. 北京：外文出版社，2017：141.

哪里了，同时知道了路该往哪个方向走，就具备了方向感。马克思主义理论对于人生而言，其价值恰恰在这里。马克思主义不仅是科学的理论，而且是人民的理论，科学性和价值性、真理性和道义性是高度统一的。马克思主义的价值性回答了"为了谁"的问题。"马克思主义博大精深，归根结底就是一句话，为人类求解放。在马克思之前，社会上占统治地位的理论都是为统治阶级服务的。马克思主义第一次站在人民的立场探求人类自由解放的道路，以科学的理论为最终建立一个没有压迫、没有剥削、人人平等、人人自由的理想社会指明了方向。马克思主义之所以具有跨越国度、跨越时代的影响力，就是因为它植根人民之中，指明了依靠人民推动历史前进的人间正道。"① "为了谁"的问题，相对于中国共产党而言，明确了党的宗旨；相对于广大人民群众而言，明确了社会主义制度的价值取向所在。总之，"坚定的理想信念，必须建立在对马克思主义的深刻理解之上，建立在对历史规律的深刻把握之上"，"我们要教育引导广大党员、干部把学习成果转化为提升党性修养、思想境界、道德水平的精神营养，做到真学真懂真信真用，在胜利和顺境时不骄傲不急躁，在困难和逆境时不消沉不动摇，牢牢占据推动人类社会进步、实现人类美好理想的道义制高点"。②

二、习近平新时代中国特色社会主义思想是当代中国马克思主义

改革开放以来，特别是党的十八大以来，中国共产党以巨大的政治勇气和强烈的责任担当，提出一系列新理念、新思想、新战略，出台一系列重大方针政策，推出一系列重大举措，推进一系列重大工作，解决了许多长期想解决而没有解决的难题，办成了许多过去想办而没有办成的大事，推动党和国家事业发生历史性变革。中华民族迎来了从站起来、富起来到强起来的伟大飞跃，科学社会主义在21世纪的中国焕发出强大生机活力，中国特色社会主义道路、理论、制度、文化不断发展，拓展了发展中国家

---

① 中共中央党史和文献研究院. 十九大以来重要文献选编：上［M］. 北京：中央文献出版社，2019：424.

② 习近平. 习近平谈治国理政：第二卷［M］. 北京：外文出版社，2017：35.

走向现代化的途径,给世界上那些既希望加快发展又希望保持自身独立性的国家和民族提供了全新选择,为解决人类问题贡献了中国智慧和中国方案。一句话,中国特色社会主义进入了新时代。"当代中国正经历着我国历史上最为广泛而深刻的社会变革,也正在进行着人类历史上最为宏大而独特的实践创新。这种前无古人的伟大实践,必将给理论创造、学术繁荣提供强大动力和广阔空间。这是一个需要理论而且一定能够产生理论的时代,这是一个需要思想而且一定能够产生思想的时代。"①

"党的十九大最重要的成果和最大的贡献,就是将习近平新时代中国特色社会主义思想确立为我们党必须长期坚持的指导思想。习近平新时代中国特色社会主义思想,从理论和实践结合上系统回答了新时代坚持和发展什么样的中国特色社会主义、怎样坚持和发展中国特色社会主义这个重大时代课题,以全新的视野深化了对共产党执政规律、社会主义建设规律、人类社会发展规律的认识,为发展马克思主义作出了中国的原创性贡献,为实现中华民族伟大复兴提供了行动指南,为推动构建人类命运共同体、建设更加美好的世界贡献了中国智慧和中国方案,在马克思主义发展史、中华民族复兴史、世界社会主义运动史、人类文明进步史上都具有十分重要而深远的影响。"②

习近平新时代中国特色社会主义思想回答了中国特色社会主义"特在哪里"的问题。"中国特色社会主义特就特在其道路、理论体系、制度上,特就特在其实现途径、行动指南、根本保障的内在联系上,特就特在这三者统一于中国特色社会主义伟大实践上。"③ 中国特色社会主义道路是实现我国社会主义现代化的途径,这与马克思主义所设想的社会主义一般道路不同,也根本区别于西方资本主义国家现代化发展道路。如今,中国用几

---

① 习近平. 在哲学社会科学工作座谈会上的讲话[M]. 北京:人民出版社,2016:8.

② 中共中央党史和文献研究院. 十九大以来重要文献选编:上[M]. 北京:中央文献出版社,2019:182.

③ 习近平. 习近平谈治国理政:第一卷[M]. 2版. 北京:外文出版社,2018:9.

十年时间走完了发达国家几百年走过的历程,这条道路是成功的。中国特色社会主义理论体系是行动指南,其以马克思主义理论为指导,扎根中国大地,具有中国风格、中国气派。中国特色社会主义制度是根本保障,随着中国特色社会主义事业的发展而不断完善。中国特色社会主义道路、理论体系、制度三者是一个有机整体,统一于中国特色社会主义伟大实践,共同推动着中国特色社会主义不断发展,这是我们坚持中国特色社会主义道路、理论、制度、文化自信的根本原因所在。党的十九大报告中进一步明确指出:"中国特色社会主义最本质的特征是中国共产党领导,中国特色社会主义制度的最大优势是中国共产党领导,党是最高政治领导力量,提出新时代党的建设总要求,突出政治建设在党的建设中的重要地位。"①

习近平新时代中国特色社会主义思想是科学社会主义与中国实践发展相结合的理论形态,是马克思主义中国化的最新成果,是中国特色社会主义理论体系的重要组成部分,是当代中国马克思主义、21世纪马克思主义。学习习近平新时代中国特色社会主义思想,有利于帮助青少年理解中国特色社会主义的历史必然性与合理性,坚定对中国特色社会主义的信念。习近平新时代中国特色社会主义思想回答了中国特色社会主义"从哪里来"的问题。"中国特色社会主义,是科学社会主义理论逻辑和中国社会发展历史逻辑的辩证统一,是根植于中国大地、反映中国人民意愿、适应中国和时代发展进步要求的科学社会主义,是全面建成小康社会、加快推进社会主义现代化、实现中华民族伟大复兴的必由之路。"② "理论逻辑"和"历史逻辑"二者共同揭示了中国特色社会主义的历史必然性与合理性。世界社会主义500年,经历了从空想到科学、从理论到实践、从一国到多国、从世界社会主义运动高潮到低潮到中国特色社会主义等阶段。《共产党宣言》的发表,标志着社会主义思想由空想变为科学,标志着马克思主义的诞生。

---

① 习近平. 决胜全面建成小康社会 夺取新时代中国特色社会主义伟大胜利:在中国共产党第十九次全国代表大会上的报告[M]. 北京:人民出版社,2017:20.

② 习近平. 习近平谈治国理政:第一卷[M]. 2版. 北京:外文出版社,2018:21.

马克思主义没有结束真理,而是开辟了通向真理的道路。列宁创造性地将马克思主义与俄国实际相结合,取得了十月革命的胜利,建立了第一个社会主义国家,使社会主义从理论变为现实,打破了资本主义一统天下的格局。第二次世界大战后,社会主义国家如雨后春笋般发展起来,尤其是中华人民共和国的成立,壮大了世界社会主义力量。

东欧剧变、苏联解体,世界社会主义运动陷入低潮。国际国内出现了"马克思主义过时论""社会主义失败论"等论调,提出了"马克思主义灵不灵""社会主义行不行"等疑问。在资本主义与社会主义两种制度的较量中,中国共产党将马克思主义基本原理与中国具体实践正确结合,开创了中国特色社会主义,比较系统地初步回答了在中国这样经济文化比较落后的国家如何建设、巩固和发展社会主义等问题。改革开放42年来,中国特色社会主义一直是我们党全部理论和实践的主题。中国特色社会主义回答了"什么是社会主义、怎样建设社会主义""建设一个什么样的党、怎样建设党""实现什么样的发展、怎样实现发展""新时代坚持和发展什么样的中国特色社会主义、怎样坚持和发展中国特色社会主义"等一系列重大理论与实践课题。可见,中国特色社会主义是科学社会主义理论逻辑发展的必然,也是中国社会历史逻辑发展的必然。

认识和理解中国特色社会主义的大前提是中国特色社会主义是社会主义,中国特色社会主义最本质的特征是中国共产党领导。这是改革开放以来中国共产党在不断探索中国特色社会主义内涵过程中得出的基本认识。这个判断直接反驳了诸如宪政、普世价值观等错误观点,进一步明确了中国特色社会主义同科学社会主义的关系。这个前提一方面是习近平新时代中国特色社会主义思想的内容构成,另一方面也是用习近平新时代中国特色社会主义思想铸魂育人的认识论前提。

三、用习近平新时代中国特色社会主义思想武装头脑的教育方略

其一,要在拓展学习教育的广度和深度上下功夫,既抓好党员、干部和青年学生这个重点,又不断向全社会拓展,帮助人们掌握精髓要义,增

进政治认同、思想认同、情感认同。

其二,要发挥各级党委(党组)理论学习中心组和党校、干部学院、行政学院作用,引导领导干部读原著、学原文、悟原理,研机析理、融会贯通,真正把习近平新时代中国特色社会主义思想参悟透、领会准、运用好,不断提高马克思主义理论水平。

其三,要推动习近平新时代中国特色社会主义思想进教材、进课堂、进学生头脑,使党的创新理论全面融入高校思想政治工作,更好用以武装青年、引领青年,打牢青年学生成长成才的科学思想基础。

其四,要抓好面向基层的理论宣讲,适应对象化、分众化、差异化的特点,多到群众聚集的地方、在群众方便的时间、用群众喜爱的方式,有针对性地进行靶向讲解,推动党的创新理论进企业、进农村、进机关、进校园、进社区、进军营、进网站。

第二节 以大历史观培育"四个自信"

文化与历史是不可分割的,文化观与历史观密切相连。党的十八大以来,习近平总书记不断强调历史教育的重要性,确立了以大历史观培育"四个自信"的战略思维。

一、唯物史观是大历史观的思维基础

大历史观是建立在对人类社会规律性认识基础上的。马克思主义第一次将人类社会作为科学去研究,提出了人类社会发展的基本矛盾是生产力与生产关系之间的矛盾、经济基础与上层建筑之间的矛盾。并在人类社会基本矛盾的基础上,揭示了资本主义社会的主要矛盾。同时,将人类社会判定为从低级到高级的发展进程,社会形态是从原始社会、奴隶社会、封建社会、资本主义社会到共产主义社会阶段性发展的。社会发展的主体是人民群众,而不是个别英雄。唯物史观一方面将社会看作有规律可循的,另一方面明确了社会主体是谁,指明了历史发展方向和发展动力。唯物史

观是马克思主义两大发现之一,也是马克思主义理论教育的重要目标。恩格斯在卡尔·马克思《政治经济学批判 第一分册》中对"历史逻辑"与"理论逻辑"的内在关系进行了深入分析。他指出:"历史从哪里开始,思想进程也应当从哪里开始,而思想进程的进一步发展不过是历史过程在抽象的、理论上前后一贯的形式上的反映;这种反映是经过修正的,然而是按照现实的历史过程本身的规律修正的,这时,每一个要素可以在它完全成熟而具有典型性的发展点上加以考察。"① 唯物史观为科学把握人类社会发展的主线提供了理论指导。认识和把握人类社会发展的主线即是认识和把握了人类社会发展的趋势,这就是把握了"历史逻辑"。马克思主义是揭示人类一般规律的理论,马克思主义又伴随着实践的变化而不断得到发展,具有与时俱进的理论品质。这就是"理论逻辑"。

《习近平新时代中国特色社会主义思想学习纲要》指出:"中国特色社会主义是在改革开放四十多年的伟大实践中得来的,是在新中国成立七十年的持续探索中得来的,是在我们党领导人民进行伟大社会革命九十多年的实践中得来的,是在近代以来中华民族由衰到盛一百七十多年的历史进程中得来的,是在世界社会主义五百年波澜壮阔的发展历程中得来的,是在对中华文明五千多年的传承发展中得来的。"② "六个得来"的概括,是中国特色社会主义所做大历史观视判断。大历史观教育是新时代马克思主义理论教育的重要发展。大历史观是宏观史观。其指导思想是唯物史观,历史大纵轴是中华5000年文明史和人类社会发展史,断代是社会主义500年发展史、近代百年复兴史和中国共产党百年党史、新中国70年建国史、40年改革开放发展史等。

---

① 中共中央马克思恩格斯列宁斯大林著作编译局. 马克思恩格斯文集:第二卷[M]. 北京:人民出版社,2009:603.
② 中共中央宣传部. 习近平新时代中国特色社会主义思想学习纲要[M]. 北京:学习出版社,2019:24-25.

二、历史分析法是大历史观的思维方法

批判继承的方法是对待历史的基本方法,这种方法也可以称之为历史分析法。关于历史分析法,毛泽东做过集中阐述。在《新民主主义论》中,他指出:"中国应该大量吸收外国的进步文化,作为自己文化食粮的原料,这种工作过去还做得很不够。这不但是当前的社会主义文化和新民主主义文化,还有外国的古代文化,例如各资本主义国家启蒙时代的文化,凡属我们今天用得着的东西,都应该吸收。但是一切外国的东西,如同我们对于食物一样,必须经过自己的口腔咀嚼和胃肠运动,送进唾液胃液肠液,把它分解为精华和糟粕两部分,然后排泄其糟粕,吸收其精华,才能对我们的身体有益,决不能生吞活剥地毫无批判地吸收。"① 这是对外来文化的态度。而对于中国传统文化的态度,他指出:"中国的长期封建社会中,创造了灿烂的古代文化。清理古代文化的发展过程,剔除其封建性的糟粕,吸收其民主性的精华,是发展民族新文化提高民族自信心的必要条件;但是决不能无批判地兼收并蓄。必须将古代封建统治阶级的一切腐朽的东西和古代优秀的人民文化即多少带有民主性和革命性的东西区别开来。中国现时的新政治新经济是从古代的旧政治旧经济发展而来的,中国现时的新文化也是从古代的旧文化发展而来,因此,我们必须尊重自己的历史,决不能割断历史。但是这种尊重,是给历史以一定的科学的地位,是尊重历史的辩证法的发展,而不是颂古非今,不是赞扬任何封建的毒素。对于人民群众和青年学生,主要地不是要引导他们向后看,而是要引导他们向前看。"② 习近平在谈到加快构建中国特色哲学社会科学时指出:要按照立足中国、借鉴国外,挖掘历史、把握当代,关怀人类、面向未来的思路,着力构建中国特色哲学社会科学,在指导思想、学科体系、学术体系、话语体系等方面充分体现中国特色、中国风格、中国气派。为此,要体现继承性、民族性。"哲学社会科学的现实形态,是古往今来各种知识、观念、理

---

① 毛泽东. 毛泽东选集:第二卷[M]. 2版. 北京:人民出版社,1991:706-707.
② 毛泽东. 毛泽东选集:第二卷[M]. 2版. 北京:人民出版社,1991:707-708.

论、方法等融通生成的结果。"① 其中要特别把握好三方面资源，即马克思主义的资源、中华优秀传统文化的资源和国外哲学社会科学的资源。"要坚持古为今用、洋为中用，融通各种资源，不断推进知识创新、理论创新、方法创新。我们要坚持不忘本来、吸收外来、面向未来，既向内看、深入研究关系国计民生的重大课题，又向外看、积极探索关系人类前途命运的重大问题；既向前看、准确判断中国特色社会主义发展趋势，又向后看、善于继承和弘扬中华优秀传统文化精华。"② "当代中国的伟大社会变革，不是简单延续我国历史文化的母版，不是简单套用马克思主义经典作家设想的模板，不是其他国家社会主义实践的再版，也不是国外现代化发展的翻版，不可能找到现成的教科书。我国哲学社会科学应该以我们正在做的事情为中心，从我国改革发展的实践中挖掘新材料、发现新问题、提出新观点、构建新理论，加强对改革开放和社会主义现代化建设实践经验的系统总结，加强对发展社会主义市场经济、民主政治、先进文化、和谐社会、生态文明以及党的执政能力建设等领域的分析研究，加强对党中央治国理政新理念新思想新战略的研究阐释，提炼出有学理性的新理论，概括出有规律性的新实践。这是构建中国特色哲学社会科学的着力点、着重点。一切刻舟求剑、照猫画虎、生搬硬套、依样画葫芦的做法都是无济于事的。"③ 在这个问题上，要反对和克服两种片面性：一种是历史的虚无主义和民族文化的虚无主义，把中国传统文化看得漆黑一团、一无是处，完全否定，彻底抹杀；另一种是凡古皆好，把传统文化看成是通体光明、永恒不衰的文化复古主义。

三、大历史观是文化自信的重要支撑

历史形成文化，不同的文化观就形成不同的历史观。"文化自信，是更基础、更广泛、更深厚的自信。在5000多年文明发展中孕育的中华优秀传

---

① 习近平. 习近平谈治国理政：第二卷 [M]. 北京：外文出版社，2017：338.
② 习近平. 习近平谈治国理政：第二卷 [M]. 北京：外文出版社，2017：339.
③ 习近平. 习近平谈治国理政：第二卷 [M]. 北京：外文出版社，2017：344.

统文化，在党和人民伟大斗争中孕育的革命文化和社会主义先进文化，积淀着中华民族最深层的精神追求，代表着中华民族独特的精神标识。我们要弘扬社会主义核心价值观，弘扬以爱国主义为核心的民族精神和以改革创新为核心的时代精神，不断增强全党全国各族人民的精神力量。"① 大历史观形成的是文化自信，文化自信源于历史自信。"文化是民族生存和发展的重要力量。人类社会每一次跃进，人类文明每一次升华，无不伴随着文化的历史性进步。中华民族有着5000多年的文明史，近代以前中国一直是世界强国之一。在几千年的历史流变中，中华民族从来不是一帆风顺的，遇到了无数艰难困苦，但我们都挺过来、走过来了，其中一个很重要的原因就是世世代代的中华儿女培育和发展了独具特色、博大精深的中华文化，为中华民族克服困难、生生不息提供了强大精神支撑。"② "坚定文化自信，离不开对中华民族历史的认知和运用。历史是一面镜子，从历史中，我们能够更好看清世界、参透生活、认识自己；历史也是一位智者，同历史对话，我们能够更好认识过去、把握当下、面向未来。"③

四、历史教育是培育大历史观的重要途径

历史是最好的教科书，中国革命历史是最好的营养剂。用历史教育培育历史情感、历史思维和历史眼光，是学校教育的重要职责。习近平强调指出："各级领导干部还要认真学习党史、国史，知史爱党，知史爱国。要了解我们党和国家事业的来龙去脉，汲取我们党和国家的历史经验，正确了解党和国家历史上的重大事件和重要人物。这对正确认识党情、国情十

---

① 中共中央文献研究室. 十八大以来重要文献选编：下 [M]. 北京：中央文献出版社，2018：349.

② 中共中央文献研究室. 十八大以来重要文献选编：中 [M]. 北京：中央文献出版社，2016：119.

③ 习近平. 在中国文联十大、中国作协九大开幕式上的讲话 [M]. 北京：人民出版社，2016：9.

分必要，对开创未来也十分必要，因为历史是最好的教科书。"① 近年来，历史虚无主义通过重新发现历史、解释历史，甚至是戏说历史来解构已有的历史结论。中共中央、国务院印发《新时代爱国主义教育实施纲要》，对历史教育做出了具体要求。明确要广泛开展党史、国史、改革开放史教育。要结合中华民族从站起来、富起来到强起来的伟大飞跃，引导人们深刻认识历史和人民选择中国共产党、选择马克思主义、选择社会主义道路、选择改革开放的历史必然性，深刻认识我们国家和民族从哪里来、到哪里去，坚决反对历史虚无主义。要继承革命传统，弘扬革命精神，传承红色基因，结合新的时代特点赋予新的内涵，使之转化为激励人民群众进行伟大斗争的强大动力。要加强改革开放教育，引导人们深刻认识改革开放是党和人民大踏步赶上时代的重要法宝，是坚持和发展中国特色社会主义的必由之路，是决定当代中国命运的关键一招，也是决定实现"两个一百年"奋斗目标、实现中华民族伟大复兴的关键一招，凝聚起将改革开放进行到底的强大力量。同时，强调传承和弘扬中华优秀传统文化。要引导人们了解中华民族的悠久历史和灿烂文化，从历史中汲取营养和智慧，自觉延续文化基因，增强民族自尊心、自信心和自豪感。要坚守正道、弘扬大道，反对文化虚无主义，引导人们树立和坚持正确的历史观、民族观、国家观、文化观，不断增强中华民族的归属感、认同感、尊严感、荣誉感。此外，要求深入开展国情教育和形势政策教育。帮助人们了解我国发展新的历史方位、社会主要矛盾的变化，引导人们深刻认识到，我国仍处于并将长期处于社会主义初级阶段的基本国情没有变，我国是世界上最大发展中国家的国际地位没有变，始终准确把握基本国情，既不落后于时代，也不脱离实际、超越阶段。要深入开展形势政策教育，帮助人们树立正确的历史观、大局观、角色观。

---

① 习近平. 习近平谈治国理政：第一卷［M］. 2版. 北京：外文出版社，2018：405.

第三节 培养青少年的历史担当是先进文化教育的现实落足点

在党的十九大报告中,习近平强调:"青年兴则国家兴,青年强则国家强。青年一代有理想、有本领、有担当,国家就有前途,民族就有希望。中国梦是历史的、现实的,也是未来的;是我们这一代的,更是青年一代的。中华民族伟大复兴的中国梦终将在一代代青年的接力奋斗中变为现实。"① 培养青少年的历史担当是先进文化教育的现实落足点。

一、青年是社会中最积极的力量

习近平在纪念五四运动100周年的讲话中论述了青年在历史中的独特地位。他说,自古英雄出少年。在漫漫历史长河中,人类社会青年英雄辈出,中华民族青年英雄辈出。他列举了无产阶级革命家在青年时代的作为:马克思发表《共产党宣言》时是30岁,恩格斯是28岁。列宁最初参加革命活动时只有17岁。在我们党领导人民进行革命、建设、改革的伟大历史进程中更是青年英雄辈出。中共一大召开时毛泽东是28岁,周恩来参加中国共产党时是23岁,邓小平参加旅欧中国少年共产党时是18岁。历史上,一些著名的科学家思想家文学家也是年轻有为。牛顿和莱布尼茨发现微积分时分别是22岁和28岁,达尔文开始环球航行时是22岁,爱因斯坦提出狭义相对论时是26岁。贾谊写出"西汉一代最好的政论"时不到30岁,王勃写下千古名篇《滕王阁序》时才20多岁。许多仁人志士、革命英雄在牺牲时也很年轻。杨靖宇牺牲时是35岁,赵一曼牺牲时是31岁,江姐牺牲时是29岁,红三十四师师长陈树湘牺牲时是29岁,邱少云牺牲时是26岁,雷锋牺牲时是22岁,黄继光牺牲时是21岁,刘胡兰牺牲时只有15岁。当代杰出的青年也数不胜数。守岛32年的王继才第一次登上开山岛时是26

---

① 中共中央党史和文献研究院. 十九大以来重要文献选编:上[M]. 北京:中央文献出版社,2019:49.

岁,航天报国的嫦娥团队、神舟团队平均年龄是 33 岁,北斗团队平均年龄是 35 岁。"青年是整个社会力量中最积极、最有生气的力量,国家的希望在青年,民族的未来在青年。"①

二、每一代青年人都有属于那个时代的担当

2014 年 5 月 4 日,习近平在北京大学师生座谈会上的讲话中指出:"现在在高校学习的大学生都是 20 岁左右,到 2020 年全面建成小康社会时,很多人还不到 30 岁;到本世纪中叶基本实现现代化时,很多人还不到 60 岁。也就是说,实现'两个一百年'奋斗目标,你们和千千万万青年将全过程参与。有信念、有梦想、有奋斗、有奉献的人生,才是有意义的人生。当代青年建功立业的舞台空前广阔、梦想成真的前景空前光明,希望大家努力在实现中国梦的伟大实践中创造自己的精彩人生。"②

"今天,新时代中国青年处在中华民族发展的最好时期,既面临着难得的建功立业的人生际遇,也面临着'天将降大任于斯人'的时代使命。新时代中国青年要继续发扬五四精神,以实现中华民族伟大复兴为己任,不辜负党的期望、人民期待、民族重托,不辜负我们这个伟大时代。"③"新时代中国青年运动的主题,新时代中国青年运动的方向,新时代中国青年的使命,就是坚持中国共产党领导,同人民一道,为实现'两个一百年'奋斗目标、实现中华民族伟大复兴的中国梦而奋斗。"④

三、实施新时代青年学生使命担当教育

2019 年,广东省委宣传部和广东省教育厅组织建设了"马克思主义中国化进程与青年学生使命担当"精品思政课程,是进行使命教育的有益尝

---

① 习近平. 在纪念五四运动 100 周年大会上的讲话 [M]. 北京:人民出版社,2019:15-16.

② 中共中央文献研究室. 十八大以来重要文献选编:中 [M]. 北京:中央文献出版社,2016:10.

③④ 习近平. 在纪念五四运动 100 周年大会上的讲话 [M]. 北京:人民出版社,2019:6.

试。该课程是在深入贯彻落实习近平总书记在学校思想政治理论课教师座谈会上的重要讲话精神,贯彻落实中共中央办公厅、国务院办公厅《关于深化新时代学校思想政治理论课改革创新的若干意见》,认真落实全省学校思想政治理论课建设推进会精神、《广东省学校思想政治理论课建设行动计划(2019—2021年)》的基础上组织设计的,同时,也是广东省教育系统持续推进习近平新时代中国特色社会主义思想进教材进课堂进学生头脑、强化党的创新理论武装的重要举措。

课程以习近平新时代中国特色社会主义思想教育为核心,以马克思主义和当代中国马克思主义发展为历史纵轴,共设10个专题,讲清楚不同历史时期国情、国运、社会主要矛盾、历史任务与青年学生使命的关系,揭示习近平新时代中国特色社会主义思想对马克思主义的原创性贡献和回答新时代重大理论和实践问题的真理力量,揭示中华青年百年使命担当的演变规律,认清不同时代青年学生的使命任务,使青年学生学会准确定位在新时代的人生坐标,自觉投身实现"两个一百年"奋斗目标和中华民族伟大复兴中国梦的伟大实践。

总之,习近平新时代中国特色社会主义思想不是书斋里的学问,而是来源于新时代中国发展的实践,在实践中不断丰富发展,并用于指导实践的理论。中国特色社会主义进入新时代,这是我国发展的实践,也是青少年的人生际遇。当代青少年是新时代中国特色社会主义伟大历史进程的见证者,是推进伟大事业的开创者,是担负历史使命的建设者。

参考文献

[1] 中共中央马克思恩格斯列宁斯大林著作编译局. 马克思恩格斯文集：第一卷[M]. 北京：人民出版社，2009.

[2] 中共中央马克思恩格斯列宁斯大林著作编译局. 马克思恩格斯文集：第二卷[M]. 北京：人民出版社，2009.

[3] 中共中央马克思恩格斯列宁斯大林著作编译局. 马克思恩格斯文集：第三卷[M]. 北京：人民出版社，2009.

[4] 中共中央马克思恩格斯列宁斯大林著作编译局. 马克思恩格斯文集：第四卷[M]. 北京：人民出版社，2009.

[5] 中共中央马克思恩格斯列宁斯大林著作编译局. 马克思恩格斯文集：第五卷[M]. 北京：人民出版社，2009.

[6] 中共中央马克思恩格斯列宁斯大林著作编译局. 马克思恩格斯文集：第六卷[M]. 北京：人民出版社，2009.

[7] 中共中央马克思恩格斯列宁斯大林著作编译局. 马克思恩格斯文集：第七卷[M]. 北京：人民出版社，2009.

[8] 中共中央马克思恩格斯列宁斯大林著作编译局. 马克思恩格斯文集：第八卷[M]. 北京：人民出版社，2009.

[9] 中共中央马克思恩格斯列宁斯大林著作编译局. 马克思恩格斯文集：第九卷[M]. 北京：人民出版社，2009.

[10] 中共中央马克思恩格斯列宁斯大林著作编译局. 马克思恩格斯文集：第十卷[M]. 北京：人民出版社，2009.

[11] 中共中央马克思恩格斯列宁斯大林著作编译局. 列宁选集：第一卷[M]. 3版. 北京：人民出版社，2012.

[12] 中共中央马克思恩格斯列宁斯大林著作编译局. 列宁选集：第二卷[M]. 3版. 北京：人民出版社，2012.

［13］中共中央马克思恩格斯列宁斯大林著作编译局. 列宁选集：第三卷［M］. 3版. 北京：人民出版社，2012.

［14］中共中央马克思恩格斯列宁斯大林著作编译局. 列宁选集：第四卷［M］. 3版. 北京：人民出版社，2012.

［15］毛泽东. 毛泽东选集：第一卷［M］. 2版. 北京：人民出版社，1991.

［16］毛泽东. 毛泽东选集：第二卷［M］. 2版. 北京：人民出版社，1991.

［17］毛泽东. 毛泽东选集：第三卷［M］. 2版. 北京：人民出版社，1991.

［18］毛泽东. 毛泽东选集：第四卷［M］. 2版. 北京：人民出版社，1991.

［19］邓小平. 邓小平文选：第一卷［M］. 2版. 北京：人民出版社，1994.

［20］邓小平. 邓小平文选：第二卷［M］. 2版. 北京：人民出版社，1994.

［21］邓小平. 邓小平文选：第三卷［M］. 北京：人民出版社，1993.

［22］江泽民. 江泽民文选：第一卷［M］. 北京：人民出版社，2006.

［23］江泽民. 江泽民文选：第二卷［M］. 北京：人民出版社，2006.

［24］江泽民. 江泽民文选：第三卷［M］. 北京：人民出版社，2006.

［25］胡锦涛. 胡锦涛文选：第一卷［M］. 北京：人民出版社，2016.

［26］胡锦涛. 胡锦涛文选：第二卷［M］. 北京：人民出版社，2016.

［27］胡锦涛. 胡锦涛文选：第三卷［M］. 北京：人民出版社，2016.

［28］习近平. 习近平谈治国理政［M］. 北京：外文出版社，2014.

［29］习近平. 习近平谈治国理政：第一卷［M］. 2版. 北京：外文出版社，2018.

［30］习近平. 习近平谈治国理政：第二卷［M］. 北京：外文出版社，2017.

［31］中共中央文献研究室. 三中全会以来重要文献选编：下［M］. 北京：人民出版社，1982.

［32］中共中央文献研究室. 十二大以来重要文献选编：上［M］. 北京：中央文献出版社，2011.

［33］中共中央文献研究室. 十二大以来重要文献选编：中［M］. 北

京：中央文献出版社，2011.

［34］中共中央文献研究室. 十五大以来重要文献选编：下［M］. 北京：人民出版社，2003.

［35］中共中央文献研究室. 十六大以来重要文献选编：上［M］. 北京：中央文献出版社，2005.

［36］中共中央文献研究室. 十六大以来重要文献选编：中［M］. 北京：中央文献出版社，2006.

［37］中共中央文献研究室. 十六大以来重要文献选编：下［M］. 北京：中央文献出版社，2011.

［38］中共中央文献研究室. 十七大以来重要文献选编：上［M］. 北京：中央文献出版社，2009.

［39］中共中央文献研究室. 十八大以来重要文献选编：上［M］. 北京：中央文献出版社，2014.

［40］中共中央文献研究室. 十八大以来重要文献选编：中［M］. 北京：中央文献出版社，2016.

［41］中共中央文献研究室. 十八大以来重要文献选编：下［M］. 北京：中央文献出版社，2018.

［42］习近平. 在庆祝中国共产党成立95周年大会上的讲话［M］. 北京：人民出版社，2016.

［43］习近平. 决胜全面建成小康社会　夺取新时代中国特色社会主义伟大胜利：在中国共产党第十九次全国代表大会上的报告［M］. 北京：人民出版社，2017.

［44］习近平. 在纪念孔子诞辰2565周年国际学术研讨会暨国际儒学联合会第五届会员大会开幕式上的讲话［M］. 北京：人民出版社，2014.

［45］习近平. 在纪念马克思诞辰200周年大会上的讲话［M］. 北京：人民出版社，2018.

［46］习近平. 在庆祝海南建省办经济特区30周年大会上的讲话［M］. 北京：人民出版社，2018.

［47］习近平. 干在实处　走在前列：推进浙江新发展的思考与实践［M］. 北京：中共中央党校出版社，2006.

［48］习近平. 摆脱贫困［M］. 福州：福建人民出版社，1992.

［49］江泽民. 江泽民论有中国特色社会主义（专题摘编）［M］. 北京：中央文献出版社，2002.

[50] 中共中央文献研究室. 习近平关于实现中华民族伟大复兴的中国梦论述摘编［M］. 北京：中央文献出版社, 2013.

[51] 中共中央文献研究室. 习近平总书记重要讲话文章选编［M］. 北京：中央文献出版社, 2016.

[52] 中共中央文献研究室. 习近平关于社会主义文化建设论述摘编［M］. 北京：中央文献出版社, 2017.

[53] 中共中央宣传部. 习近平总书记系列重要讲话读本［M］. 北京：学习出版社, 人民出版社, 2014.

[54] 中共中央宣传部. 中国特色社会主义学习读本［M］. 北京：学习出版社, 2013.

[55] 中国共产党章程［M］. 北京：人民出版社, 2017.

[56] 中共中央文献研究室. 十一届三中全会以来党的历次全国代表大会中央全会重要文件选编［M］. 北京：中央文献出版社, 1997.

[57] 中共中央文献研究室. 中共十三届四中全会以来历次全国代表大会中央全会重要文件选编［M］. 北京：中央文献出版社, 2002.

[58] 中共中央文献研究室. 改革开放三十年重要文献选编［M］. 北京：中央文献出版社, 2008.

[59] 中共中央文献研究室. 十一届三中全会以来重要文献选读：下册［M］. 北京：人民出版社, 1987.

[60] 全国普通高校"两课"教育教学调研工作领导小组. 普通高校思想政治教育课程文献选编（1949—2003）［M］. 北京：中国人民大学出版社, 2003.

[61] 教育部思想政治工作司. 加强和改进大学生思想政治教育重要文献选编（1978—2014）［M］. 北京：知识产权出版社, 2015.

[62] 国家教委思想政治工作司, 司法部法制宣传司. 法律基础教学大纲［M］. 北京：高等教育出版社, 1992.

[63]《中国法律年鉴》编辑部. 中国法律年鉴（1987）［M］. 北京：法律出版社, 1987.

[64]《中国司法行政年鉴》编辑委员会. 中国司法行政年鉴［M］. 北京：法律出版社, 2007.

[65] 教育部基础教育司. 中小学德育工作文献规章要览［M］. 北京：人民教育出版社, 1998.

[66] 课程教材研究所. 20世纪中国中小学课程标准·教学大纲汇编：

思想政治卷［M］．北京：人民教育出版社，2001．

［67］国务院法制办公室．中华人民共和国教育法典［M］．北京：中国法制出版社，2016．

［68］广东省教育研究院．广东教育改革发展研究报告2018［M］．广州：广东高等教育出版社，2018．

［69］广东省档案馆．改革开放三十年重要档案文献·广东［M］．北京：中国档案出版社，2008．

［70］广东百科全书编纂委员会．广东百科全书［M］．北京：中国大百科全书出版社，2008．

［71］法治广东研究中心．广东法治史［M］．北京：法律出版社，2017．

［72］广东省教育厅．广东省教育政策法规文件选编（2001年）［M］．广州：广东高等教育出版社，2002．

［73］广东省教育厅．广东省教育政策法规文件选编（2004年）［M］．广州：广东高等教育出版社，2006．

［74］广东省教育厅．广东省教育政策法规文件选编（2006年）［M］．广州：广东高等教育出版社，2008．

［75］冯刚，沈壮海．中华人民共和国学校德育编年史［M］．北京：中国人民大学出版社，2010．

［76］李学农．中国教育改革大系：德育卷［M］．武汉：湖北教育出版社，2016．

［77］卢晓中．广东教育改革发展40年［M］．广州：中山大学出版社，2018．

［78］李宗桂，等．广东文化改革发展40年［M］．广州：中山大学出版社，2018．

［79］罗伟其．广东教育改革发展30年纪事［M］．广州：广东高等教育出版社，2008．

［80］蓝红．邓小平精神文明建设理论在广东的实践［M］．广州：广东人民出版社，1995．

［81］梁琼芳．邓小平教育思想与广东教育改革［M］．广州：广东人民出版社，1998．

［82］张小欣．海外华侨华人与广东改革开放40年［M］．广州：中山大学出版社，2018．

[83] 钟明华，冯增俊，等. 教育现代化的伟大实践：广东教育发展30年［M］. 广州：广东人民出版社，2008.

[84] 郑永廷. 现代思想道德教育理论与方法［M］. 广州：广东高等教育出版社，2000.

[85] 李萍. 现代道德教育论［M］. 广州：广东人民出版社，1999.

[86] 李德顺. 价值论：一种主体性的研究［M］. 北京：中国人民大学出版社，2013.

[87] 吴潜涛，等. 中国精神教育读本［M］. 北京：人民出版社，2014.

[88] 佘双好. 中国梦之中国精神［M］. 武汉：武汉大学出版社，2015.

[89] 孙来斌. 民族精神 时代精神 共同理想：中国特色社会主义共同理想［M］. 武汉：武汉大学出版社，2014.

[90] 吴灿新，孙志东. 精神文明学概论［M］. 广州：广东人民出版社，1998.

[91] 马长山. 法治教育教师读本（高等教育阶段）［M］. 上海：华东师范大学出版社，2019.

[92] 聂阳阳. 青少年发展政策选编及评析：下［M］. 北京：北京理工大学出版社，2012.

[93] 单春晓，马其南. 与时代同行：民族精神与高等教育［M］. 北京：中国社会科学出版社，2015.

[94] 赵绪生，等. 传统文化与时代精神［M］. 西安：陕西师范大学出版总社有限公司，2015.

[95] 广东省教育研究院. 改革开放40年广东教育科研发展［M］. 广州：广东高等教育出版社，2018.

[96] 冯刚，郑永廷. 思想政治教育学科30年发展研究报告［M］. 北京：光明日报出版社，2014.

[97] 沈壮海，佟斐. 吸引力 影响力 文化软实力：中国特色社会主义文化建设［M］. 武汉：武汉大学出版社，2014.

[98] 沈壮海. 思想政治教育的文化视野［M］. 北京：人民出版社，2005.

[99] 教育部高等学校社会科学发展研究中心. 十七大以来中国特色社会主义文化建设研究述评［M］. 北京：教育科学出版社，2013.

［100］张岱年，汤一介，等. 文化的冲突与融合［M］. 北京：北京大学出版社，1997.

［101］费孝通. 中国文化的重建［M］. 上海：华东师范大学出版社，2014.

［102］费孝通. 费孝通论文化与文化自觉［M］. 2版. 北京：群言出版社，2007.

［103］陈辉吾. 中国特色社会主义文化发展道路研究［M］. 武汉：武汉大学出版社，2017.

［104］孙成武. 中国共产党文化建设史论［M］. 北京：人民出版社，2013.

［105］胡光宇. 中国共产党文化建设［M］. 北京：人民出版社，2011.

［106］方克立，等. 马魂　中体　西用：中国文化发展的现实道路［M］. 北京：人民出版社，2015.

［107］梁漱溟. 中国文化的命运［M］. 北京：中信出版社，2016.

［108］梁漱溟. 东西文化及其哲学［M］. 北京：商务印书馆，2010.

［109］杨凤城. 中国共产党与当代中国文化发展研究［M］. 北京：中共党史出版社，2013.

［110］陆扬，王毅. 文化研究导论［M］. 修订版. 上海：复旦大学出版社，2015.

［111］金耀基. 中国文明的现代转型［M］. 广州：广东人民出版社，2016.

［112］克鲁克洪，等. 文化与个人［M］. 高佳，何红，何维凌，译. 杭州：浙江人民出版社，1986.

［113］本尼迪克特. 文化模式［M］. 张燕，傅铿，译. 杭州：浙江人民出版社，1986.

［114］亨廷顿. 文明的冲突与世界秩序的重建［M］. 周琪，等译. 修订版. 北京：新华出版社，2010.

［115］亨廷顿，哈里森. 文化的重要作用：价值观如何影响人类进步［M］. 程克雄，译. 北京：新华出版社，2010.

［116］威廉斯. 文化与社会：1780—1950［M］. 高晓玲，译. 长春：吉林出版集团有限责任公司，2011.

后　记

　　本书是广东省教育科学规划（党的十九大精神研究专项）重点课题系列三"新时代广东学校文化传承发展研究"的子课题"广东学校的社会主义先进文化传播与建设研究"的最终成果。

　　党的十九大报告指出，文化自信是一个国家、一个民族发展中更基本、更深沉、更持久的力量。要推动中华优秀传统文化创造性转化、创新性发展，继承革命文化，发展社会主义先进文化，不忘本来、吸收外来、面向未来，更好构筑中国精神、中国价值、中国力量，为人民提供精神指引。学校特别是高校肩负文化传承发展的重要使命。贯彻落实党的十九大精神，以习近平新时代中国特色社会主义思想为指导，加强学校与中华优秀传统文化、革命文化、社会主义先进文化的关系研究，对推动中华优秀传统文化创造性转化、创新性发展，继承革命文化，发展社会主义先进文化，具有重要意义和作用。本书梳理和界定了社会主义先进文化的内涵及其构成、社会主义先进文化的发展进程。在此基础上，分别从马克思主义理论教育、社会主义核心价值观培育和践行、社会主义道德教育、社会主义法治教育、中华民族精神教育、时代精神教育、理想信念教育等几个方面研究了学校教育同社会主义先进文化之间的关系，研究了广东学校在社会主义先进文化传播与教育过程中的基本经验。遵循理论与实践同步发展，理论教育同理论发展也同步进行的逻辑，立足于广东地处改革开放前沿和意识形态斗争前沿的地缘特征，凝练了新时代广东学校社会主义先进文化传播与教育的基本经验，即用习近平新时代中国特色社会主义思想铸魂育人，以大历史观培育"四个自信"，将培养青少年的历史担当作为教育的现实落足点，等等。其中，具有标志性的经验是由广东省委宣传部和广东省教育厅组织建设了"马克思主义中国化进程与青年学生使命担当"精品思政课程，成为广东省教育系统持续推进习近平新时代中国特色社会主义思想进教材进课堂进学生头脑、强化党的创新理论武装的重要举措。

  研究分工如下：李辉撰写总序、第一章、第十章；黄寿松、杜鹃撰写第二章；韦莉莉撰写第三章；叶鑫撰写第四章；黄聘撰写第五章；白翠红撰写第六章；肖薇薇撰写第七章；陈泽云撰写第八章；练庆伟撰写第九章。刘铁、韩彪、龙春江参与了提纲拟定工作。陈三宝、孙晓晖等同学做了研究辅助工作。全书由李辉统稿。在研究过程中，得到了广东省教育厅思政处领导的关心和指导，得到了广东高等教育出版社领导的关怀。在此一并感谢！

李辉

2020 年 3 月